中国国家博物馆
NATIONAL MUSEUM OF CHINA

中国国家博物馆
展品中的100个故事

吕章申　主编

文物出版社

图书在版编目（CIP）数据

中国国家博物馆展品中的100个故事／吕章申主编.
—北京：文物出版社，2012.1（2023.8 重印）
ISBN 978-7-5010-3339-3

Ⅰ. ①中… Ⅱ. ①吕… Ⅲ. ①历史文物－介绍－中国－古代 Ⅳ. ①K871

中国版本图书馆CIP数据核字（2011）第231525号

中国国家博物馆展品中的100个故事

主　　编　吕章申

责任编辑　李　红
再版编辑　王　伟
装帧设计　李　红
责任印制　王　芳

出版发行　文物出版社
社　　址　北京市东城区东直门内北小街2号楼
邮政编码　100007
网　　址　http://www.wenwu.com
经　　销　新华书店
印　　刷　文物出版社印刷厂有限公司
开　　本　880mm×1230mm　1/32
印　　张　9.5
版　　次　2012年1月第1版
印　　次　2023年8月第7次印刷
书　　号　ISBN 978-7-5010-3339-3
定　　价　38.00元

中国国家博物馆展品中的100个故事

主　编

吕章申

执行主编

孙　机

统　筹

铁付德　孙彦贞

撰　稿

丁纯怡　万　婷　王　南　王海蛟　王俪阎
尹　静　冯　峰　江　琳　安　莉　安家瑷
刘建美　刘艳波　仲叙莹　孙　机　李　良
苏生文　宋亚文　杨志伟　杨　煦　佟春燕
张玉兰　张维青　陈　莉　陈红燕　陈克双
周靖程　赵　峰　秋　丰　侯春燕　高　翠
耿东升　梁　云　梁　丰　郭幼安　龚　青
曹亚玲　董　帅

摄　影

董　清

前　言

中国国家博物馆屹立于首都天安门广场一侧，是展示中国历史的窗口，是陈列古今文物的殿堂，是青少年接受爱国主义教育的处所，是游览北京时必定参观的地方。走进博物馆大厅，历史的和艺术的气息扑面而来，无数珍宝琳琅满目，使人应接不暇。尽管它们在世纪的长河里、在兴亡的波涛中，几乎被遗忘、被湮没，却终于有幸保存下来；尽管它们在各自独特的处境和适宜的时机中，都曾发过光、起过作用，现在却静静地摆放在展柜里面。由于时空的隔阂，观众只能看到或瑰丽雄奇、或朴素无华之古文物的外貌，而一时找不准其历史定位。近现代文物尤其如此，它们反映的是中国人民反帝反封建、建立和建设新中国的历程，这当中好些事物和我们今天的生活仍息息相关。然而也只有在充分了解它们那些艰难曲折、可钦可敬、可歌可泣的背景后，才倍感震撼，倍感亲切；才能转化成文化自觉，形成信念，变成动力。所以参观博物馆时，欣赏艺术和理解历史是并重的，两个层面互为表里。本书就是为了这个目的而编写。限于篇幅，只介绍了 100 件展品，远不足以反映博物馆之宏大的规模，只不过举出若干值得品味的例子而已。但希望通过它能进一步拉近观众与文物的距离，使大家看得更有兴味，想得更有深度，尽情享受博物馆所提供的精神愉悦。

中国国家博物馆共有 49 个展厅，除了用于短期展览的以外，常设的基本陈列为“古代中国”和“复兴之路”。另有青铜器、瓷器、玉器、钱币、佛像等多项专题陈列。本书中介绍的展品，在上述常设和专题陈列的展厅中都能看到。至于有时出于各种原因，展品或进行调换，当下不在展线上，则请读者诸君给予谅解了。

目 录

1

谁是我们的祖先?

山顶洞人头骨化石

(复制品)

*

安家瑗

旧石器时代晚期，距今约3万年

1933年北京房山周口店龙骨山山顶洞出土

人类起源于何处？何时起源？各个人种之间是什么关系？人类又是按照怎样的方式演进的？恐怕是所有人都会关心的问题。100多年以来，经过科学家们的努力，特别是古人类化石和工具资料的不断发现，人们越来越认识到人是由猿演变进化来的。人类起源发展的几个大的阶段基本上建立起来，那就是：

1. 早期猿人（距今600万年—160万年）

2. 晚期猿人（距今160万年—20余万年）

3. 早期智人（距今20余万年—5万年）

4. 晚期智人（距今5万年—1万年）

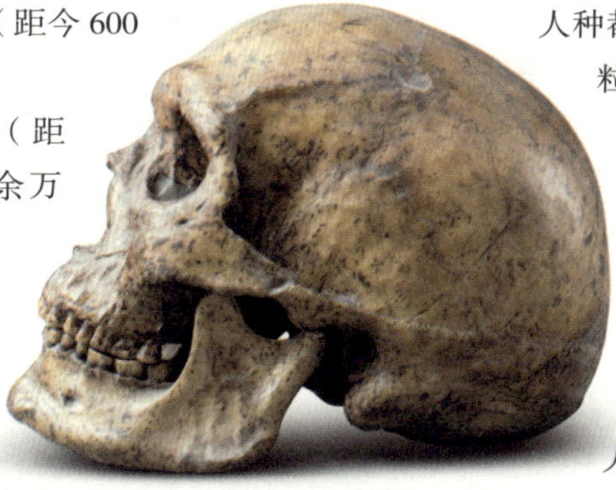

山顶洞人头骨化石（复制品）

说到人类起源与演化，目前国际学术界倾向认为非洲是最早的人类起源地。近些年来学术界在寻找人猿最后的共同祖先方面取得了一些进展，比如在埃塞俄比亚发现距今580万年的地猿、在肯尼亚发现距今600万年的“千僖人”等，这些资料让人们更加相信非洲是人类最早的起源地。但是关于现代人起源的研究，尚未获得一致的结论，而且随着人类化石材料的不断发现和科学技术的发展，近年来关于现代人起源不同观点的争论是越来越激烈了。这两种不同的观点是单一地区起源论和多地区起源论。

单一地区起源论认为：现代人类起源于非洲。理由是在非洲发现了最早的智人化石，年代超过10万年。他们后来迁徙到世界其他的地方，取代了当地的早期智人。除了化石材料外，其他学科的一些研究也支持这一假说。从1987年起，有遗传学者通过对现生各大人种胎盘细胞线粒体的研究，发现黑种人DNA的变异比其他人种都多。一般认为线粒体变异的产生速率是恒定的。产生的变异越多，意味着积累这些变异的时间越长，因此黑种人的历史比其他人种的都长。根据黑种人线粒体DNA变异的数量和当时认为的产生变异的速率，推算出现代人最近的共同祖先是一位女性，大约出现在15—20万年前的非洲，其后裔在大约13万年前来到亚洲和欧洲。这就是著名的“夏娃理论”。1999年中国有遗传学者根据我国人群DNA的研究，提出那批非洲来的移民是大约6万年前到达中国，完全取代了中国的原住民，现代的中国人都是那批移民的后裔。

多地区起源论认为：目前生活在世界各地的现代人是由当地早期智人，甚至直立人演化而来的，也就是说，凡有直立人化石或遗迹出土的地方都有可能是现代人类的起源地，例如非洲、亚洲和欧洲都发现了不少有关的古人类化石材料和文化遗物。中国是人类起源和发展的重要地区，在中国境内发现的古人类化石在形态特征上具有一些共同点，与现代黄种人比较相像。因此，一些人类学家认为中国的古人类从直立人经早期智人至晚期智人是连续进化的。在中国古人类连续进化的主流过程中，还附带着杂交的模式，也就是说在中国古人类进化的过程中，特别是在后一阶段中，随着人口密度的增加而引起人群的迁徙以及文化交流的增加，使人类的繁衍有一定的基因交流，除了中国境内南北间的基因交流外，还有东西方的基因交流。

多年以来，以上两种现代人起源的观点长期对峙，而且一直是以非洲起源说占据上风。其中重要的原因之一，就是在东亚地区发现的早期现代人化石的年代大多较晚或年代不能确定。北京周口店山顶洞人头骨化石（国家博物馆展出的为复制品），是1933年出土的，曾长期作为我国晚期智人的代表。但其年代距今约3万年，比较晚。2003年在北京周口店附近的田园洞发现的人类化石的年代为4.2—3.9万年前，当时认为是东亚地区最古老的早期现代人。不过近年来，随着新资料的发现,这种局面又有所改观。

2007—2008年，科学家金昌柱等在对广西崇左木榄山洞穴的试掘中发现了两枚古人类的下臼齿和一件古人类下颌骨前部残段和大量共生的哺乳动物化石。此洞被命名为智人洞。根据地层对比、动物群分析以及铀系法同位素年代测定，智人洞古人类的生存年代在10—11.3万年前。成为东亚地区最古老的早期现代人。智人洞人类下颌骨与时代接近的更新世晚期人类相比，显得略小。形态特征呈现进步与古老并存的特点，如突起的联合结节、明显的颏窝、近乎垂直的下颌联合部、明显的下颌联合断面曲度等，都是现代人类的特征。而粗壮的下颌联合舌面和下颌体等则保留了相对原始的特征，与古老型人类相类似。这些特征说明智人洞人类属于正在形成中的早期现代人，处于古老型智人向现代智人演化的过渡阶段。

无独有偶，2007—2008年，考古

学者李占扬等在河南许昌灵井遗址发掘出两批古人类头骨化石断块 28 块，包括额骨、颞骨外耳孔部、枕骨、顶骨等，化石经复原可成为同一个体完整的古人类头骨，定名为“许昌人”。通过对许昌人化石层沉积物样品的光释光法测年和遗址动物群分析，确定许昌人头骨的年龄超过 10 万年。但许昌人头骨化石的断块正在修复和研究之中，研究成果尚未公布。

这两项重要发现的意义在于，由此可以推测：不仅非洲经历过从古老型人类向现代型人类的进化过程，在东亚也曾经历过。这两处人类化石的发现和研究成果为现代人多地区起源说提供了新的证据与支持，对现代人只起源于非洲的“取代说”提出了质疑。

从旧石器晚期文化的某些因素看，至少有两点应该引起我们的关注：第一，从目前的资料看，非洲的移民不大可能在 6 万年前来到中国，因为他们在经过西亚到达中国时应该把那里娴熟的莫斯特技术带过来，而在这段时间内中国没有发现用莫斯特技术制作的石器。但是在大约距今 3 万年的时候，莫斯特技术出现了，水洞沟遗址是个典型的例子，成套的莫斯特技术，像勒瓦娄哇技术、指垫法、压制法都在这个遗址出现了，成组的莫斯特石器，如石叶、尖状器、长石片、新月形端刮器及雕刻器等也都出现了。由此可推测是一群拥有莫斯特期和奥瑞纳期的一些技术的人群在河套地区、黄河沿岸活动过，他们是在大约 3 万年前而不是 6 万年前来到中国的。第二，这些移民带来了当时先进的技术和文化。但他们并没有取代当地的居民，而是与当地的居民有着密切的联系和交流。华北地区其他遗址中的石叶工业与水洞沟的十分相似，是对这种联系和交流的最好诠释。通过对华北地区石器和骨器的研究，发现它们在从旧石器时代早期至晚期的发展中，呈现出区域技术上的明显继承性，说明当地的居民和文化仍得以很好的传承，并没有消失。外来的人和技术都融入了当地的人群和文化之中。

当然，人们对现代人起源的认识往往是随着化石材料的新发现而有所修订，到底哪种观点是正确的？目前尚未得出一致的结论。不过相信科学家们会在不远的未来，运用更多的科学手段，寻找到更多的证据，进一步揭示出现代人类起源的谜底。

2

欢乐起舞的先民
舞蹈纹彩陶盆

*

王俪阎

新石器时代　马家窑文化
高14.1、口径28厘米
青海大通上孙家寨出土

这件新石器时代晚期的舞蹈纹彩陶盆1973年秋出土于青海大通县上孙家寨。陶盆以细泥制作，呈黄褐色，大口微敛，卷唇，鼓腹，小平底。口沿及内外壁均施黑彩。口沿上是由叶形圆点和斜向的平行线交替组合而成的简单纹样。外壁上有三道弦纹环绕在盆腹上部，在它们相互交会处又饰一枚挑钩状纽结。内壁彩绘是陶盆的主要纹饰，紧靠口沿处的一圈环线与下部的四圈平行环线组成一个条带形区域，内绘舞蹈人物共3组，每组5人，联臂携手作舞蹈状。各组描绘的舞蹈内容相同，舞者的动作也都整齐一致。人物轮廓采取单色平涂手法绘制出剪影式的效果：头部扁圆，一侧饰有一道斜向下方的线条；躯体呈枣核形；手臂细长，向斜下方伸展并与旁侧人相携，而位于各组两端的舞者外侧手臂的下端则呈分叉状；两腿略叉开，腿间也有一道线条斜向下方。每组舞者两侧都有数道平行竖线分隔，各组相邻的平行线之间又有柳叶状图案作为装饰。陶盆整体质地细腻，构图生动饱满，线条流畅自然，被誉为“我国原始绘画中首屈一指的佳作”。

出土这件舞蹈纹彩陶盆的墓葬，是属于马家窑文化中马家窑类型的遗址，距今约有5000—4000年。马家窑文化是黄河上游新石器时代晚期的文化，因甘肃省临洮县马家窑遗址而得名。主要分布在甘肃中南部地区，以陇西黄土高原为中心，东起渭河上游，西到河西走廊和青海省东北部，北达宁夏回族自治区南部，南抵四川省北部。在1000多年的发展过程中，马家窑文化的特征不断发生着变化，因此人们将其分为前中后三个发展时期，分别用马家窑、半山和马厂三种文化类型来表示。马家窑类型的制陶业发达，而彩陶的数量尤为众多，约占各类陶器总和的25%—50%，在陪葬陶器中多达80%。其彩绘往往幅面很大，除了在器物口沿和外壁施彩外，将纹饰绘于器物内壁的情况也极为常见。马家窑彩陶的纹饰线条优美圆润，图案生动多变富于韵律，形成了绚丽而又典雅的艺术风格。

舞蹈纹彩陶盆的资料在1978年《文物》杂志第3期上一经公布，即引起了社会的广泛关注。虽然此前发现的彩陶上也有人物形象的表现，但像舞蹈纹彩陶盆这样明确直接地展示原始社会人们生活内容的尚属先例，其纹饰中奇特的人物造型、舞蹈的性质与含义、所反映的社会生活状况等等都成为人们热议的问题。众多学者从历史、考古、民俗等不同的角度对彩陶盆的舞蹈纹饰进行研究解读，由于其纹饰的装饰化特点，对细节的表现十分简练，导致不同的人对同一形象的认识不同，再加上各人引用对比的资料也有差异和侧重，因此得出的结论五花八门，见仁见智。如对于舞者头部一侧斜向下方的线条，有人认为是羽饰，有人认为是头发，头发说中还存在着是发辫或是披发的不同见解；关于舞者两腿间的斜向线条，则有装饰的兽尾、腹前的佩巾、表现舞者腿部摆动的一种手法等等一系列解释，由此又引出对舞者是裸体还是穿着服饰的争论；对于各组两端舞者的分叉形手臂，有学者认为是反映空着的双臂舞蹈动作较大而频繁，也有认为是表示拇指与其他四指分离两侧之意。还有一种较为独特的观点，认为舞者是把带有四肢的兽皮披在身上，由此将分叉线解释为：一条线代表手臂，另一条线代表披于肩上兽皮的前肢皮或其他余出的部分。而最多的争议则集中在陶盆上所描绘的舞蹈场面究竟属于什么性质这一问题上，如有的观点认为这是原始先民于生产劳动之暇，在田头池边欢乐地手挽手进行的娱乐活动；有认为是庆祝农业丰收或祈求生育的舞蹈；也有认为是以舞蹈式的写实方式直接表现严肃而重要的巫术礼仪。由于产生彩陶盆的时代和地区，当时先民过着耕种与狩猎并举的生活，因此又有舞蹈场面反映农业祭祀和表现狩猎生活的解释。虽然

舞蹈纹彩陶盆

对诸多问题的看法存在着分歧，但人们普遍认同的是，舞蹈纹彩陶盆上的画面生动地再现了原始先民们欢乐起舞的热烈场面，是当时人们生活方式和意识形态的真实表达。

在大通舞蹈纹彩陶盆出土以后，陆续又有多个绘有舞蹈纹彩陶器物被发现，为人们进一步研究原始舞蹈图像的丰富内涵提供了更多的实物资料。1995 年，在青海同德县巴沟乡团结村宗日文化遗址第 157 号墓出土了一件精美的舞蹈纹盆，造型与大通舞蹈盆近似而略小，高 12.5 厘米，口径 22.8 厘米。陶盆外壁上也同样绘有三条弦纹交汇而成的钮结纹，其内壁上部绘两组舞蹈人像，分别为 11 人和 13 人，两组舞蹈纹之间以圆点间隔。舞者们相互挽着手，下身似着裙装而呈圆形，正以统一的动作在翩翩起舞。陶盆质地细腻，表面光洁，图案充实饱满，花纹自然流畅，可与大通舞蹈纹彩陶盆相媲美。除青海外，甘肃也出土有舞蹈纹饰的彩陶器。1991 年，甘肃武威市南郊新华乡磨咀子遗址中发现了残碎的舞蹈纹彩陶盆，高 14 厘米，口径 29.5 厘米。在陶盆内壁上部绘有两组舞蹈图，每组 9 人，手拉手作舞蹈状。舞者的头与腹部均以圆点表现，身躯、手臂和腿仅为一直线，表现出有节奏踏舞的场面。在甘肃省大通河下游出土的一件舞蹈纹彩陶壶，高 64 厘米，口径 23 厘米，腹径 52 厘米。以黑彩于陶壶肩部绘出两组舞蹈纹，一组 3 人，一组 2 人，皆作携手起舞状。舞者身体下方绘有三角形的山状纹，也许是表现人们在山上携手起舞的情景。

这些舞蹈纹彩陶器物的纹样中虽然舞者形象与数量不尽相同，但表现的舞蹈形式却惊人的相似，向我们展示出原始先民舞蹈的生动场面，是非常珍贵的形象资料，对于了解原始先民的生活，探索原始舞蹈起源、发展、艺术特征等方面都具有重要的参考价值。

3

原始玉器中最高的玉琮

十九节玉琮

*

王俪阎

新石器时代　良渚文化
高49.7、上宽6.4、下宽5.6厘米
1958年征集

这件玉琮是新石器时代良渚文化（约公元前3300—前2200年）的制品，高49.7厘米，墨玉制成，内圆外方，上大下小，中空。共十九节，四边是高度符号化了的兽面纹，近顶端阴刻有日月纹图案，器身四周有制作时残留下来的切割痕迹。玉琮端严庄重、神秘肃穆，是目前国内所见最高的一例。

在诸多具有神秘色彩的古代文物中，良渚文化玉琮可谓最引人注意的种类之一。

良渚文化是太湖流域的新石器时代文化，因1936年最先发现于浙江余杭的反山良渚而得名。良渚之后，在江苏吴县草鞋山、张陵山，常州寺墩，上海福泉山及浙江余杭的瑶山等地陆续发现数处相同的文化遗址。该文化的典型特征是在遗址中发现了种类繁多、数量庞大的玉器，而玉器中的玉琮又是典型中的典型。

目前为止，面世的良渚文化玉琮已有百余件之多，其中出土的玉琮都发现于规模较大的墓葬，散落在墓主的周围，这说明玉琮是部落首领或部落中有权势的人或巫师等才拥有的贵重物，是一种与原始宗教巫术有关的器物，可能具有保护死者平安吉祥、避凶祛邪的含义，也可能是巫师所用的法器。玉琮大致可分为两类。第一类，形如手镯，薄壁，多由单节、双节、三节组成，单节者时代较早；第二类为外方内圆、上大下小、中有圆孔贯通的方柱形。由于高矮宽窄不同，又可以分为宽短型和瘦高型。宽短型边宽体短，一般为一节或两节，属早期；瘦高形一般是按照等距离减地成槽划分为节，以节为单位，节数越多，琮越高，属于晚期。这些玉琮无论高矮方圆、大小肥瘦，表面都刻有半人半神的兽面神灵形象，兽面纹构成了良渚文化玉琮的核心因素。总体看，玉琮上的兽面纹大体有三种形象：即浮雕的羽冠、兽面与阴线细刻、四肢俱全的人神形象结合的整体图案；眼鼻口俱全的面部图案和仅以小圆圈表示眼睛，以凸起的小横条表示嘴或鼻子的简化的象征图案。这些奇特怪异的兽面图案大量出现在玉琮上，且不同遗址玉琮装饰都有相通性。早期兽面纹形象具体，晚期则越来越抽象化。

十九节玉琮

高度发达的良渚文化玉琮是如何发展起来的，又是作什么用的，其神秘的纹饰意味着什么，这些问题从良渚文化玉琮发现之日起就困扰着人们，不断有人根据自己的研究对这些问题作各种推测。

关于玉琮的起源有很多种观点。有的认为是源于玉镯；有的认为源于土地经界和定居意识；有的认为是源于日常用具的模仿和扩大，是织机上持综的部件；还有的认为是源于烟囱等。在这诸多观点中，“源于镯”的说法博得许多赞同。说玉琮起源于镯，似乎只适合于形如扁体手镯和短宽内圆外方形两类。而说瘦高多节、射面如璧的细穿孔玉琮也源于镯，就显得牵强了。基于这点，近年来，有学者转换角度，开始从玉琮的兽面纹入手进行探讨研究，结果发现，不同遗址出土的良渚玉琮上刻画的兽面纹，在构图和施刻方式等方面所表现出的规范程度如承一师，在良渚文化体系中具有崇高地位。

良渚文化的玉琮的作用是什么？中外学者各持己见，有认为它是地母女阴的象征。有认为是家的象征，为家屋崇拜的对象。有认为它就是《尚书》等古籍中所记的“玉衡”，是用来观测天象的玉窥管。有认为它是贯通天地的一项手段或法器的。有认为它是宗庙祭祀时请神灵祖先的灵魂降临的依附之物，中间的空孔，就是供神灵祖先灵魂停留的小屋的。随葬入土的玉琮，是良渚人用以敛尸、保护死者的法器等等。各种猜测不下二十种。

在笼统地提到玉琮的作用时，人们常常以《周礼·春官·大宗伯》所载“以黄琮礼地”和《周礼·典瑞》所载“驵圭璋璧琮琥璜之渠眉，疏璧琮以敛尸”两种说法为依据，认为琮是祭祀地祇的礼器，或是殓葬器具之一。关于后者的说法套用于良渚玉琮上还有可能，因为从新石器时代墓葬出土的璧、琮实物及其出土时的状况已经说明了这一点。但是对于“黄琮礼地”的说法就要区别对待了。《周礼》是西汉中后期成书的，书中所载史实大多是春秋至战国时期的。所以它所说的包括琮在内的“以玉作六器，以礼天地四方”的六瑞系统，应该是在琮形成了外方内圆的固定形式后的概念，即春秋以后的事，而不适用在新石器时代的良渚文化玉琮上。

良渚玉琮所体现的文化内涵对周边同时期的其他新石器文化和以后的中原文化都有影响，如与之同期的广东曲江石峡文化晚期墓葬中也出土有玉琮，玉琮的外形、纹饰风格、制作方法都与良渚相似。相距千里的不同文化却有如此相似之处，说明这两种文化有所接触。国家博物馆藏的这件玉琮上的日月纹图案，又与山东大汶口文化祭器陶尊上的日月纹相同，而大汶口文化的日月纹则是其代表性的徽识。

4

爵是酒器，但不是喝酒的饮器

二里头文化铜爵

*

冯　峰

夏
高 13.5、通长 14.5 厘米
河南偃师二里头出土

二里头文化的铜爵，目前已发现多件，中国国家博物馆藏的这一件，是上世纪 80 年代出土的。

二里头文化是一个考古学文化。考古学文化，本质上是一种分类，指的是考古发现的属于同一时代、分布于一定的地域范围内、具有共同特征的一群物质遗存。考古学文化往往以该文化首先发现的或最重要、最有代表性的遗址所在的小地点命名。如著名的仰韶文化名称得自首次发现此类文化的河南渑池县仰韶村；二里头文化则以最为重要、最有代表性的二里头遗址来命名。经过多年的研究，二里头文化基本被确定为夏文化，也就是夏朝时期夏人遗留的物质遗存。主要的时空证据是：时代上，二里头文化早于商文化；众所周知，商朝之前是夏朝。地域上，二里头文化主要分布在今河南省西部和山西省南部，这个区域根据历史记载正是夏朝活动的范围。二里头遗址，现在也被认为是夏朝的都城，而且很可能是最后一个都城，也就是著名暴君夏桀的王廷所在。二里头遗址已发现的青铜礼器种类有鼎、爵、斝等，都应该是夏代的青铜器，其中爵发现的数量是最多的。

铜爵是先秦时期最重要的青铜酒器之一，它最早发现于二里头文化，也就是夏代，商代达到鼎盛，西周中期以后基本消失。铜爵的器形特征比较特殊，器口前有槽状长流口，后有尖状的“尾”，口缘上一般立有两个小“柱”；器身一侧有鋬（把手）；器底有三条细高的足。二里头文化的铜爵是目前已知的年代最早的铜爵，代表了铜爵最早的形态，与年代较晚的铜爵相比，它的流口和尖“尾”都较长，器身较细，呈束腰形。爵是酒器，已得到公认，但具体怎么用，却很有争议。许多人认为，爵是用来喝酒的饮器，实属误解。爵有着长流口、三细足，口缘上又有小柱，均非饮器应该具备的形制。尤其是爵的流口，适宜于倾注浆液，但要是对着嘴喝酒就太不方便了。一般带有流口（管状流或槽状流）的器物并不用来当饮器，比如古代的盉、匜和今天我们常用的茶壶、烧水壶等。真正用来作为饮器的，基本是平圆口的器物，如古代的卮和现在的杯子之类（商周时期的觚也被认为是饮酒器）。在当今的一些艺术作品中，爵不但作为饮酒器出现，而且还被汉代以后的人所使用，不但用途弄错了，时代也完全不对。有人根据一些爵底部的烟炱痕迹，推测它是温酒器，似乎有些道理；但这么重要的器物，功能是仅仅用来温酒，也不合理。爵的定名是从宋代开始的，宋人对很多铜器的定名后来证明是错误的，但对爵的定名却是对的。因为现在可以看出，甲骨文和金文中爵的象形字，与后来小篆的“爵”字，有明显的渊源关系。准确的定名有利于确定爵的用途。《说文解字》：“爵，礼器也，象雀之形，中有鬯酒，又持之也。”说明爵是用来盛鬯酒的，故宫博物院所藏的西周早期鲁侯爵，铸有铭文，虽文意还不能完全明了，但里面提到了“鬯”，可证古书之说。鬯酒是一种合酿的香酒，据古书记载，它多用于祼礼。《周礼》记载的“郁人”一职，主要职责就是“掌祼器，凡祭祀、宾客之祼事，和郁鬯以实彝而陈之”。“灌（祼）用鬯臭”（《礼记·郊特牲》），也说明祼礼主要用的是鬯酒。鬯在古人眼中有着特殊的能耐，“鬯者百草之本也，上畅于天，下畅于地，无所不畅”（《说苑》），怪不得受到这样的重视。爵既然“中有鬯酒”，那么它很可能应用于祼礼，行祼礼时，需要“先酌鬯酒，灌地以求神”，爵的流口应该是用来倾倒鬯酒以“灌地”的。

二里头文化铜爵是目前能够确定的最早的酒器。早于二里头文化的新石器时代是否有酒器，还说不清楚，因为这个时期的遗物，在器形方面都不能与夏代以后明确的酒器建立联系，找出源流关系，因此即使有酒器，也无法辨认出来。值得注意的是，古书中常有夏代人造酒的说法，如大禹的臣子仪狄“始作酒醪，变五味”、“杜康造酒”、“少康作秫酒”（《世本》）等等，或许说明一些问题。

二里头文化铜爵，是目前能够确定的最早的青铜容器。青铜器在我国

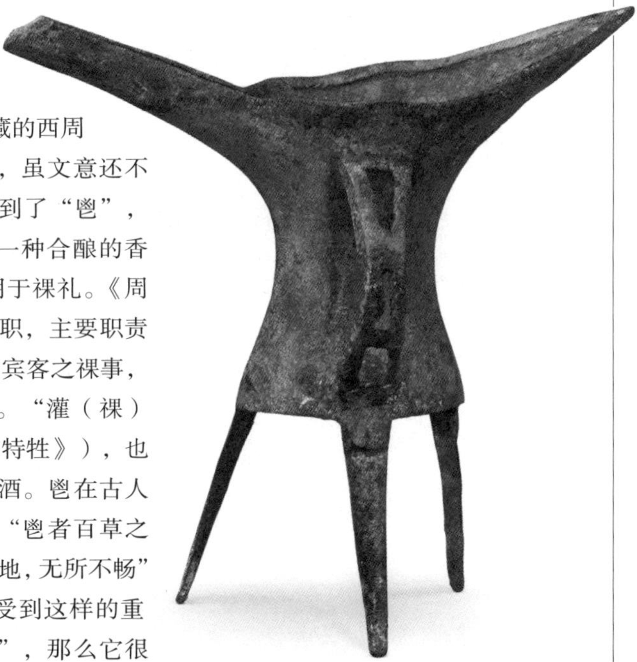

二里头文化铜爵

新石器时代就已出现，但数量少，主要是一些简单的工具，这类铜器较易铸造。而铜容器就不同，它的铸造，需要有外范和内芯，制范时脱范和组范的技术要求也很高。新石器时代可能已有青铜容器，河南登封王城岗龙山文化时期遗址中曾经出土过一块带弧度的铜片，发掘者推测是青铜容器残片；清乾隆年间的《西清古鉴》著录过一件青铜鬶，器形与山东龙山文化的陶鬶基本一致，有人据此认为山东龙山文化已出现青铜容器。但这些发现目前都无法得到切实的证据，而且它们的发现比较偶然，不具有普遍性。只有二里头文化的铜容器，既有明确的器形和用途，又有相当的数量，反映出青铜铸造工艺这时已达到的新高度。

二里头遗址和偃师商城

1959年二里头遗址发现后，即被认为是商汤所都的“西亳”。直到70年代末，才有学者提出二里头文化是夏文化、二里头遗址为夏代都城的观点，并逐渐得到学术界的公认。1983年偃师商城的发现是取得这种共识的关键。偃师商城距二里头遗址仅约六公里，但考古学文化面貌却与二里头遗址差别较大：前者属二里岗文化，即商代早期文化；后者则属夏文化。为什么在夏文化的腹地会出现商文化的城址呢？这应当与商汤灭夏有着密切关系。据先秦和汉代的文献记载，商汤在灭夏前都亳，克夏后又返回了亳。但《春秋繁露》却说商汤灭夏后“作宫邑于下洛之阳”；班固《汉书·地理志》又说“尸乡，商汤所都”。表明商汤在灭夏后，为加强对夏王朝残余势力的控制，曾在其中心区域建筑“宫邑”。从考古发现看，二里头遗址应即被商汤所灭的夏王朝的都城，而偃师商城可能就是商汤在夏人腹地所建筑的“宫邑”。

（冯　峰）

5

现存最大最重的中国上古青铜容器
“后母戊”方鼎

*

冯 峰

商
高 133、口长 112、口宽 79.2 厘米
河南安阳武官村出土

“后母戊”方鼎，通高 133 厘米，口长 112、宽 79.2 厘米，重 832.84 公斤。它厚重典雅，气势恢宏，是目前已经发现的形体最大的商周青铜器。

“后母戊”方鼎于 1939 年出土于河南省安阳县武官村北的“西北冈”上。“西北冈”位于洹河以北，商代晚期是商代最高统治者——商王的墓葬区，1934—1935 年间，中央研究院历史语言研究所曾在此发掘了多座商王大墓。“西北冈”东的吴家柏树坟一带，当时也探明地下有大墓，但碍于当地的风水观念，没有进行发掘。后来，该地柏树被砍伐，当地的村民便借机在此钻探寻宝。1939 年 3 月的一天，武官村吴姓村民在探宝时，探铲突然碰到了硬物，他意识到可能是宝物，就招呼了其他村民，想尽了办法，费尽了周折，终于将宝物弄到了地面上来。它就是“后母戊”方鼎。当时正值抗日战争时期，武官村村民为了防止方鼎被日本人劫掠，又将其掩埋到地下。抗战胜利后，国民党当地政府开始关注方鼎的去向，在探知了它的下落后，于 1946 年 7 月派兵去武官村，将掩埋的方鼎重新挖出，并护送运到了安阳县城，随后安放到“安阳县古物保存委员会”，算是收归了国有。同年 10 月，在蒋介石六十大寿之际，方鼎作为安阳县的寿礼，被运送到了南京，蒋介石随即将它移交给国立中央博物院筹备处保管。1948 年，方鼎在南京展出。这年底，因内战已注定失败，国民党政府将大量文物迁台，“后母戊”鼎因为过重不易搬迁而留在南京。后来，方鼎入藏南京博物院，1959 年调拨到中国历史博物馆。2005 年 9 月，为了配合殷墟申报世界文化遗产名录，“后母戊”方鼎回到了阔别近六十年的故土，并公开展出，一时万人空巷。

现在国家博物馆展出的“后母戊”

“后母戊”方鼎铭文

方鼎，貌似完整无缺，但实际上它的左耳在出土时就已经遗失了，另一耳后来也因故断掉，因此，当年安阳县古物保存委员会在介绍方鼎时，说它“折一耳，余一耳尚在土中”。从1948年方鼎留下的照片看，在南京展出时，它是没有耳的。后来，南京博物院将方鼎折断的右耳安了上去，并仿制了左耳，方鼎才成了现在的样子。1984年，中国社会科学院考古研究所在武官村村民指认的方鼎出土地进行钻探和发掘，清理了一座商代大墓（260号墓），可惜该墓因多次被盗扰，随葬品几乎空了，也没有发现“后母戊”方鼎失去的那只左耳；方鼎是否从该墓中盗出，就无法得到证实了。

铜鼎是古代烹煮和盛放牲肉的器具，个体较大的多是用于烹煮的炊器。以圆鼎居多，方鼎数量较少。但在商代，方鼎数量较多，其中不乏体量较大者。早在商代前期，就存在大方鼎，如国家博物馆所藏的一件（出土于郑

“后母戊”方鼎

州商城遗址，为“古代中国”展品）。商代晚期的著名方鼎，除了“后母戊”方鼎外，还有1976年殷墟妇好墓出土的“后母辛”方鼎，以及上世纪30年代安阳“西北冈”1004号商王大墓出土的牛方鼎、鹿方鼎（现藏台湾省）。但这三个鼎的口长均只有六十余厘米，通高也不过七八十厘米，远无法与前者相比。后母戊方鼎体量如此巨大，所能容纳的牲肉量可想而知，甚至有的牲体可以整个放入鼎内进行烹煮。

能不能说“后母戊”鼎是商周时期最大的青铜器呢？还不能。严格说，它只是目前已发现的形体最大的青铜器。考古资料表明，商代晚期应该可能存在比“后母戊”鼎更大的青铜器。1959年，殷墟苗圃北地铸铜作坊曾出土一件方鼎的残范，据推算，鼎如果铸成了，器口长度将达117厘米，宽度也不低于80厘米，略大于“后母戊”方鼎。2003年，殷墟孝民屯铸铜作坊出土一件直径达152厘米的陶范，发掘者推测它可能是一件圆鼎的内范，如果属实，这件器物体量将远大于“后母戊”方鼎。西周时期可能也存在超大体量的铜器。据记载，周夷王曾经用鼎烹杀了齐国国君齐哀公（《竹书纪年》），这件“凶器”肯定是个大家伙。1992年，陕西省扶风县出土过一件长达60厘米的青铜爬龙，同样器形的东西在一件西周时期的铜方鼎上发现过，是作鼎耳用的；如果这件爬龙也是鼎耳，那么它所属的鼎的体量真是难以想象了。

象“后母戊”鼎这么大的青铜器，铸造时技术要求很高，难度也很大。据研究，它是用二十多块范铸成的，鼎身和鼎足为浑铸，鼎耳则应是后来铸接到鼎身上的。曾有学者根据考古发现，认为当时每只坩埚只能熔铜12.5公斤，算下来浇铸后母戊鼎要用七十余只坩埚，铸造时则需一二百到二三百人同时操作。这样未免有些过于复杂。苗圃北地铸铜遗址发现有大型熔炉，如果铸造“后母戊”鼎时用它熔铜，大概只需五六座就够用了。

最后说一下方鼎的命名。此鼎很长时间内都被称作“司母戊”鼎，铭文的第一个字“𠃌”被认为即“司”，通“祠”，就是祭祀的意思；“司母戊”就是祭祀母亲戊（商代人死后常用干支中的十干之一作为代称，“母戊”就是母亲代称为“戊”者，这种类型的代称又被称为“庙号”或“日名”）。但早在1962年，台湾省学者就已经指出，商代文字正写、反写无别，所谓“司”应释为“后”（“司”转向右就是“后”），称“后”代表她为“商王之后”。之后，大陆学者也有了同样的认识。有的人尽管也释“后”，但认为“后”应与所谓“母”合释为“姤”（释“司”者也有将“司”和所谓“母”合释为“姛”的），这就否认了铭文中含有“母亲”之意。但相比而言，释“后”要比释“司”更合理。

6

射鼋的纪念
“作册般”铜鼋

*

冯 峰

商

高10、长21.4、宽16厘米

2005年征集

鼋是较大的一类鳖(《说文解字》:“鼋,大鳖也”)。这件铜器被称作铜鼋,是因为它的造型正是一种看似较大的鳖类动物。奇怪的是,这件铜鼋的左肩和背上共插有四枝箭。乍看似乎是四个箭头,仔细一看,才发现它们是箭尾,说明铜箭已经深深插入到鼋的身体内。鼋上的箭是怎么回事?为什么有人会去铸造这么一件怪异的青铜器呢?

铭文是我们理解这件铜鼋含义的关键。铭文位于铜鼋背部,共32字,开始一句话就说明了,鼋是商王在洹水一带所获的猎物。洹水就是今天的洹河,是流经商代晚期都城(现在称为“殷墟”)的一条河流,因此商王在此活动是很正常的。铭文接下来说,王射了一箭,另有人射了三箭,全部命中目标。看到这儿我们也就明白了,这加起来的四箭正是铜鼋身中的四箭。但鳖在水中活动,很难射中它,即便命中,箭头也难以深入到鳖体内。所以有人认为这个鳖并非被射中才被擒获的,而是早已被抓住,并成为一个靶子,再由商王等人来射它,射鳖在这儿更多的是一种礼仪活动,而非狩猎行为。这种看法是有道理的。而下面的铭文,学者的理解就存在较大差异了(尤其是最后六个字)。一种观点认为,铭文是讲,商王派“寝馗”(“寝”是官职,“馗”为其名)将这只鼋赏赐给作册般,让作册般为自己铸造铜器。另一种观点认为,商王赏赐给作册般鼋,作册般因此给他的母亲铸造了铜鼋。此外,与上述两者截然不同的一种观点认为,商王并不是赏赐给了作册般那只鼋,而只是让寝馗告诉作册般,命令他把这只鼋送到铜器铸造作坊里,然后由作坊根据它铸造出铜鼋。按照这种认识,这只铜鼋是商王铸造的,作册般只是执行了商王的命令,将鼋送去让人仿造,压根就不是铜鼋的主人,因此铜鼋不能叫“作册般”鼋。这几种观点,都有一定的道理,目前尚无法确定哪一种是正确的,或者是都不正确。不过可以肯定的是,这件铜鼋并非是一件实用器,而只是一件高档的纪念品,铸造它是为了纪念在洹河射中铜鼋这一事件,由此也证明了射鼋这一行为有着比较重要的意义。可是,鼋本身确实是一种美味，而且不容易吃到。据《左传》和《史记》的记载，公元前605年，楚国人送给郑国国君郑灵公鼋，灵公便派宰夫（即厨师）去做鼋羹，准备招待他请来的诸位臣下。这时公子宋和公子归生正一块去见灵公，公子宋的食指突然动了，他就跟公子归生说，根据以往经验，他这次将要尝到异味了。等见到灵公，发现宰夫正在“解鼋”，两人相视而笑。灵公知道了这件事，有意羞辱公子宋，因此在用鼋羹招待臣下时，故意不给公子宋吃，公子宋生了气，用手指伸入煮鼋的鼎中，取出来尝了一下，算是应了自己的预感，然后径直走了（“染指于鼎，尝之而出”，成语“染指”来源于此），后来公子宋和公子归生合谋把灵公杀了。可以说是一只鼋引出的血案。今天我们叫做鼋的大型鳖类动物，主要分布于长江以南的南方地区；楚国送给郑灵公鼋，郑国人当作异味，说明东周时期郑国所在的今河南地区可能并不产鼋。但商王却能在今河南北部的洹河中擒到鼋，意味着鼋产地的北缘在商代至少可以扩大到这一线。

作册般是商王朝的官吏，他的官职是“作册”，也就是史官。商周时期，竹简是主要的书写材料，史官负责记言记事，需要书写简册，所以叫“作册”。目前已知的作册般所铸造的铜器，除了我们讲的这件铜鼋外，还有两件，器形分别为甗和觥，其中铜甗现藏中国国家博物馆（“中国古代青铜器”展品），铭文内容是：商王征伐夷方，事后赏赐给作册般贝，般因此制作了祭祀自己父亲（父己）的器物。夷方即东夷，位于今山东一带，据甲骨文，它是商代末期商王朝最强劲的对手，商王曾两次大规模征伐它；《左传》中有“纣克东夷而陨其身”的记载，就是说商纣讨伐东夷，尽管胜利了，但由于实力大损，最终导致了自己的灭亡。由作册般甗的铭文，可知作册般应是商代末年时的人物，同时期的商王，很可能就是商代最后的王——商纣。

“作册般”铜鼋

7

我国古代北方产犀的直接见证

“宰丰”骨匕

*

孙 机

商

长27.3、宽3.8厘米

传河南安阳出土

这是一件用骨料制作的匕，相当于后世所说的匙。但器形较原始，仍与青海同德县宗日新石器时代遗址所出骨刀、骨叉、骨匕等三件一套的骨餐具中之匕的造型近似；有如今天北京地区所称“饭抹子”，只是更窄小些。不过就当时的工艺水平而言，这件骨匕堪称精品。它的正面饰有镶嵌绿松石的兽面纹和龙纹，背面刻有28个字的记事之铭。从中得知：是一个名字叫“丰”、职务为“宰”的官员随商王到“麦录”地方打猎，猎到了一头“商戠兕”，商王乃将此兕赏赐给他。铭文中的兕字作，像一只头生大角的野兽。这个字在甲骨文中也写作，是商王狩猎的重要对象之一。捕获的，少则一头、两头，多的达36头；一条记载焚林而猎的刻辞中说，那一次就获 71头。可见这种动物当时在安阳一带成群结队，为数不少。即兕，就是犀牛；只不过是象形字，犀是形声字而已。殷墟曾经出土大兽头骨，上有刻辞：“于倞田□□获白。”董作宾先生不认得字，误释为“麟”。误释一个古文字倒也罢了，但董先生竟把它说成是从亚述、巴比伦跑来的神牛；诚良有所失。其实它只不过是一只犀牛的头骨。

商周时野生犀牛在我国北方并不罕见。清代山东寿张出土了一批铜器，其中商末之“小臣艅尊”的造型就是一只犀牛。它的鼻角、额角、耸立的耳朵，下垂的尖尖的上唇，乃至很难凭空想象得出的生有三趾的足，都刻画得非常写实。说明那时的铸工对这种动物相当熟悉。而且商代猎获猛兽后，有时在其骨骼上刻文为记。加拿大安大略博物馆所藏B1915号骨版为虎骨刻辞，称“获大霥虎”。经鉴定是一块老虎的右上膊骨。宰丰骨匕也是如此，经鉴定，它正是一块犀牛的肋骨。

不仅商代中国北方有野生犀牛，周代仍然不少。陕西岐山、扶风一带的周原遗址所出卜骨中，也有“狩兕”刻辞。《逸周书·世俘篇》说武王狩猎，擒“犀十有二”。《诗·小雅·吉日》说：“发彼小豝，殪此大兕。”《孟子·滕文公篇》说周公“驱虎豹犀象”。看来都不是虚构的说法。中国南部的犀牛更多。《尔雅·释地》说：“南方之美，有梁山之犀象焉。"《墨子·公输篇》说："荆有云梦，犀兕麋鹿满之。"《国语·楚语》也说："巴浦之犀犛兕象，其可尽乎！"均足为证。

可是在关中地区，最晚至西汉末，野生犀牛已然绝迹。平帝元始年间，王莽辅政，为了炫耀"威德"，动员黄支（据新的考证，其地在苏门答腊西北部）王遣使献活犀牛，黄支王也果然把犀牛送到长安。很显然，假若当时关中一带还生存着野生犀牛的话，那么让黄支王不远万里来献一种常见的动物，就起不到沽名钓誉的作用了。但在这里的犀牛灭绝之前，西汉前期还为后世留下一件青铜犀尊，是1963年在陕西兴平发现的，现亦在本馆展出。此尊之造型生气勃勃，通体嵌错金银云气纹，十分精美。它和"小臣艅尊"遥相辉映，可以被认为是我国北方之产犀年代中，一早一晚两个闪光的纪念杯。

为什么北方的犀牛竟然灭绝了呢？一个重要的原因是：当铁铠甲兴盛以前，我国古代战士多装备犀牛皮制的甲。《国语·晋语》说："唐叔射兕于徒林，殪以为大甲。"《左传·宣公二年》记宋国人列举制甲的原材料时说："牛则有皮，犀兕尚多。"《荀子·议兵篇》说："楚人鲛革犀兕以为甲。"《楚辞·国殇》中也说："操吴戈兮披犀甲。"在兵戈扰攘的春秋、战国时代，为军需的目的长期滥肆捕杀，就使这种繁殖率很低的野生巨兽迅速减少了。

汉以后，虽然我国北方已罕见野生犀牛，但南方山区仍有其种群栖息。由于铁铠甲的使用渐趋普遍，这时对犀甲的需求减少。可是自唐代以来，人们又为犀产品的消费开辟了一个新领域，就是在腰带上装犀牛角制作的饰牌：犀銙。《新唐书·车服志》说：

兴平铜犀尊

“宰丰”骨匕

“宴会之服，一品、二品服玉及通犀，三品服花犀、斑犀。”又说：“六品以上（銙）以犀。”通天犀、花犀、斑犀都是犀角之不同的品种。“通天白犀带，照地紫麟袍”，一条装高级犀銙的腰带成为备受艳羡之物。六品以上官员人数众多，他们追求犀带的热潮自唐至五代，持续了近300年，这是我国犀牛生存史上的第二次厄运。直到北宋才出现“玉不离石，犀不离角，可贵者金也”的说法，官员的腰带转以装金銙为尚。可是这时南方的野生犀牛已经所剩无几了。

“小臣艅尊”和兴平犀尊等青铜器虽然为我国古代的犀牛保留了写实的身影，而“宰丰”骨匕则是更直接的实物见证，尤足珍贵。我国古代野生犀牛逐步消失的过程说明，人为的无节制的猎杀是这种动物走向灭绝的根本原因。所以维持生态平衡、保护野生动物，乃是提到现代人面前的一个严肃的使命。

古代河南产象

古代中原地区存在着大面积的森林及沼泽，生态环境不同于现代。当时这里不仅有犀，还有象。甲骨文中的（爲、为）字，即牵象劳作之形。故《吕氏春秋》说：“殷人服象。”河南古为豫州，而“豫”正是象、邑二字的合文。足证古代河南一带产象。

（孙 机）

8

威严的蜀巫

三星堆青铜人首

*

王俪阎

商
高 37.5 厘米
四川广汉出土

这件青铜人首面部略呈国字形，蚕眉粗大，杏核眼瞳仁凸出，眼角上挑，直抵耳侧，和现实生活中人们的脸型不同。宽鼻，鼻翼左右各有一条棱线，与下眼睑平行延伸。阔嘴薄唇；两耳饰卷云纹，耳垂有穿洞，梳长发，发缕丝丝可见。

三星堆地处富饶的成都平原，因其所在的地面上有三个平行的大土堆，所以被称为三星堆。早在 1929 年农民燕青保父子在毗邻三星堆的月亮湾一带无意中挖出一件大型石环时起，考古工作者就开始了对月亮湾、三星堆等处的考察，可惜五十多年过去了，并没有什么重大的发现，直到 1986 年 7 月发现日后被称为“1 号祭祀坑”的遗址，才揭开了三星堆的神秘面纱。

三星堆发现、发掘了两个祭祀坑，收获颇丰。在 1 号祭祀坑内，出土铜器 178 件、金器 4 件、玉器 129 件、石器 70 件、陶器 39 件、骨器残片 10 件、象牙 13 根、较完整的海贝 62 枚以及约三立方米左右的烧骨碎渣。在 2 号祭祀坑，出土青铜器 735 件、金器 61 件、玉器 486 件、绿松石 3 件、石器 15 件、象牙器残片 4 件、象牙球 120 颗、象牙 67 根、海贝 4600 余枚。据《三星堆祭祀坑》介绍：各种器物

三星堆青铜人首

是按质地集中后，再按一定的先后顺序埋入坑中的。1号祭祀坑内东西的埋放次序是：最先放入玉石器和金器；然后是铜人头像、铜人面像、铜人面具、神像和瓿、尊等铜礼器及其他重要祭器用品；接着倒入混杂有玉石器和铜戈、铜援、陶尖底盏、陶器座等器物在内的骨渣；最后放入玉璋、玉戈等大型玉石器以及部分陶盏、陶器座等器。象牙可能是与骨渣同时放入坑的。2号祭祀坑首先放入的是海贝、玉石礼器、青铜兽面、凤鸟饰件、小型青铜杂件和青铜树枝、树干等，这些遗物大多夹杂在炭屑灰烬里，并留下了明显的烟熏或火烧的痕迹；其后是大型的青铜容器和青铜立人像、铜人头像、铜人面具、铜树座等；最后堆放的是象牙。“多数器物在入坑前的某种宗教仪式上已被故意破坏，也有一些器物在夯打填土时被砸碎”。这些器物虽然放置有序，但未进行有意识的摆布。

发掘时还发现，埋入坑内的骨渣除动物的外，还有一部分人骨渣。这些骨渣均经火烧，骨渣、碎片断裂的锋利茬口，说明是敲砸椎击而破碎的。坑内的器物，不但粘有经火烧的骨渣，还留有明显的火烧痕迹。铜容器几乎全部被火烧残。其他器物也大致如此，这表明这些器物和被当作牺牲的人和动物一并经火烧过。

先秦文献中鲜有关于巴蜀地区的记载，秦汉之后的《蜀王本纪》、《华阳国志》等才有了关于古蜀国的追记。两个祭祀坑的发现揭示：在比春秋战国更遥远的商代，成都平原就存在着古蜀文化与国度，拥有悠久而发达的文明。

三星堆遗址出土的文物中，最受瞩目的是包括这件青铜人首在内的青铜雕像，这些雕像包括一个连座高达2.62米的青铜立人像、54个与真人头一般大的青铜人首像；20余个青铜人面具；数十个小型圆雕青铜立人像等。这些青铜人像除少数为写实作品外，其余各件的五官都像这件青铜人首一样夸张。当人们仰视时，其威严诡异的表情，令人心生畏惧。

在探讨这些青铜雕像的用途的过程中，一些学者发现，将出土的雕像有序排列起来，正和云南纳西族旧时举行祭祀活动时，主持仪式的巫师等人在形体、服装、头饰、动作以及他们在祭祀场合所处的地位等方面均相似。他们由此推测：这些大大小小的青铜雕像是参与祭祀活动的群体，代表着参加祭祀活动的各阶层、各部落。雕像的大小、繁简等是身份高低的体现。形体高大、衣着华丽、手持法器、威严地立在高台之上的铜立人是具有特殊身份的显赫人物，为“群巫之长”。按真人大小和形态塑造的54个青铜人像，代表着参加和组织祭祀活动的各种巫师和首领，他们的地位低于铜立人；具有明显的五官、发型、头饰差别的铜面具，则有地位等级和族属的差别，是不同社会阶层的巫师和首领。个体、神态、服饰、发型、装饰各有不同之处的数十尊小型铜人像，又有着民族和社会地位的差异。有学者更进一步断定：这些铜雕像是蜀巫，其中铜立人是蜀巫中的领袖人物，54件青铜人头像是巫师群体，即古籍中所称的群巫，他们是举行祭祀活动时象征先帝先祖的祭尸（或称皇尸），由于祭尸所象征的先祖的身份地位有差异，铜人头的面具也就不同。小圆雕像是蜀巫中的最低等级。

包括青铜雕像在内的出土文物表明，三星堆古蜀国的人们相信神灵，在他们的精神世界里，已经构成了一个包括天神（太阳神）、地祇（社、山）和人鬼（王国的始祖神、先公先王、组成王国的各族群的祖先）的神灵系统，他们有宗教信仰，重视祭祀活动，铸造技术高超，代表着长江流域商代文明的最高水平。

三星堆遗址是20世纪中国最大的考古发现之一。围绕两个祭祀坑出土文物所引发的各种猜想如：三星堆古蜀国的文化来源、族属、政权性质及宗教形态、高超的青铜器冶炼技术及青铜文化是如何产生的、巴蜀图语意味着什么等等；但尚无最后结论。

三星堆和金沙

三星堆“祭祀坑”发现后，三星堆遗址成为学术界瞩目的地点，它所代表的考古学文化广泛分布于成都平原，被称为“三星堆文化”。三星堆遗址是三星堆文化的中心遗址，存在规模很大的城址，很可能是“古蜀文明”的一处都邑，繁荣期相当于中原地区的商代。大约在商末或西周初年，三星堆遗址衰落了，继之成为文明中心的是成都金沙遗址。金沙遗址面积超过5平方公里，主体遗存的年代晚于三星堆遗址，繁荣期大约相当于商末周初到西周，它所代表的考古学文化是“十二桥文化”。金沙遗址2001年因施工挖掘，出土了大量珍贵文物，许多文物与三星堆所出者基本相同；青铜人立像、人头像、金面具等则与三星堆“祭祀坑”所出者风格接近，只是形体要小得多；也有许多器物不见于三星堆，如著名的“金四鸟绕日圆饰片”、“石跪人像”等。三星堆遗址和金沙遗址共同见证了“古蜀文明”的辉煌。（冯　峰）

9

武王灭商纪实
“利”簋

*

冯 峰

西周
通高28、口径22厘米
陕西临潼出土

“利”簋是目前发现的最早的西周青铜器之一，因铭文记载周武王克商而闻名于世。

周武王灭商，是中国历史上影响深远的一件大事。这件事在传世的古书中多有叙述，可知其大致进程是：周武王于他在位的某年一月，出发征伐商王朝，二月甲子日清晨，来到了商郊牧野，与商王朝的军队作战，最终打败了它，晚上，商王纣用玉裹身自焚而死，商王朝就此灭亡。“利”簋的铭文说：甲子这一日的清晨，武王征伐商，最终灭了商，辛未日（甲子后的第七日），王在某地，赏赐给利（官职为“又事”）铜料，利因此铸造铜器以作纪念。“利”簋发现之前，在西周中晚期的铜器铭文中，也提到过武王灭商，但都属于对先人历史的追述；“利”簋铭文则属于当时人记当时事，直接证实了武王灭商是在甲子这一天，史料价值之高是不言而喻的，利本人可能也参与了牧野之战。中国古代常用干支纪年，如东汉末年黄巾起义的宣言是“苍天已死，皇天当立，岁在甲子，天下大吉”，这里的甲子年是汉灵帝中平元年（184年）；再如“戊戌变法”、“辛亥革命”等，干支都起到纪年的作用。但是，干支纪年法是汉代以后才出现的；先秦时期，干支都是用来纪日的。“利”簋铭文中的甲子就属于干支纪日。因为在甲子日周武王灭了商，所以这件事又被称为“甲子之事”，“甲子”这一天由此出了名，后人也常拿来说事，如据《战国策》记载，秦相张仪对赵王说秦“愿以甲子之日合战，以正殷纣之事”，这是威胁赵王的话，把赵王比作殷纣。在先秦时期，与周武王灭商齐名的另一件事是商汤灭夏，两者被合称作“汤武革命”。商汤灭夏据说是在乙卯日，又与周灭商的甲子日合称“子卯”。“子卯”在古人心目中属于“疾日”，有诸多忌讳，大致说来，就是在这两个日子里，不能举乐，即所谓“子卯不乐”，国君吃饭要“稷食菜羹”，还要“彻宴乐”。据研究，连死者下葬都要避开子、卯。发生大事的干支日，对人们生活的影响竟然能够达到这种程度，是现代人很难想到的。

簋是商周时期盛放黍稷等米食的

器具，铜簋则是当时最重要的礼器之一，它最早出现于商代，盛行于西周到春秋前期，到战国时期还有发现。“利”簋是所谓的“方座簋”，这种簋圈足下连有一个中空的方座，目前在商代器物中还没有见到过，因此一般认为它是西周才开始出现的器类。西周早期是方座簋比较流行的时期，已知的著名器物除了“利”簋外，还有现藏国家博物馆的“天亡”簋（“中国古代青铜器”展品）。此后一直到西周晚期，方座簋都有发现，但进入春秋时期，方座簋就变得很少见了，到了春秋晚期至战国早期，才又开始在高等级贵族中流行，如国家博物馆藏的“蔡侯申”簋（“中国古代青铜器”展品）。“利”簋出土于一个深 2 米的窖藏中，同出的还有“王”盉、“陈侯”簋、铜钟等青铜礼乐器以及铜工具、兵器、车马器等小件青铜器。值得注意的是，除了“利”簋外，其他器物年代都很晚。比如“陈侯”簋，是陈国国君为其女儿所铸造的陪嫁器，也是一件方座簋，但它的纹饰特征显示其铸造年代有可能已经晚到了春秋时期。“王”盉是某位周人为其配偶所铸之器，从形制看，也不会早于西周晚期。这样看来，出土“利”簋的窖藏的年代可能是春秋时期。也就是说，“利”簋埋入地下时，距离它的铸造已经有数百年了。“利”簋为何流传了这么长时间才入土呢？原因很难说。但有可能的是，武王克商是周王朝辉煌的记忆，“利”簋作为承载这种记忆的青铜器，在以后的历史进程中，已经具有了某种纪念品的价值，或者说有了文物的价值，所以被人持有并流传了几百年，后来由于某种特殊原因才埋入了窖藏。

关于“利”簋的铸造年代，目前有两种不同观点。第一种观点认为“利”簋铸造于周武王时期，因为铭文中提到了武王，器主利又是因受到武王的

“利”簋

赏赐才铸造铜簋，所以把它的年代定在武王时期似乎很合理。但第二种观点则认为，正因为铭文中提到了武王，它才不可能是武王时期的铜器，只能是武王之后成王时期的产品。这是怎么回事呢？原来，争论的焦点是“武王”这个称谓的性质。因为这种观点认为“武王”是一个谥号，就是死了以后才会有的称号，因此一旦出现了“武王”这样的叫法，就表明他已经死了，如果没死只会称他为“王”。第一种观点则认为，“武王”不是谥号，而是生称，活着时即可叫他“武王”。可是“天亡”簋被公认是周武王时期的铜器，铭文中提到武王时都直接称他为“王”，而不称“武王”，而提到他的父亲文王时，则称“文王”。武王克商以后，过了两年就去世了；情况可能是，利尽管接受了武王的赏赐，但他并没有当时就铸造铜器（可能也没有合适的条件），直到武王去世、成王即位后，他才铸成了这件铜簋，这时“武王”已经是一个谥号了，所以第二种推测也有其合理性。

周代的『天命』观

周武王克商，被认为是一场“革命”。因为根据周人的观念，要治理天下，需有“天命”（或称“大命”）；商王朝因荒淫无度而失去“天命”（“坠天命”），周灭商并继之统治天下，乃接受“天命”而为，是正义的，是合法的。尽管周武王时才灭了商，但这次受“天命”，却被认为从周文王就开始了，即所谓“文武受命”。西周早中期，周王朝处于鼎盛时期，统治者对“文武受命”之事津津乐道，言谈中充满了自信与自豪。但西周晚期以后，周王朝日益衰落，统治者有了危机感，他们意识到自己所受的“天命”已经越来越不稳固了。从西周晚期金文看，这时候的统治者时常强调的是“申固大命”，即要加强巩固“天命”，防止它“坠”失。这不但是周王个人的任务，也是周王朝执政重臣的职责。周厉王胡自作的簋和钟的铭文，都提到要“申固”“皇天”（或“皇帝”）所授予先王的“大鲁令（命）”；在毛公鼎和番生簋铭文中，毛公和番生也受王命或自称要“申固大命”。不过，这一切都已无法阻止西周王朝的衰落。（冯　峰）

10

名满天下的青铜重器
“盂”鼎

＊

冯 峰

西周
通高101.9、口径77.8厘米
陕西出土

“盂”鼎是铸造于西周早期的青铜重器，作器者盂，为周康王时期战功显赫的重臣。“盂”鼎器形厚重雄伟，铸有学术价值重大的长篇铭文，因此自晚清出土以来，即备受关注，名满天下，其流传经历也充满了传奇色彩。

“盂”鼎的出土年代，一般认为是在清代道光年间，一说是嘉庆道光之际。出土地点，则有岐山礼村和眉县礼村两种说法。（“礼村”多认为是现在岐山县的礼村，也有人认为是今眉县“李村”的误写。）“盂”鼎出土后，即为岐山县乡绅所得，得主一说为宋氏，一说为郭氏。岐山县令周赓盛（任职于1838—1842年）得到消息后，“遽豪夺去”。周在岐山做官时名声很臭，以致“人心讟怨，道路以目”（清《岐山县志》），看来此类强取豪夺行为是他的家常便饭。周赓盛得到“盂”鼎后，秘不示人，但有时会应别人之求为其打制拓片。后来，周赓盛调任三原县令，“盂”鼎可能又随其迁移，以后就失去消息了。1873年，“盂”鼎再次“现世”，被陕甘总督左宗棠的幕僚袁保恒以六百余金（一说七百金）购得。“盂”鼎如何复出，有两说：一是周赓盛死后，“盂”鼎从他家流出；一是“盂”鼎自周手中流出后又到了岐山宋氏手中，再被宋氏卖出。实情目前已无法求证。袁保恒是清末重臣、民国大总统袁世凯的堂叔，平时也搞些收藏，到陕西做官后与当地一些文物贩子有来往，“盂”鼎可能就是通过他们买到的。袁保恒购鼎之事很快传开，在京城的潘祖荫得到消息，非常希望获得这件铜器，左宗棠从中斡旋，说服袁将鼎转让给潘。左如此热心是有原因的。原来，潘祖荫是左宗棠的恩人。1859年，时任湖南巡抚幕僚的左宗棠被人上告多行不轨，几乎掉了脑袋；当时在朝为官的潘祖荫等人上疏保左，使左不仅未受处分，还因祸得福，走上飞黄腾达之路。左宗棠自然对潘祖荫心怀感激，他知道潘嗜爱金石、“有三代文字之好”，因此有意让其得到“盂”鼎。不料一番好意刚开始就碰了钉子，潘祖荫在看过左宗棠寄来的“盂”鼎拓片后，竟怀疑是赝品。左很无奈，考虑自已拿出费用，把“盂”鼎送到关中书院收藏。不久后，潘祖荫通过与知情友人的通信，最终确认“盂”鼎为真。一旦确认，则热情似火，立刻写信催促左早日送鼎入京。左于是又让袁保恒办理这件事，打算用小车运送。但这一过程却出奇的长，半年过去了还没有消息，潘祖荫十分焦急，一度怀疑自己是否能够如愿得到“盂”鼎。其实，在此期间左宗棠和袁保恒因公事意见不合发生了很大的冲突，送鼎之事一拖再拖很可能与此有关。1875 年 1 月初，在潘祖荫的翘首企盼下，“盂”鼎终于送到了京城潘家，成就了潘、左友谊的一段佳话。潘祖荫得到“盂”鼎后，托人精刻了“南公鼎斋”和“伯寅（潘祖荫字）宝藏第一”两方印，足见其重视程度。此后，“盂”鼎一直藏于潘家，时常有人前去瞻仰。1890 年，潘祖荫病死，几年后，他的夫人也去世了。潘祖荫无子女，因此其家产由小他 40 岁的弟弟潘祖年继承。潘祖年雇船将包括“盂”鼎在内的潘氏藏品通过水路运回老家苏州。失去官位庇护的潘家为了保护“盂”鼎和大“克”鼎（潘祖荫晚年获得的另一重器），立下了“谨守护持，绝不示人”的家规。清代末年，酷好古物的端方任两江总督，企图获取二鼎，终未得逞。潘祖年也没有子嗣，于是过继了一个孙子，并为其娶媳潘达于（原姓丁）。不久祖、孙二人去世，潘达于成为一家之主。抗日战争爆发后，为了护宝，潘家将“盂”鼎和大“克”鼎埋入地下，然后全家到上海避难。日寇攻占苏州后，专门到潘家劫掠文物，但没有找到两鼎。1951 年，潘达于将千辛万苦保护下来的“盂”鼎和大“克”鼎无偿捐献给了国家，两鼎随后入藏上海博物馆。1959 年国庆 10 周年之际，“盂”鼎调拨中国历史博物馆。潘家护鼎和献鼎的感人事迹，多年来一直为人称颂。2004 年，上

“盂”鼎

海博物馆隆重地为潘达于庆寿，举办了“百岁寿星潘达于捐赠大“盂”鼎、大“克”鼎回顾特展”，作为国家博物馆藏品的“盂”鼎南下上海，与大“克”鼎团圆，与潘达于团聚，一时传为美谈。

“盂”鼎又叫大“盂”鼎，很多人可能不理解，需要做一下解释。原来，与“盂”鼎同时出土的还有一件铜鼎，作器者也是盂，铭文字数比“盂”鼎还多（大约400字），但字体较小。这件鼎很快就失传了，只留下一个不清晰但却很重要的铭文拓片（顺便说一句，我们之所以能将“盂”鼎确定在康王时，正是根据这个拓片的提供的信息）。最初，两件鼎同被称为“盂”鼎，后来为了区分，就将字大的鼎叫做大“盂”鼎，字小的鼎叫做小“盂”鼎。因此，“盂”鼎是因为字形（而不是体量）较大才被称为大“盂”鼎。有趣的是，根据清代人的记述，小“盂”鼎的体量反而要大于“盂”鼎，因此当时的著名学者陈介祺在提到二鼎时，就以大“盂”鼎之名来称呼小“盂”鼎。严格说来，将展出的这件“盂”鼎叫作大“盂”鼎，不无可商，只是相沿成习，就一直叫了下来。

“盂”鼎在清代又被称为“南公”鼎，这是因为从其铭文中可知鼎是盂为其祖南公所作。南公是个什么人物？据西周晚期的南宫乎钟铭文可知，他是西周南宫氏的始祖，应该就是周文王时的重臣南宫括（或写作南宫适），熟悉《封神演义》的朋友对他应该不陌生。据《尚书》，周成王去世、康王即位时的顾命大臣中，有一个南宫毛，很可能是盂的父辈。盂的地位与其显赫的出身很有关系。

“盂”鼎的长篇铭文，自晚清以来广为流传。有学者认为，“盂”鼎291字的铭文甚至要比“毛公”鼎将近500字的铭文还要重要，这主要是因为“盂”鼎的时代较早，反映的内容因此也更有价值。我们知道，周人有所谓“天命观”，即认为周灭商出于“天命”，也就是说，是上天的旨意；这种观念在古书中多次被提到，但“盂”鼎铭文中的相关内容却是目前所见的最早反映这种观念的实物资料。商人之所以灭亡，据古书中周人的说法，是纵酒无度，我们都很熟悉的商纣王就有“以酒为池”的恶迹；“盂”鼎铭文关于商人纵酒亡国的内容，不但可印证古说，也是目前发现的唯一的实物证据，直观地再现了周人的原始话语。此外，周王嘉奖盂，赏赐他土地奴仆的记载，也是很重要的史料。总之，“盂”鼎对研究西周早期的社会状况极具价值，而其时代距离传统文人（包括孔子）所向往的周初盛世又很近，难怪陈介祺在给潘祖荫的信中激动地说：“‘盂’鼎……真三千年来之至宝，成康以后之人，恐即不得见；况秦汉乎！况宋以后乎！”

11

小马的“成年礼”也很隆重

“盠”驹尊

*

梁 云

西周
高32、长33厘米
陕西眉县出土

“盠”驹尊发现于陕西宝鸡附近眉县东的李村，那里北依“大周原”，南临渭河，属于渭河北岸的阶地，地势平坦，水源充沛，适合人类居住。1957年1月17日，李村的李焜给陕西省博物馆送来三件青铜器，两件是彝，一件是驹尊，上面都有很重要的铭文。博物馆派人了解，才知道这批东西是李焜的伯父在1955年3月挖苜蓿时发现的，出土后取回放在楼上，一直没有动，也没有让别人知道；后来他侄儿李焜说：“古物应该交给政府”，这才把它送来博物馆。当地村民这种保护文物的精神受到了政府的嘉奖。送交铜器中带长篇铭文的马驹形青铜尊就是“盠”驹尊。

全器为昂首站立的小马驹形态，马驹竖耳短鬃，身躯短小，矮足短尾，神情憨稚。其背部开方口，有兽钮盖，腹中空用以盛酒。装饰简洁，仅在腹两侧和盖钮上装饰由涡纹和云纹组成的圆形漩涡。马驹的造型逼真，是不可多得的写实风格的艺术品，充分体现了周代工匠对身边事物细致入微的观察和再现能力。

驹尊胸部有器铭九行九十四字，盖内有铭文三行十一字：

> 隹（唯）王十又二月辰才（在）甲申，王初执驹于厈。王乎（呼）师豦召（诏）盠。王亲旨（诣）盠，驹易（锡）两。拜稽首曰：“王弗望（忘）氒（厥）旧宗小子，懋皇盠身。”盠曰：“王倗下不其（丕基），则万年保我万宗。”盠曰：“余其敢对扬天子之休，余用乍（作）朕文考大中宝尊彝。”盠曰：“其万年世子子孙孙永宝之。”（以上器铭）
>
> 王拘驹厈，易（锡）盠驹□雷骓子。（以上盖铭）

铭文大意是：周王某年十二月甲申日，周王在厈（地名）初行执驹之礼。周王叫师豦传命，并亲自到盠那里去，赐给盠两匹马驹，盠拜赐后，称颂周王不忘旧宗小子，使自己享受到如此大的荣誉。称赞周先王奠定了伟大基业，万年永保万代宗族。盠为颂扬周王之美德，铸造了祭祀其父亲文考大中（太仲）的彝器，以纪念这一宠赐。

这篇文字中包含的时间：十二月。当然也有人说是十三月，因为月字上端横笔出锋，像是“三”字最后一笔和“月”字头一笔的共用笔画。西周金文用的是周历，就是以夏历十一月为岁首（正月），那么周历的十二月就是夏历的十月。十月相当于秋末冬初的季节。

人物：周王、师豦、盠。周王可能是穆王，也可能是恭王或懿王，还有人说是昭王。师豦在这里是周王的使者，他在其他西周青铜器铭文中出现过。故事的主角是盠。他受到周王的赏赐。盠的身份、职务在这篇铭文中没有交代，但在同时出土的青铜方彝铭文中他率领“西六师”的王族军队，是地位显要的武官，还兼管六师和八师的农艺。

盠属于西周哪个贵族家族？驹尊里说他的父亲是大中（太仲），方彝铭文里说他的爷爷是益公。益公的名气很大，在不止一件西周铜器铭文中出现过，位居朝廷公卿之首，经常外出宣布王命，而且率军征伐过眉敖（陕西关中附近的异族小邦）。可见盠属于益公家族，但益公是姓周王的姬姓，还是姓姜太公的姜姓，现在还不能确定。不管怎样，姬姓和姜姓都是西周统治集团中的大姓。

谈到盠的家族，就不能不说2003年在陕西眉县杨家村发现的青铜器窖藏。2003年1月9日，村民王拉田等五人为垫猪圈取土，到村北一砖厂边的土崖上挖土，王拉田一镢头下去，刨出一个土洞，里面依稀是个土窖，堆放着大量的青铜器，发着幽幽的光亮。随后考古部门进行发掘，出土了27件青铜器，件件都有铭文，而且属于同一个家族，就是单氏家族。这是21世纪的一次重大发现，出土的铜器铭文共4048个字，记述了单氏家族的家族史。其中的“逨盘”，铭文多达372字，字数超过著名的墙盘，是盘铭中最长的一件；叙述了单氏家族自周初到厉王时七代人的世系，连同逨自己，总共八代。逨是西周晚期宣王时期的人，他提到自己的第四代祖先叫“惠仲盠父”，是西周昭王和穆王时期的人，曾经征伐过南方的荆楚。许多学者认为“惠仲盠父”就是铸造驹尊的“盠”，因为两处窖藏距离很近，人名也相同。如果是这样的话，盠就属于单氏家族。

地点：厈。这个地名在多件西周青铜器铭文中出现过，如1972年在陕西扶风庄白村西周铜器窖藏出土的折尊、折方彝等，都说周王及王后曾在那活动，赏赐臣下。它的地望争议很大，有说在山东潍县，有说在湖北孝感，还有说在西周王朝的都城镐京（今西安市长安县）附近。值得注意的是西周晚期的铜器“夨人”盘铭文也提到“厈”，西周的夨国大致在今天陕西宝鸡市北，汧河西岸；从铭文中提到的相关地名推测，“厈”大致在今汧河、渭河交汇处，位于宝鸡市东。也就是著名的“汧渭之会”。该地之所以著名，因为它和秦人的关系很密切。秦人的先祖非子擅长养马，为周孝王养马于“汧渭之间”，“马大蕃息”，受到了周王的赏识，于是把他封在甘肃的“秦”地，秦人由此崛起。后来秦人建国后，向东进入关中，秦文公还曾在“汧渭之会”营建都邑。原来非子养马的“汧渭之间”就是汧河、渭河上游之间的地区，那里今天还有牧场。但“厈”地的解读使我们知道汧河下游的“汧渭之会”西周时也有牧场。所谓非子牧马地“汧渭之间”可能也包括“汧渭之会”。

事件：执驹、赏赐。执驹是古代一种典礼，在《周礼》等文献中有记载。马长到二岁叫“驹”，虽然还是幼马，但已经断乳；这时候需要将它和母马分开，编入马舍厩院，逐步接受训练，并配备马具。相关的典礼叫“执驹”。执驹礼一般在春季举行，秋季亦可。在周代马政是军国大事，执驹礼由天子亲自参加。前面说过盠是高级武官，还兼管农牧业，军马的放养可能也是他的职责之一，所以周王要赏赐他马匹，他并铸造驹尊纪念这件事。

“盠”驹尊

周代的马官

据《周礼》，周代掌管马政的职官是“校人”，职位最高者可为“中大夫”。其他与马有关的职务还有“趣马”、“巫马”、“庾人”、“圉师”和“圉人”等，职位最高者不过“下士”。《左传》记载的马官也有“校人”，在宋国则称“校正”。直接负责养马的是“圉人”，与养牛的“牧人”常合称“牧圉”，他们的地位很低。《左传》昭公七年载楚国申无宇说“人有十等”，最高的是“王”，最低的是“台”，牧和圉甚至没有进入“十等”之列。

（冯　峰）

12

周师南征胜利的纪念品
“禹”鼎

*

冯　峰

西周
高 54.6、口径 46.7 厘米
陕西扶风任家村出土

“禹”鼎是西周晚期一件重要的长铭青铜器，因记载周王朝的一场战争而闻名。

“禹”鼎是 1940 年在陕西扶风任家村出土的。而早在清光绪十六年(1890 年)，这里的村民就曾经在村东南土壕中发现过一个铜器窖藏，出土了包括大“克”鼎（后来被潘祖荫收藏）在内的铜器七十余件（一说一百余件），震动一时。整整半个世纪后，历史的一幕再现,这次是在村西南土壕，村民任玉等又发现了一处西周时期铜器窖藏，出土铜器多达一百余件，其中就有“禹”鼎。任玉将这些铜器弄回自己的家中，据说放满了两间房。当地土匪很快得到了消息,为了抢宝,他们多次包围村子，拷打村民，导致四人死亡，五人致残，但没有多大的收获。原来任玉为了防匪，已及时将出土的大部分铜器（包括“禹”鼎）转移到岐山县贺家村村民贺应瑞家密藏，1942 年后这批铜器经人转手陆续卖出，所以“禹”鼎又有 1942 年出土一说。1951 年，“禹”鼎的收藏者将其捐献给国家，先入藏陕西省博物馆,后调拨中国历史博物馆。

“禹”鼎的资料公布后，人们惊奇地发现，这件铜器“似曾相识”，好像宋代人就已经提到过它了。这是怎么回事呢？原来，

“禹”鼎

宋代是金石学盛行的时期，许多青铜器那时就已经被收藏和著录，北宋末年，宋徽宗赵佶下令将当时宫廷收藏青铜器的资料整理编撰成册，取名《博古图》（又称《宣和博古图》），里面收录的铜器中有一件“穆公鼎”。宋代的古文字学水平较低，“穆公鼎”铭文的摹本多有讹误（如器主之名“禹”字就被摹作“成”字），但与“禹”鼎铭文对比后，仍可确定两者基本一致；《博古图》绘制的“穆公鼎”器形也与“禹”鼎器形很相近。显然，“穆公鼎”也应该是一件“‘禹’鼎”。但两件鼎不可能是同一件器物。“穆公鼎”据说出土于今陕西华阴；“禹”鼎则出土于今扶风县，自西周时期埋入了地下，直到 1940 年才“重见天日”，宋代人不可能见到它。尺寸的比较也可以说明问题，据《博古图》的记录，“穆公鼎”“高一尺二寸二分，耳高三寸一分”，通高按照当时尺寸换算过来，只有 40 多厘米，而“禹”鼎却高约 53 厘米，有一定差距。由此可知，“禹”鼎在铸造时数量不止一件。现在我们知道，西周晚期已出现所谓“列鼎”，即器形铭文相同的鼎同时铸造多件，但形体则大小不等，可由大到小排成一列。西周晚期的铜鼎根据形制的差异可分成两种：一种是半球腹鼎，器腹呈半球形，著名的“毛公”鼎和国家博物馆所藏的“南宫柳”鼎（“中国古代青铜器”展品）等即属此类。另一种是垂腹鼎，器腹下垂，底较平，如“禹”鼎和大小“克”鼎。根据目前的发现，垂腹鼎在西周晚期多呈“列鼎”的形式，如小“克”鼎即有 7 件，大小不一；2003 年陕西眉县杨家村出土的四十三年“逑”鼎（或称“逨”鼎）由大到小共有 10 件，最大的一件高 58.5 厘米，最小的一件高只有 22.5 厘米。看来，“禹”鼎在铸造时也是一组“列鼎”，但后来散失了，其中的两件在不同的地点重现世间，时间竟相距近千年，不得不令人感叹。

“禹”鼎的铭文共有 206 字，记载了西周王朝与噩国（即鄂国）及其率领下的南淮夷、东夷的一场战争。据最近的考古发现，西周时期的噩国可能在今湖北随州一带；南淮夷、东夷则在今河南东南部、安徽西北部及以东地区。这场战争的结果是，禹受周王朝重臣武公的差遣，率领周王朝的主力军队西六师、殷八师讨伐噩国，最终打败了噩国，并俘虏了噩侯驭方。禹也因为战功受到了武公的赏赐，所以铸造了一套铜鼎作为纪念。有意思的是，上海博物馆藏有一件“噩侯驭方”鼎，作器者正是被禹擒获的噩侯驭方。根据该鼎铭文内容可知，有一次周王讨伐属于南淮夷的一些小国，在回程途中，噩侯驭方觐见了周王，同周王一起宴饮并举行了射礼，周王赏赐了噩侯驭方，后者因此铸造铜鼎以纪念此事。这两件事的先后关系，有两种可能：一，噩侯原服从周王朝，但后来反叛，于是周王朝伐噩，最终俘获噩侯驭方；二，噩侯驭方反叛周王朝，但失败被擒，因此顺从了周王朝，自己随即被释放，故有觐见周王之事。目前学者多认同第一种可能，并认为噩国就此亡国。

“禹”鼎的具体年代经学者考证，为周厉王时期。在他统治时期，周王朝已经面临了严重的内忧外患，这些灾难周人认为是上天所给予的，“禹”鼎铭文中所说的“天降大丧于下国”就是这种观念的表现。内忧主要是统治阶级内部矛盾的激化，最终引发了“国人暴动”，导致了厉王的垮台，这是大家都知道的。外患主要是当时少数民族的入侵，主要是南淮夷和玁狁。一件宋人曾经著录但久已失传的铜簋铭文提到，南淮夷入侵，竟然打到了周王朝在东方的统治中心。“禹”鼎铭文提到，噩侯驭方伙同南淮夷、东夷，“广伐南国东国”（这里的“国”，是地区的意思），对周王朝构成了极大的危胁。为了解决南方和东方的边患，周王朝多次南征。台北故宫博物院藏有一件周厉王本人铸造的青铜钟，铭文中提到厉王亲自南征，“南国东国”二十六个小邦觐见以表示臣服。目前的资料显示，武公是周厉王时期指挥对外战争的主要统帅，禹就是在武公的领导下获得了与鄂侯驭方作战的胜利。据“多友”鼎（1978年出土）的铭文，西方的玁狁曾进犯周王朝的重要统治区域“京师”，劫掠而去，武公派多友反击玁狁，获得成功。不过，厉王时期的对外战争尽管取得了一些胜利，但成果有限，无法扭转周王朝日益衰落的局势。

西周时期的曾国和鄂国

西周时期，曾国和鄂国是周王朝在南部疆域（即所谓“南国”）的主要封国。西周早期铜器“中”甗和“静”方鼎铭文都提到了曾、鄂。鄂国地望长期以来说法不一，2007年，湖北省随州市安居镇羊子山M4出土一批西周早期“鄂侯器”，说明安居一带可能曾是西周时期鄂国的中心区域。2011年，在羊子山东北20余公里的随州叶家山，又发现了西周早期的曾国墓地，墓地南的庙台子遗址有城址和大型建筑遗迹，可能是当时的曾国都城所在。但曾、鄂的疆域随后可能又有变动，曾国的中心至迟到春秋早期西迁到今随州以西的枣阳一带，春秋中期后又东迁至今随州安居和随州市区一带。鄂国在西周晚期以后似乎消失了，这可能与厉王时鄂侯驭方反叛周王朝并遭到失败有关。

（冯　峰）

13

铭文铿锵、经历奇特的青铜巨盘
“虢季子白”盘

*

冯 峰

西周

长137.2、宽86.5、高39.5厘米

陕西宝鸡出土

“虢季子白”盘也称“虢”盘，它器形硕大，形制和铭文独特，是享誉世界的青铜重器，清末即与“毛公”鼎和“盂”鼎齐名，“一时罕有其匹”（鲍康语）。

“虢季子白”盘的最早收藏者是徐燮钧。徐是江苏常州府阳湖县人，道光年间曾担任陕西眉县县令，据他说，盘出陕西宝鸡县虢川司地。但虢川司（即虢川巡检司）并非行政区划，而只是一个“掌捕盗贼，诘奸宄”的衙门，盘如何能出自这么一个政府机构？实在有些可疑。据说“虢”盘在被发现前“旧在驿中养马”，如果属实，或许盘曾在虢川司内作为马槽使用，后被徐燮钧发现，故称盘出虢川司。但即使如此，虢川司也不会是盘的原始出土地。道光年间获得“虢”盘拓片的刘喜海和张石匏则称盘出眉县，这种说法年代较早，因此也不可忽视，何况徐燮钧本来就是眉县县令。徐燮钧1826年中进士，曾相继担任眉县和咸阳县县令，据清《咸阳县志》称，徐始任咸阳县令是在1837年，因此可推测其任眉令当在1826—1837年间，这也是徐获得“虢”盘的时间范围。后来，徐燮钧罢官，携盘回到老家常州。1859年，时任常州知府的吴云曾在徐府中见过“虢”盘。吴云说徐燮钧获得“虢”盘，“仅以废铜偿之”，当符合事实。1860年，常州落入太平军手中。1862年后，盘被搬入镇守常州的太平天国护王陈坤书的府中。1864年，清军收复常州，擒杀陈坤书。参与攻城的清军提督刘铭传（后任台湾巡抚，名震一时）在护王府发现了“虢”盘。据他说，“虢”盘被发现时，“泥水胶沍”，可见它这几年没有受到好的待遇。刘铭传意识到这是个宝贝，于是“拂拭而熏沐之”，据为己有，随后又秘密将它运回了自己的老家安徽肥西，并专门修建了一座“盘亭”以安置“虢”盘。关于刘铭传获得“虢”盘的经过，有一种说法称，刘铭传攻陷常州后住在护王府，一天晚上听到外面传来金属碰击声，便出去巡视，于是发现了正在作为马槽喂马的“虢”盘。这种说法虽有趣，但未必属实，可能是与“虢”盘首次发现时的情形混为一谈了。又有刘获盘后请人辨识方知其为宝一说，也不可信。刘获得

“虢”盘后，一直秘而不宣，以致很长时间内人们都不知道“虢”盘的去向。曾经亲见“虢”盘的吴云在清军收复常州后一直惦记“虢”盘的下落，曾经“遍访此盘，杳无踪迹”；后来他听说盘在刘铭传手中，便去询问他，刘“唯唯否否，或秘不肯宣也”（《两罍轩尺牍》）。直到1872年，刘刊行《盘亭小录》，才正式将其获盘的情况公布于众。1896年，刘铭传病故，“虢”盘为其子孙继续保有。因刘家藏有“虢”盘已为世人所知，故刘铭传死后多有人觊觎“虢”盘，但均未得逞。抗战期间，国民党桂系势力控制了安徽，据说李宗仁、李品仙等几次派人到刘家索取“虢”盘，都被拒绝。为了保护“虢”盘，刘铭传的曾孙刘肃曾将其埋入地下。新中国成立后，刘肃曾带人将“虢”盘挖出，无偿献给国家。随后，“虢”盘在合肥公开展出，引起轰动。1950年2月，刘肃曾亲自护送“虢”盘进京。中央政府对刘家世代保护并捐献“虢”盘的事迹加以肯定，时任政务院副总理的著名历史学家、考古学家郭沫若赋诗一首：

“虢”盘献公家，归诸天下有；
独乐易众乐，宝传永不朽。
省却常操心，为之几折首；
卓卓刘君名，诵传妇孺口。
可贺孰逾此，寿君一杯酒。

经过在北京的几次公开展览后，“虢”盘入藏故宫博物院，1959年调拨到中国历史博物馆。

“虢”盘究竟是做什么用的呢？周代的青铜盘基本都是圆盘，腹较浅，西周晚期以后多与匜（或盉）相配，为水器。而“虢季子白”盘呈长方体，形体庞大，深腹，尽管自名为盘，却显然不是那种用以盥洗之盘。有学者根据《周礼》和《礼记》等古书的记载，推测它是用以盛冰的大盘。也有学者认为，它可能是一个大澡盆。两种说法都有一定的道理。据古书记载，有的器物（鉴）既可用以洗澡，又可作为盛冰器，“虢”盘或许也兼具这两种功用。

“虢季子白”盘

“虢季子白”盘铭文

即被大多数学者认为是周宣王十二年器。主要理由是：1. 铭文中提到，虢季子白因征伐玁狁有功而受到周王赏赐，而玁狁是西周晚期周王朝的主要敌人，常见于《诗经》。从汉代人开始，就认为《诗经》所载周王朝征伐玁狁事发生在周宣王时期。2. “虢”盘纹饰不早于西周晚期。3. “虢”盘出土于关中西部，不可能晚到周平王东迁后，又是某王十二年时所作，而西周亡国的国君周幽王在位只有十一年，所以定在宣王比较合理。这种认识目前几乎成了定论，但实际上还有进一步讨论的余地。据当代学者研究，周王朝征伐玁狁，并不仅限于宣王时期，而是从厉王时期一直延续到东周初年，汉人的说法不能成立。“虢”盘尽管根据出土地可以确定是平王东迁前的遗物，但并不一定早于幽王，据《竹书纪年》和清华大学新近收藏的战国竹简《系年》记载，周幽王死后，周王朝曾经出现过平王和携王“二王并立”的时期，一直持续了21年，后来携王被杀，平王才东迁洛阳，因此“虢”盘也有可能是这个时期所作。

“虢”盘的铭文很有特点。布局结构齐整，文字字形规整、瘦劲，多方笔，形态优美。这种字体与东周时期的秦国文字特征接近，而与大多数西周时期的金文风格有别。“虢”盘的铭文，是一篇句式整齐的韵文，押韵字依次为方、阳、行、王、卿（飨）、光、王、央、方、疆，古音均属“阳部”，即使今天读来，也还是朗朗上口，优美典雅。

“虢”盘的年代，自发现以来，

14

最先用失蜡法铸造附件的青铜器之一例

“王子午”鼎（附匕）

*

冯 峰

东周
通高 67、口径 66 厘米
河南淅川下寺出土

“王子午”鼎是春秋时期楚国令尹王子午铸造的铜鼎，1979 年出土于河南淅川下寺 2 号墓，出土时共有 7 件，国家博物馆所藏的“王子午”鼎是其中之一。

王子午是春秋五霸之一楚庄王的儿子、楚共王的弟弟，名“午”，字“子庚”，“王子”是他的身份。据《左传》记载，他于公元前 558 年至公元前 552 年间担任楚国的令尹（令尹是楚国中央职官之长，政治地位仅次于楚王），故又称“令尹子庚”。在“王子午”鼎的铭文中，王子午自称“命（令）尹子庚”，明确了器物的铸造年限。

商周时期的铜鼎是用来炊煮和盛放牲肉的器具，也是当时最重要的礼器。鼎按功能大致可分为几类，其中用以炊煮牲肉的鼎称为镬鼎；盛放已煮熟的牲肉、用以祭祀或进食的鼎称为升鼎。“王子午”鼎属于升鼎，它所附的铜匕，是用来从鼎中取出牲肉的器具。东周时期，升鼎的形制具有地域性，以“王子午”鼎为代表的一类升鼎，立耳外撇、束腰、平底，只流行于楚国及受楚国影响的诸侯国（如许国、蔡国、曾国等）。而在这些国家，也只有高等级的人物才能使用升鼎，而且等级越高，可使用升鼎的数量就越多。“王子午”鼎共有 7 件，足以显示器主崇高的社会地位。要知道寿县出土的诸侯国君蔡侯申所制作的升鼎也只有 7 件（部分现藏国家博物馆，为“中国古代青铜器”展品）。

淅川下寺 2 号墓既然出土了 7 件“王子午”鼎，它应该就是王子午的墓吧？事实却并非如此。下寺 2 号墓确实是一座楚国令尹的墓葬，但墓主却不是王子午，而是薳子冯。据《左传》记载，薳子冯也是楚国的重臣，在王子午担任令尹时，他是大司马（官职仅次于令尹）。公元前 552 年，王子午去世，楚康王想让薳子冯继任令尹，但薳子冯认为当时的政治形势对自己不利，于是就借口生病推脱了。第二年，接替王子午担任令尹的王子追舒因故被楚王杀掉，薳子冯意识到时机已到，才接受楚王的任命，出任令尹，直到公元前 548 年去世。下寺 2 号墓出土了多件薳子冯所铸造的器物，说明他就是这座墓的墓主。与 2 号墓相邻的 1 号墓和 3 号墓，也都出有薳子冯的器物，两墓墓主为女性，应该是薳子冯的配偶。王子午所铸造的铜鼎怎么会出现在薳子冯的墓中呢？这是因为，这些铜鼎在埋入薳子冯墓前已经易主，归属于薳子冯所有了。证据是，在每件“王子午”鼎的鼎盖上都另有一组四个字的铭文，显示鼎属于“冯”，也就是薳子冯。很显然，鼎内壁和器盖上的两处铭文不可能同时产生，因为铜鼎在铸造时不会既属于王子午又属于薳子冯。科学分析显示，“王子午”鼎器身与器盖的合金成分不同，说明两者很可能不是同时铸造的。综合各种情况，可以推测，器盖是薳子冯得到“王子午”鼎后铸造出来与鼎相配的（也有人认为，鼎盖原来就是与鼎身相配的，盖面上的铭文是薳子冯后刻的）。薳子冯既然也担任过楚国令尹，那么他在生前及死后就能享受到与王子午同样的待遇，使用升鼎的数量，也可以达到 7 件；因此，薳子冯在得到“王子午”鼎后，能够直接使用它，死后也能够将它们作为随葬品。还有一个问题是，“王子午”鼎是如何到了薳子冯的手中呢？有人推测，王子午死后，他的家族遭到灭顶之灾，财产被籍没，铜鼎落到了薳子冯手中。这种推测尽管没有绝对证据，但也并非没有旁证。据记载，薳子冯去世仅

“王子午”鼎（附匕）

三年，他的儿子大司马薳掩就被当时的令尹王子围（就是后来的楚灵王）所杀，薳氏的家族产业也被吞并，由此可见当时楚国政治斗争的残酷。王子午死后不久其家族即被消灭的可能性是有的。另有一种可能的情况，就是王子午去世前后，其本人或家族出于某种原因，将铜鼎作为礼品赠送给了薳子冯。

“王子午”鼎的铸造工艺非常复杂，几乎动用了当时所有铸造方法，显示了很高的技术水平。王子午的鼎身和鼎足是分别用范铸法铸成后，焊接到一起的；鼎耳是鼎身铸成后在耳部位置安置陶范铸接而成；鼎身的四个爬兽则是用失蜡法铸成后再与鼎身焊接起来。失蜡法适用于铸造用传统范铸法很难铸成的细密精巧的器物或器物附件，大致程序是：先制成欲铸器物的蜡模，再在其外通过浇淋细泥浆的方式形成一层泥壳。然后烘烤泥壳，其内部的蜡模融化流出，就会形成空腔，再浇铸金属溶液，即可将器物铸成。“王子午”鼎上的爬兽附件是我国目前发现的最早的用失蜡法铸造的铸件之一，目前可确定比它早的只有王子午的哥哥楚共王（公元前590—前560年在位）所制作的一件铜盏的附件；其他年代较早的还有河南叶县许灵公（公元前591—前547年在位）墓出土的铜器附件以及薳子冯墓出土的铜禁等一批文物，但均无法确定其与“王子午”鼎的早晚关系。总之，“王子午”鼎对研究东周时期的青铜铸造工艺很有价值。

“王子午”鼎的铭文的字体也很有特点，是所谓的“鸟虫书”，又叫“虫书”。笔画多蜿蜒盘曲，粗细不均（多中部粗，两端细），似宛曲的虫体，有的笔画作鸟形，或在字旁附加鸟形饰。这种字体春秋晚期到战国流行于南方楚、吴、越、宋、蔡等国，在当时是一种艺术字体，富有装饰效果。“王子午”鼎铭文是目前发现的最早的“鸟虫书”铭文之一，也是最长的一篇，是研究金文字体的重要资料。

王子婴齐炉

东周时期楚国令尹所铸造的器物，除了“王子午”鼎和薳子冯诸器外，还有现藏国家博物馆的“王子婴齐”炉。该炉于1923年出土于河南新郑李家楼的一座郑国大墓中，同出的还有著名的莲鹤方壶等。王子婴齐即令尹子重，是楚穆王的儿子、楚庄王的兄弟，担任楚令尹约二十年，于公元前570年去世。子重担任令尹期间，曾率兵伐郑，又曾救郑，他的器物出现在郑国大墓中有其历史背景。（冯　峰）

15

用活字打印出铭文的簋
“秦公”簋

*

梁 云

东周
通高19.8、口径18厘米
传甘肃礼县出土

此簋1919年出土于甘肃礼县红河乡，具体地点，有说是在“庙山”，有说在“王家东台”或“天台山”。传闻是由一个牧羊人首先发现的，被当做废铜卖给横河（即今红河乡）的“聚缘当”（一个天水人开设的当铺）。之后，又被一张姓古董商运至省城兰州，因无鉴识者，流落至南关商肆在厨中盛残浆。有识者发现后高价收购，名声大著；但当时的身价也不过20大洋。紧接着被当时酷爱书画古玩的甘肃省长兼督军张广建得到，并带至天津。几经周折流传至京城。1926年，受聘于清华研究院担任导师的王国维在一个偶然的机会见到了面世6年之久的“秦公”簋。目鉴手抚之下，立即被它蕴含的历史信息和艺术水平所震撼，写出跋文，公之于世。1935年，张广建的后人以2000银元把它卖给大兴人冯恕。嗣后，冯恕将簋捐献给北京故宫博物院。建国后，1959年“秦公”簋被调拨到新建成的中国历史博物馆陈列。

“秦公”簋盖、身均饰勾连蟠虺纹，花纹繁缛细密，双耳作兽首。特别值得注意的是，“秦公”簋的铭文不是整篇刻出的，而是用单个的字模一个字一个字地在内范上打印出来的；完全可以被视作我国活字印品的先声。器盖和器身上的铭文连读如下：

秦公曰：不（丕）显朕皇且（祖）受天命，鼏宅禹责（迹）。十又二公，在帝之坯。严恭夤天命，保業厥秦，虩事蛮夓（夏）。余虽小子，穆穆帅秉明德，剌剌（烈）桓桓，万民是敕。咸畜胤士，䜌䜌文武，镇静不廷。虔敬朕祀，作□宗彝，以邵（昭）皇且（祖）其严徽各（格），以受屯（纯）鲁多釐，眉寿无疆。畯（俊）疐在天（位），高弘有麐（庆），竈有四方。宜。

铭文意思是：秦公说：“我伟大的先祖接受天命，在夏禹规划过的地方建都立业。十二位先公有灵在天，伴随上帝；恭敬地遵循天命，保佑秦国为周人慎守西陲，以和西戎。我虽是年轻后辈，但庄重地奉行善政，推崇美德，雷厉风行，国内由此安定和谐。世袭的卿士都被我收罗在身边，文臣武将尽心协力，镇抚外邦。我早晚虔诚地祭祀，铸造了宗庙彝器，祈求祖先显灵，赐给我多福、长寿。”秦公高高在位，接受隆重庆贺，并拥有四方领土。

说到“秦公”簋，不能不提北宋时发现的“秦公”钟。该钟不知出土于何地，北宋庆历（1041—1048 年）中，叶清臣守长安时得到，上之于朝。后来著录在吕大临《考古图》和赵明诚的《金石录》。现在这件青铜钟已亡佚，但铭文拓片得以保留下来，内容与“秦公”簋基本相同。

钟铭和簋铭大同小异，都提到某个显赫的先祖开国立业，经历了十二世（十又二公），现任的这位不平凡的国君作此铜器。大家都认为钟、簋是同一位秦公所作。但这位秦公是谁？自北宋以来就争论不休，有多种说法，难点在于“十又二公”从谁算起？先看看《史记》中秦国的世系：

非子—秦侯—公伯—秦仲—庄公—襄公—文公—（静公）—宪公—出子—武公（兄）—德公（弟）—宣公—成公（弟）—穆公（弟）—康公—共公—桓公—景公—哀公（后略）

世系中的静公是文公的太子，文公在位 50 年，静公一辈子也没当上国君，死在文公前面，死了之后谥号为“静公”。起算的国君，有非子、秦侯、秦仲、庄公、襄公等不同说法，算上十二位（原来大家都不把静公计算在内），作器的秦公就有对应的成公、穆公、共公、桓公、景公五种说法。前后差别很大。

这个问题本来不容易解决，但后来的发现又提供了线索。1978 年在陕西宝鸡县杨家沟乡太公庙的一个窖穴内发现 8 件铜器，5 件铜甬钟呈一字形排列，3 件铜镈钟作半圆状。铜钟形制相同，大小有差，皆有铭文，可连续，共计 130 字：“秦公曰：我先祖受天命，赏宅受或（国）。剌剌邵文公、静公、宪公不坠于上，邵合皇天，以虩事蛮方……”文体、语气、用词和“秦公”簋、钟很相似。但太公庙钟是春秋早期秦武公铸造的，年代要早得多。秦武公历数自己之前的先公，是从文公起算的，而且

“秦公”簋

“秦公”簋铭文

算上了他祖父静公，没算他弟弟出子。

“秦公”簋、钟的铭文明显是模仿秦武公钟的，如果按照秦武公钟的先例，“十又二公”从文公起算，计静公而不计出子，那么作器的秦公就是哀公；如果静公、出子都计算在内，那么作器的秦公就是景公。虽然还不能最终确定，但范围已经大大缩小了。秦景公在位40年（公元前576—前537年），是很有作为的一位君主。秦哀公在位36年（公元前536—前501年），曾发兵救楚，击败吴军，帮助楚国复国。

另外，“秦公”簋盖和器内均有秦汉时刻辞一行各九字。器云：“西元器一斗七升八奉，簋。”盖云：“西一斗七升大半升，盖。”这里的“西”，就是秦汉西县的简称。说明铜器在秦汉时还被继续使用。王国维在《“秦公”簋跋》中说：“秦自非子至文公，陵庙皆在西垂。此簋之作，虽在徙雍以后，然实以奉西垂陵庙，直至秦汉仍为西县官物”。又说：“盖西者，汉陇西县名，即《史记·秦本纪》之西垂及西犬丘。”首次肯定“秦公”簋是秦西垂陵庙的礼器，还在秦汉官署中使用；并认为它是在秦人的兴起之地“西垂”及“西犬丘”出土的。

16

吴国王室女子陪嫁的大冰鉴
“吴王光”鉴（附勺）

*

冯　峰

东周
高 35.5、口径 57.7 厘米
安徽寿县出土

“吴王光”鉴于 1955 年出土于安徽寿县蔡侯墓，作器者吴王光，即中国历史上赫赫有名的吴王阖闾（公元前 514 年—前 496 年在位）。

寿县蔡侯墓是春秋晚期蔡国国君蔡侯申（即蔡昭侯，公元前 518—前 491 年在位）的墓葬。前 491 年，“吴王光”鉴与诸多蔡侯申自作的器物（部分器物现藏国家博物馆，为“古代中国”展品）作为随葬品伴随着长眠的蔡昭侯埋入地下，到它们重现世间的时候，已经过去 2400 多年了。

人们可能会有疑问，吴王光所作的器物怎么会埋入蔡昭侯的墓中？了解到当时具体的历史背景，就不会感到奇怪了。

首先需要指出的是，“吴王光”鉴尽管是吴王光所铸造，但却不是铸来给自己用的；从铭文看，该器是吴王给叔姬制作的。叔姬即排行为“叔”的姬姓女子（排行加姓是周代女子称

“吴王光”鉴（附勺）

谓的基本格式），吴王室为姬姓，因此这个叔姬可能是吴王光的女儿或妹妹。吴王为叔姬作的铜鉴出土于蔡侯墓，说明它很可能是一件媵器，即陪嫁器；叔姬的丈夫，应该就是蔡昭侯。这场婚姻，可以说有些不太协调，主要是因为周代有着“同姓不婚”的禁忌，吴的先祖吴太伯是周文王的伯父，蔡的先祖蔡叔是周文王的儿子，两国统治者不但同姓，而且同宗，一般情况下不能通婚。为什么有这种禁忌还要通婚呢？一方面，可以说明春秋时期对“同姓不婚”原则的遵守已经不那么严格了，据《左传》记载，春秋晚期的姬姓霸主晋平公后宫中有“四姬”，即四个姬姓的妃子；鲁昭公的夫人也是娶自吴国，因为违反了“同姓不婚”的原则，自己也觉得不好意思；为了遮羞，就将其夫人称为“孟子”或“吴孟子”（实际应该称“孟姬”）。另一方面，吴、蔡的这次通婚是典型的政治婚姻，两国企图通过通婚来巩固彼此的联盟关系，这时候禁忌就要让位于现实利益了。在蔡侯申墓中，还出土了一件青铜尊，通过铭文，可知它是蔡侯申为大孟姬所作的媵器，并希望后者“敬配吴王”，这说明吴、蔡两国互相通婚；只是，这件媵器却出土于蔡侯自己的墓葬中，可能有特殊的原因。

吴、蔡之间这种特别亲密的关系，有着清晰的历史背景，《左传》等史书记载颇为详细。春秋中期以后，由于地理位置的关系，蔡国开始臣服于楚国。春秋晚期以来，位于东南地区的吴国逐渐强大起来，对楚国构成威胁，两国在淮河流域发生多次战争，互有胜负，但整体实力的发展趋势则是吴升楚降。蔡国国都位于今河南上蔡，正处于两大势力之间，东依强吴，对楚国的服从也就不像以前那样忠心了。公元前515年，吴国的王子光杀死当时的国君吴王僚而代立。吴王光即位后，雄心勃勃，重用楚的叛臣伍子胥，加强了对楚的军事行动，导致楚国“无岁不有吴师”（每年都有吴国军队来犯）。这时，楚国和蔡国的关系也破裂了，起因似乎很偶然：蔡侯申带着两件玉佩和两裘去楚国，把一佩和一裘献给了楚昭王，另外一佩一裘自己使用，当时楚国的令尹子常非常贪婪，向蔡侯索要佩和裘，蔡侯不给，于是子常怀恨在心，将蔡侯扣留在楚国，这一扣就是三年，后来蔡侯听从手下的劝说将佩献给子常，才被释放。在回国的途中，蔡侯发誓讨伐楚国，但凭自己的实力显然做不到，于是就以自己的儿子作为人质，请求吴国伐楚，由此开始全面倒向吴国。公元前506年的冬天，吴王光会同蔡侯申、唐成公伐楚，与楚国在柏举作战，大败楚国，并趁势攻入楚都郢，导致楚国几乎亡国。后来吴军发生内乱，楚臣申包胥又求来秦军帮助，才使楚国度过了最危险的关头。在此前后，与吴国相邻的越国开始对吴国构成威胁，吴国无暇西顾，楚国得以喘息，并逐渐恢复了元气。公元前496，吴王光在与越王勾践的一次战争中失败，自己也受伤去世。不久，一直受吴庇护的蔡国，就开始受到楚国的报复性打击，以致在其传统统治区域内很难再支持下去，“于是乎请迁于吴”。公元前 493 年，蔡国迁都到州来（今安徽寿县一带），以便继续受到吴国的保护。但迁都造成了蔡国严重的内部矛盾。两年后，蔡国的大臣怕蔡侯申为了靠近吴国再次迁都，合谋杀死了他。

从上述历史背景看，蔡侯墓出土的“吴王光”鉴，应该铸造于蔡国全面依附吴国的时期（公元前 506—前 496 年），它先跟随叔姬到了蔡国故都，又在蔡国迁都后来到了州来，最终随着蔡侯申的尸体埋入了地下。这时，作器者吴王光已死去五年了。

我们再回到器物本身。“吴王光”鉴究竟是个什么用途的器物呢？经分析，可以确定它是一个冰鉴。需要说明的是，“吴王光”鉴同出两件（另一件在安徽），出土时鉴内各有一件楚式的盛酒器尊缶，鉴内底的三个圆环，就是用来与尊缶相固定的。至于那件铜勺，原来应该是尊缶附属物。关于鉴和尊缶的具体情况可参见本书“曾侯乙鉴缶”条，这里就不多说了。

值得一提的是，国家博物馆还藏有一件“吴王夫差”鉴（“古代中国”展品），据说出土于河南辉县，器物的用途应同于“吴王光”鉴。吴王夫差（公元前 495—前 473 年在位）是吴王光的儿子和王位的继承者，作为吴国的亡国之君，他在历史上也很有名。

孙子问题

一般认为，孙子（孙武）是春秋时期著名的军事家；实际上，他却是个谜一般的人物。据《史记》，孙子是吴王阖闾的重要将领，在吴破楚入郢一事中发挥了关键作用。但记载此事颇为详细的《左传》，却压根没提到孙子这个人。因此，从南宋开始，就有人怀疑孙子并无其人，更有观点认为孙子即孙膑。1972 年，银雀山汉简的出土证明了《孙子兵法》和《孙膑兵法》是两部书，但仍无法证实《史记》对孙子的记载；《孙子兵法》也没有能够早到春秋时期的确切证据。因此，对孙子其人的怀疑只好继续下去了。

（冯　峰）

17

吴越宝剑见真容
“吴王夫差”剑

*

梁　云

东周
通长59.1、剑身宽5厘米
河南辉县征集

此剑为春秋时期兵器。1976年河南省辉县百泉文物保管所在废品回收部门的协助下从废铜中发现，据访查，可能是1949年以前被人从辉县琉璃阁战国墓葬中盗出的。现藏国家博物馆。该剑全长59.1厘米，剑身宽5厘米。剑柄上有两道箍，剑格上有兽面花纹，镶嵌绿松石，剑身布满花纹，锋锷仍很锐利。

剑身铸有篆书铭文10字：“攻敔王夫差自乍其元用”。“攻敔”就是指春秋时期的吴国，也叫“勾吴”、“工吴”或“攻吾”；“王夫差”就是指历史上很有名的吴王夫差——“春秋五霸”之一；“乍”同“作”“自乍”就是自己制作的意思。“元用”含有大用、永远使用的意思。这句铭文总的意思是说，这是吴王夫差自己制作的宝剑，希望它能长久使用下去。

吴王夫差（公元前495年—前473在位），是吴王阖闾的儿子。公元前496年，吴王阖闾第二次伐越，越王勾践用计谋大败吴军，吴王阖闾因病伤死去，临死前传位给夫差，叮嘱他为父报仇。夫差遵从父王遗训，即位当年就操演军队，以图复仇。次年在夫椒大败越军，勾践退守会稽，

“吴王夫差”剑

派文种携美女珍宝请降，夫差准备答应，伍子胥预见到两国不能共存之势，又洞察越王勾践图谋东山再起之心，力谏不可养痈遗患，而应乘势灭越。这时的夫差以为越国已经不足为患，又贪图美色，就不听伍子胥的劝告，答应了越国的投降，把军队撤回了吴国。勾践带着妻子和大夫范蠡到吴国伺候吴王，终于赢得了吴王的欢心和信任。三年后，他们被释放回国。

“吴王夫差”剑铭文

夫差随即兴师动众，北伐齐、鲁，争霸中原。公元前 488 年他在艾陵（今山东泰安）打败齐国。此后多次伐齐、伐鲁。公元前 482 年，他与晋争霸，在黄池（今河南封丘西南）大会诸侯，因逢晋室内乱而一度夺得霸主的地位。此时吴国的发展达到极盛时期。

但是，吴国连年征战，造成国力空虚。而越王勾践不忘会稽之耻，卧薪尝胆，使越国国力逐渐恢复。伍子胥力谏夫差暂不攻齐而先灭越，以除心腹之患，又遭夫差拒绝。之后夫差听信谗言用属娄剑赐伍子胥死。伍子胥死前对邻舍人说：我死后，将我眼睛挖出悬挂在吴京之东门上，以看越国军队入城灭吴。公元前 482 年，勾践趁夫差率精锐赴黄池之会、只有太子与老弱留守之机，率越军乘虚而入，并杀死吴国的太子。得知此事后，吴王夫差匆匆赶回，与越国议和。然而，吴国因长期穷兵黩武，民力凋敝，再也难以与越国抗衡了。公元前 473 年，越国再次兴兵，打败吴国，夫差自杀，吴国灭亡。

吴越地区水网纵横，地多林莽，战车缺乏用武之地，军队的主力是水兵和步兵，青铜剑轻便锋利，是适合步兵用的短兵器，因此铸剑业很早就发展起来，领先于中原诸国。当地出现了欧冶子、干将、莫邪等铸剑名家，其中干将夫妇铸剑不成、以身祭剑的故事，流传至今。那些出自名家之手的宝剑，被列国君主视为珍宝，为之不惜大动干戈。《越绝书》记载，楚王派风胡子到吴国请欧冶子、干将铸铁剑。欧冶子、干将铸成龙渊、泰阿、工布三把剑，晋、郑闻而往求，楚王不允，于是出兵围楚，竟达三年之久。吴越地区制作的青铜剑质地优良，铸造精美，各诸侯国均以能得到吴越的宝剑为荣。据《史记》记载，公元前544年，季札奉吴王之命聘于鲁，经过徐国（今安徽泗县北）。徐君十分喜爱季札的佩剑，却碍难启齿。季札看出他的心思，但是使命在身，不敢解剑相赠。季札行聘结束回吴，再过徐国时，徐君已死，季札于是解下宝剑、系在徐君坟前的树上而去。随从问他：徐君已死，剑送给谁呢？季札回答：不是这样的，当时我心里已经答应送给他，不能因为人死而违背内心的诺言。

“季札挂剑”的故事赞美了季子的真诚，还说明当时官员奉命出使他国，佩剑须臾不可离身，剑在外交活动中不可或缺。吴国盛行佩剑之风，击剑活动在当时也相当普及。上有所好，下必甚焉，《庄子》说吴王喜爱击剑，吴国百姓的身上就多有剑瘢，剑术是吴越军队中必须习练的技能。夫差的死对头勾践为了提高部队的战斗力，采取的主要措施之一就是教练士卒提高击剑的水平。越女剑的传说反映了这方面的历史。

史传秦始皇统一中国之后，为了防范人民的反抗，收天下兵到都城咸阳。吴越出产利剑，令秦始皇十分不放心，他下令挖掘了苏州虎丘山下的吴王阖闾墓，希望能挖出深藏于墓的利剑，但无功而返。其后，东吴的孙策、孙权等也曾来此寻剑，但都空手而归。

千百年来，许多的金石收藏家以搜寻吴越之剑作为终身梦想。清代学者阮元的《积古斋钟鼎彝器款识》最早著录“吴王夫差”剑。近现代刘体智的《小校经阁金文拓本》和罗振玉的《三代吉金文存》著录了同一把“吴王夫差”剑。著名古文字学家、古器物学家于省吾教授也藏有一把“吴王夫差”剑。1991年，香港古董店出卖一把相当精美的“吴王夫差”剑，后被台湾古越阁主人王振华、王淑华购藏，相当难得。

新中国成立后，文物、考古部门在河南、山西、山东、湖北、安徽等省发现、出土了“吴王夫差剑”数把，其规格、形制、铭文相似，只是大部分保存情况较差，品相不佳。国家博物馆所藏的这把吴王夫差剑就弥足珍贵了。

18

精美的冷饮用器
“曾侯乙”方鉴缶（附勺）

＊

冯 峰

东周
鉴高63.2、口径63厘米，缶高52.4、口径23.6厘米
湖北随州擂鼓墩出土

“曾侯乙”方鉴缶1978年出土于湖北随州曾侯乙墓，器主是战国早期曾国的国君。

曾侯乙墓在发现时保存完整，没有被盗掘过，因此出土了大量的珍贵文物。该墓在建造时被分隔成“北室”、“西室”、“中室”和“东室”等四个独立空间，“曾侯乙”方鉴缶共两套，发现时位于象征墓主生前宴饮场所的“中室”，在这里同时出土的还有鼎、簋、编钟、鼓等礼器和乐器，从这些华美壮观的出土文物中，可以想见曾侯乙当年钟鸣鼎食的奢华生活。

“曾侯乙”方鉴缶由方鉴、方尊缶和附属的长勺等三部分组成，鉴盖、尊缶盖和勺上都铸有铭文，显示器物属曾侯乙所有。方尊缶放置在方鉴内，圈足上的三个榫眼，恰可与鉴内底部呈“品”形分布的三个弯钩扣合，将两者固定在一起，鉴的方盖中空，正好容纳尊缶的颈部。这组器物设计巧妙，美观大气，可以说是不可多得的文物精品。那么它是做什么用的呢？先来说尊缶和长勺。尊缶是盛酒的器具，长勺则用来从尊缶内挹取酒浆，这两种器物在东周时期只流行于楚国和受楚文化影响的诸侯国，是典型的“楚式器”。考古发现的尊缶绝大多数横截面为圆形，国家博物馆就藏有一件迄今已知最大的圆尊缶（“古代中国”展品，高约125厘米，重300多公斤），也出土于曾侯乙墓。方尊缶目前只发现了几件，多与方鉴配合使用，应该是一种具有特殊用途的尊缶。在曾侯乙鉴缶中，尊缶（准确说，是其中所盛的酒）是最核心的东西，这就决定了鉴缶整体的用途必定与酒有关。可以说，方鉴只是起了辅助作用。那么它究竟有什么具体的用途呢？它与尊缶间为何又有那么大的空隙？从古书的记载看，鉴的功用有多种，它有时可以作为洗澡盆，有时又可作为盛水的器皿，还可用以盛冰。其中，后一种用途最值得注意。《周礼》中有关“凌人”的记载，他的主要职责是掌管官府用冰（“凌”的古义就是冰），具体工作是，冬天负责采冰保存，“春始治鉴。凡外内饔之膳羞鉴焉，凡酒浆之酒醴亦如之。祭祀，共冰鉴”。这里所说的鉴是专用的冰鉴，

放冰后可用以冰镇食物和酒。联系上述古书记载，“曾侯乙”方鉴的用途就可以推断出来了。它显然不是洗澡盆，也不太可能用来盛水，应该是一种专门用来冰镇酒浆的冰鉴，它与尊缶间留有较大的空隙，正是放冰的空间。总而言之，曾侯乙鉴缶是一种特制的酒器，使用它能够制作出冰凉的酒。我国上古时期的酒基本都是用谷物酿成的粮食酒，生产过程比较复杂，其中又有一种反复重酿多次的酒，酿造周期较长，成本较高，是一种香醇的美酒。这种酒液清醇，但酒度却很高，为了防止酒力发挥而变味，常常冷饮，所以古人说“醇醲之酒，清而且香，宜于冷饮”（《楚辞》王逸注）。了解了这些情况，就可以想到，曾侯乙尊缶盛放的酒应该就是重酿的美酒，对其进行冰镇主要是为了保持它的酒味，而这种做法是不限季节的；也正因为这种酒高档、难得，才配得上像曾侯乙鉴缶这样精美的酒具。除了曾侯乙墓，方鉴缶还出土于寿县蔡侯墓（“中国古代青铜器”展品），器主也是一方诸侯，这说明只有高等级的贵族才有资格使用这样的酒具。方鉴缶之外还有圆鉴缶，寿县蔡侯墓即出土有两套，其中一件圆鉴（“吴王光”鉴）和勺，也藏于中国国家博物馆（“古代中国”展品）。

尊缶是“楚式器”，因此鉴缶也只发现于楚国及受其影响的诸侯国，但这并不代表同样功能的器物在其他地区不存在。河南洛阳金村大墓曾出土了一件方鉴，有盖，盖面中空，为方形，只是鉴内的盛酒器已不知去向。三门峡上村岭战国墓也曾出土过一件方鉴，另有一“方罍”一勺，三者可能是一套冰酒的器具。山西太原金胜村春秋晚期大墓出土了一对青铜圆鉴，出土时鉴内各有一件方壶，说明两件器物关系密切；在战国时期的古书中，壶、鉴常并称，《墨子》、《吕氏春秋》都提到当时的高等级贵族墓葬的随葬品有“壶、滥（鉴）”，现在看来，它们的用途应该与“曾侯乙”方鉴缶相同。

“曾侯乙”方鉴缶（附勺）

19

豪华的建筑构件
青铜釭

*

梁 云

东周
长 42、宽 16 厘米
陕西凤翔出土

此曲尺形铜建筑构件，又名“金釭”，1974 年出土于陕西凤翔秦都雍城遗址的姚家岗宫殿区内。这里先后出了三窖这类青铜器，共计 64 件，本品是其中的一件。出土的青铜釭除两二件为毛坯外，其他都曾经打磨加工并使用过。这些铜构件大多为铜版与框架所构成的箍套状，截面为方形或长方形；还有由四面铜版构成的箍套，截面呈梯形。从形制上看有不同类型：1. 用于外转角的，即阳角曲尺形构件。阳角的两侧面或者再加上底面为板状，上饰蟠虺纹；尾端各有锯齿三枚；其他侧面为日字形空格框架。本品即属此类。2. 用于内转角的，即阴角曲尺形构件。阴角的两侧面为板状，上饰蟠虺纹。3. 用于尽端的，即单齿方筒形构件。仅一端的一或两个侧板有齿，上饰蟠虺纹；其他侧面为条格。4. 用于中段的，即双齿方筒形构件。方筒中相连的两面为满饰蟠虺纹、两端各有三枚锯齿的板面，另两面为长方形条格。此外还有少量小型转角（拐头）。

器物出土时部分内含朽木，大件的内空一般 16 厘米见方，可知它们是用于为枋木等物加固的，而不是家具或车马的装饰。铜构件的一、二或三面饰有花纹，它们被安装在建筑物上以后，有纹饰的面露明，可供观瞻；无纹饰的面暗藏，是看不到的。铜构件中空的尺寸又小于一般殿堂的主要承重柱，可知它们是安装在古代夯土建筑的壁柱和壁带上。

先秦两汉时期，大型建筑主要靠中心夯土台墩和版筑夯土墙支撑，尚未出现后世的柱网结构。台墩或墙的侧面需要用木框架结构加固，木框架的竖向杆件称为壁柱，架在各壁柱之间的横向杆件称为壁带。壁柱和壁带都嵌在墙面上，一般与墙面平；其截面为方形或长方形。壁柱与壁带，以及它们各自之间的结合部位则用金釭箍套衔接。转角、中段、尽端所用金釭的类型各不相同，金釭暴露在墙或墩台外的部分则装饰花纹。因此，金釭在建筑中既有连接固定木材的实用功能，也有美化装饰的作用。

“金釭”一词出现在汉代的文献中。汉成帝宠爱能作掌上舞的赵飞燕，把她立为皇后。连带她的妹妹也被宠幸，册封为昭仪。赵昭仪的住处“昭阳舍”，极尽奢华之能事，地面涂漆，门槛鎏金，台阶以白玉砌成，壁带用“黄金釭”套接，并装饰蓝田玉璧、明珠、翠羽，在后宫中前所未有。这里的“黄金釭”就是“金釭”，可能是在青铜构件表面鎏金，故名。后妃的住处尚且如此，汉代皇帝居住的宫殿就更不用说了。史书记载未央宫的确用黄金（金釭）衔接壁带，并悬挂玉璧珍宝，风吹时玉件碰撞就会发出清脆悦耳的声音。

姚家岗金釭说明春秋时期的秦国宫殿已经使用了金属构件。姚家岗位于雍城遗址中部偏西的位置，是秦都主要的宫殿区之一。从秦德公元年（公元前677年）到秦孝公十二年（公元前350年），雍城作为秦都的时间达327年之久，一直是秦的政治、经济、军事、文化中心。作为国都，雍城筑起了规模巨大的城垣，修建了壮丽宏伟的宫殿，成为当时全国著名的大都市之一。孝公东迁咸阳以后，尽管这里不再作为都城，但由于是祖先陵墓和宗庙的所在地，许多重要祀典仍在此举行。金釭窖藏发现于姚家岗宫殿的旁边，宫殿只被清理了西南一角，有夯土台基、版筑夯墙、柱洞、散水等遗迹，设施一应俱全。除此之外，考古学家还在城中部的马家庄发现了宗庙和朝寝建筑，在城内偏北的高王寺发现成片建筑和铜器窖藏。秦国宫室“以大为美”，马家庄朝寝建筑南北全长326米，东西宽50—80米，从南向北有五进院落，规模宏大，简直相当于2500年前的“故宫”，充分显露了秦君志得意满、图谋逐鹿中原的气势。这种审美传统往后发展，就出现了秦代集几十万人之力修筑的“阿房宫”建筑群，可谓是古代土木建筑的巅峰。

青铜釭

提到春秋的秦国，就不能不说“春秋五霸”之一的秦穆公。他的事迹，除了在东面与晋国争夺，将领土推进到黄河边，最大的功绩就是“益国十二，开地千里，遂霸西戎”。当时秦国西北有众多西戎国家，戎王派由余出使秦国，穆公为了炫耀自己国家富足强大，让由余参观雍城内的宫殿及仓廪府库，由余感叹说：“让鬼神来做，都太伤元气；让人来做，会疲劳之极。”由余是个人才，后来穆公想办法把他挖了过来，听取了他的计谋，吞并了许多西戎小国。

从这个故事可知秦国宫室的建造不惜工本，不亚于东方其他国家。当时列国的宫殿广泛采用铜构件，金釭的使用也很普遍。汉代更是如此。汉代以后，随着建筑物的梁架及榫卯结构的日趋完善，金釭的实用意义越来越小，逐渐蜕化成装饰品，乃至消失。但后世木建筑的彩画，比如清代画的“箍头”、“藻头”的轮廓，还保留着金釭的遗韵。

金釭在后世建筑装饰上的遗意

金釭是春秋至汉代较为流行的建筑构件。它的出现源于当时木构榫卯体系的不成熟，两个方向的构件交接时需用青铜套连接加固，同时也增加视觉的辉煌。随着后来构件连接技术的成熟，昂贵的金属构件便逐渐消失。但在视觉上，金釭体现了对构件端头与中段的强调，这一遗意影响了后世的装饰，而尤以额枋上的彩画装饰最为明显。敦煌莫高窟建于宋初的窟檐上，已经可以看到阑额两端与中段呈现出不同的彩画带；至明清，额枋构图逐渐定型，发展出程式化的“箍头－藻头－枋心”三段式构图。箍头是额枋尽端处的彩绘，其名称即有“箍住端头”之意；藻头在两端箍头内侧；两侧藻头之间夹着枋心图案，形成明显的轴对称。这三种图案区之间的分隔线，还保留着金釭锯齿形的边缘形式。也许，正是早期以金釭为代表的建筑装饰对平面图案的强调，使得后世中国建筑装饰更重色彩，不同于西方之重雕刻。（杨　煦）

20

“秦王扫六合”之际的秦戈

四年“相邦吕不韦”戈

*

梁　云

战国·秦

通长27.6、胡长16.8厘米

1957年在湖南长沙左家塘秦墓出土。戈短援，长胡三穿，全长21厘米，内微残。

内的两面均刻铭文。正面：“四年，相邦吕不韦。寺工龙丞□。”背面刻一“可”字。

“四年”指秦王政四年，即公元前243年。“相邦”是百官之长，为最高级别的行政官员；汉代避刘邦讳，改名“相国”。“寺工”，秦国铸造兵器的机构之一；“龙”，人名，他是寺工的长官，相当于现在的兵工厂厂长。“丞”，副职、助手；后缺人名及工匠名。这件青铜戈铭文的意思是：秦王嬴政四年，由相邦吕不韦督造，寺工长官龙和他的副手主造，再由工匠具体负责，铸造了这件铜戈。铜戈是寺工的产品。

吕不韦是秦国历史上赫赫有名的人物。他本是河南阳翟的大商人，往来各国做生意，家财千万。当时秦国安国君为太子，安国君的正夫人是华阳夫人，无子；其他姬妾生有二十多个儿子，其中一个叫子楚，在赵国邯郸作秦的“质子”（列国之间交换王子或公子作为人质以取信对方）。当时秦、赵交恶，子楚又是庶出，所以在赵国的处境很尴尬。吕不韦在邯郸见到子楚，觉得把宝押在这个人身上，投机一把，能给自己带来巨大的利益，曾说：“此奇货可居。”于是对子楚宣称，他有办法把子楚立为华阳夫人的嫡子、安国君的继承人。子楚自然大喜过望，说：您如果能做到，将来我与您共享秦国。

吕不韦西游秦国，花重金买了许多奇珍异宝，献给华阳夫人，说：子楚很孝顺，日夜哭泣思念太子（安国君）

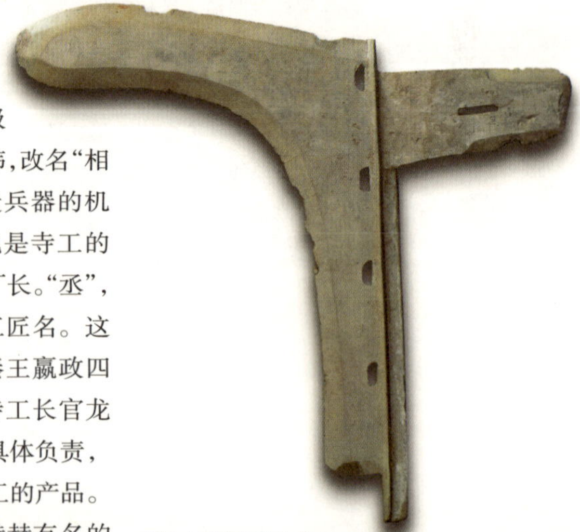

四年“相邦吕不韦”戈

和夫人您，顺势剖析利害关系，劝说华阳夫人把子楚立为嫡子。华阳夫人听从了这个建议，禀明安国君，把子楚立为继承人，派人去赵国好生安抚他，委任吕不韦当子楚的老师。子楚由此在列国间名声大噪。

吕不韦在邯郸有一个舞姬(赵姬)美貌善舞，已有身孕。子楚一见之下，惊为天人，倾慕不已。吕不韦于是把赵姬献给他，子楚立她为夫人。赵姬隐瞒了怀孕在先的事，生了个男孩，就是嬴政，即后来的秦始皇。所以说秦始皇的亲生父亲可能是吕不韦。秦昭王五十年（公元前257年），秦军围攻邯郸，情况紧急，赵国想杀死子楚，吕不韦和子楚密谋贿赂守城官吏，逃离赵国，回到秦国。但赵姬和嬴政母子俩没能离开，依靠娘家躲藏在邯郸，避开了赵国当局的追杀。直到秦昭王五十六年（公元前251年），秦昭王死，安国君成为秦王(秦孝文王)，华阳夫人成为王后，子楚被正式立为太子，赵国才把赵姬母子送到秦国。

秦孝文王在位一年就死了。子楚即位，就是秦庄襄王；庄襄王元年(公元前249年)，任命吕不韦为丞相，并封为文信侯，赐给他河南洛阳十万户的食邑。吕不韦从此青云直上，多年的投资终于得到回报。

秦庄襄王在位三年就死了。嬴政即位，成为秦王，尊吕不韦为相邦(相国)，并奉他为“仲父”。当时秦王年龄还小，吕不韦经常与赵太后(赵姬)私通。随着嬴政越来越大，不韦担心奸情被察觉，引祸上身，就把他手下一个门客大阴人嫪毐，假冒宦官送给太后。太后很喜欢，与嫪毐淫乱，还生了两个儿子。嫪毐恃宠生骄，组织私兵，图谋叛乱。事情被秦始皇察觉，秦王政九年（公元前238年）扑灭叛乱，夷嫪毐三族。事情与吕不韦有牵连，秦王政十年(公元前237年)，免去吕不韦相邦职务，并把他贬出京城，前往河南的封地。吕不韦虽然退隐，但人脉很广，名气很大，一年过后，各诸侯国仍纷纷派使者前去问候。秦王怕他有变，写信给他说：你对秦国有何功劳？秦国封你在河南，食邑十万户。你和秦王有什么血缘关系？

四年“相邦吕不韦”戈铭文

而号称仲父。你与家属都一起迁到蜀地去居住！吕不韦恐怕日后被迫害致死，就喝下酖酒自杀。这位曾经呼风唤雨、只手遮天之大投机家的一生就此收场。

从以上的故事可知，秦国相邦职位比丞相要高，后者事实上是前者的助手。相邦在位时，丞相往往空缺；如果相邦缺乏合适的人选，就任命丞相暂行相邦之职。吕不韦担任相邦的时间是在秦王政元年至九年，至十年他就被罢免，嬴政开始亲政。目前全国各地发现的吕不韦督造的铜戈铭文纪年有三年、四年、五年、七年、八年、九年的，完全证实了这一点。

秦国能够扫平六国、一统天下，凭借的是它强大的军事实力，以及严密的军工生产管理制度。当时的兵器制造，施行“督造者”、“主造者”、“造者”三级监管制度，并把各级负责人的名字刻写在兵器上，以便日后稽查。这就是吕不韦自己主编的《吕氏春秋》中所说的：“物勒工名，以考其成。”“督造者”由当时的最高行政长官相邦或丞相担任；“主造者”为铸造机构的长官及其副手，下面还有具体负责的工匠。兵器的质量如果出了问题，相邦一声令下，依据铭文中的人名，会逐级向下盘查，追究责任。在这种森严的监管制度下，从事者必须兢兢业业，不敢有丝毫马虎。

国家博物馆还收藏了一件“五年相邦吕不韦戈”。戈铭是：“五年，相邦吕不韦造。诏事图丞䓣工寅”这里的铸造机构是“诏事”，可见秦国的兵工厂很多，绝不止一家，惟其如此才能支持百万之师的用度和频繁战争的需要。

吕不韦铸造的“文信”钱币

出土与传世的文物中，除了有“相邦吕不韦造”铭文的铜戈外，还有一种存世极少，面文为“文信”的钱币，也是吕不韦铸造的。文信钱方孔圆形，钱径2.4－2.5厘米，重2.9－3.4克，此钱无外缘和内郭，钱文“文信”篆书，顺读，书体优美，具有先秦文字的古朴气息。因为钱正面有四个呈直角的曲文，故又有人称其“四曲文钱”。今有学者研究认为，四个曲文应当是古汉语“行”字的一种写法，根据这一推断，钱上的文字应该读作“文信行”。吕不韦在封地内以封号铸钱，币文、形制独出心裁，折射出他在政治上的野心。（王俪阎）

21

皇帝发兵的凭证

阳陵虎符

*

梁 云

秦

长8.9、宽2.1、高3.4厘米

传山东临城出土

虎符亦称兵符，因作成伏虎状，故名，它是古代帝王调动军队的凭证。虎符均由左右两半组成，平时右半符保存在国君手中，左半符则发给地方上统领军队的将帅。要调动军队时，国君派使臣持右半符前往驻地，与存于地方的左半符验合，方有权调动军队。

虎符盛行于战国秦汉时期，都是专符专用，一地一符，一个兵符不可能同时调动两个地方的军队。到了唐代改用鱼符或龟符，宋代又恢复使用虎符，元用虎头牌。这期间兵符的形状、数量、刻铭已有较大变化。

关于虎符最有名的历史故事是信陵君窃符救赵。公元前257年，秦军进攻赵国，兵临邯郸城下，赵国求救于魏、楚两国，魏国派大将晋鄙率军10万救赵。这时秦国向魏国施加压力，魏王屈服，令晋鄙按兵不动。赵国相国见魏不肯进兵，就写了一封告急信给魏国相国信陵君无忌，信陵君通过魏王妃子如姬的帮助，盗出魏王亲自掌握的半个虎符，假传王命，击杀晋鄙，夺得兵权，然后率兵8万，会同楚军一起救赵，遂解邯郸之围。

“窃符救赵”的故事说明战国时关东六国也用虎符调兵，可惜至今未见六国虎符的实物。目前只有杜、新郪、阳陵3枚秦国虎符流传于世。阳陵虎符是秦始皇统一全国后，颁发给阳陵驻守将领的铜制兵符，曾归罗振玉，现藏中国国家博物馆。符作卧虎形，形象逼真，昂首前视，曲尾上翘；分左右两半，因年代久远，对合处生锈，现左右不能分开。错金铭文从虎的颈背向臀部作纵向排列，左右符各有两行十二字：“甲兵之符，右在皇帝，左在阳陵。”它是符节制度的重要实物。

阳陵在哪？我们知道汉景帝的陵墓就叫阳陵，在今陕西咸阳市渭城区正阳乡张家湾村北。那个地方以前属“弋阳”县，汉景帝于前元四年（公元前153年）在那里修建自己的陵墓，就把县名改为“阳陵”。这么说来阳陵虎符是汉景帝以后的东西？最早研究阳陵虎符的王国维曾举出它与汉代虎符不同的五个方面：1. 汉符都是发给当时郡国的，阳陵是县名，不是郡国名。2. 汉符往往加刻数字标记“第一”至“第五”，阳陵虎符却没有。3. 汉符在虎背的骑缝处刻写一行铭文，

阳陵虎符

左右符皆半字，合符方可见全文；阳陵虎符左、右各全文。4. 汉符铭文错银，阳陵虎符铭文错金。5. 字体笔画不同于汉代错金文字。他同时举出阳陵虎符是秦符的几条证据：汉高祖刘邦曾封一个功臣傅宽为“阳陵侯”，说明在汉景帝之前就有阳陵。阳陵虎符左右各十二字，是六的倍数，符合秦代称数“以六为记”。字体与秦代刻石相同。他的说法很有说服力，得到了学术界的认同，由此成为定论。

除了阳陵虎符外，目前知道的秦虎符还有两枚，一是杜虎符，1973 年在西安郊区山门口公社发现，现藏陕西历史博物馆，高 4.4 厘米，长 9.5 厘米，虎作行走状，现存的半个虎符上刻有四十字的错金铭文 :“甲兵之符，右在君，左在杜，凡兴士披甲，用兵五十人以上，必会君符，乃敢行之。燔燧之事，虽毋会符，行殹。”铭文共九行，每行三到六字，字形谨严遒劲。“君”是秦惠文君，“杜”是杜县，在今西安西南郊。一般认为杜虎符制作于秦惠文君陈称王前的十三年之间，即公元前 338 年至前 325 年。二是新郪虎符，现为法国巴黎陈氏收藏，长 8.8 厘米，高 3 厘米，作卧虎形，形体细瘦颀长。错金铭文共四行四十字：“甲兵之符，右在王，左在新郪。凡兴士披甲，用兵五十人以上，必会王符，乃敢行之。燔燧事，虽毋会符，行殹。”新郪原属魏，在今河南。虎符的年代在战国末年秦始皇统一天下称帝之前。观察这三件秦虎符有一些共同点：都发到县、而不是郡；左右半符都有完整铭文；都是错金铭文。当然从杜虎符到新郪虎符、再到阳陵虎符，有一些细节上的变化，比如称谓从君到王、到皇帝，虎形从走到卧，铭文从繁到简，反映了时代上的变化。

从这些比较中我们知道阳陵虎符无疑是秦虎符，但秦代阳陵在哪的问题依然没有着落。古代的一些行政建制往往失载，只有等到新的考古材料出土才有再现的可能。2002 年 4—7 月，湖南省考古所对湘西里耶古城进行抢救性发掘，在 1 号古井中发现了大批秦代简牍，属秦代县一级政府的部分档案，从简文纪年可知它们是秦始皇及秦二世时期的遗物。内容包括政令、各级政府往来公文、司法文书等。在里耶秦简中，“阳陵”地名出现了近六十次，均出现在“追讨戍卒赀钱”文书，这些往来文书说的事情大致如下：秦始皇三十三年（公元前214年）阳陵县司空腾报告说，阳陵县下里有个人名叫“不识”的欠钱若干，需要追讨，他现在是戍卒（当兵），但不知道他现在在洞庭郡（里耶属洞庭郡）哪个县服役；现附一份财务文书给洞庭尉，追债的事由“不识”现在服役的县负责，并把情况统计在年报表中。到秦始皇三十五年（公元前212年）文书到洞庭郡，并转发到“不识”所在的迁陵县。对“阳陵”的地理位置，有人说就在洞庭郡（今湖南），还有人说在中原或淮北楚国故地。不管怎样，说明秦代阳陵县是确实存在的。

秦代的虎符

存世的秦代3件虎符铭文均为错金的，杜、新郪虎符只存左半边，阳陵虎符左右完整。杜虎符铭文从虎头耳后颈部起，至后腰接近臀部止，分九行，由上至下竖刻，具体为：“兵甲之/符，右在/君，左在杜/。凡兴事披甲/，用兵五十人以/上，必会君符/，乃敢行之/。燔燧之事/，虽勿会符，行殹”；新郪虎符铭文也是起自虎头耳后颈部，止于臀部，与杜虎符不同，新郪虎符文字分四行，从头到尾纵向排列，具体为：“甲兵之符，右在/王，左在新郪，凡兴事披甲，用兵五十/人以上，必会王符，乃敢行/之。燔燧事，虽勿会符，行殹”；阳陵虎符左右半铭文相同，均为“甲兵之符，右在皇帝，左在阳陵”，纵排。三件虎符异同交叉，杜虎符与新郪虎符的铭文除了“兵甲”与“甲兵”、“君”与“王”和“杜”与“新郪”几处外，几乎完全相同，但杜虎符虎的造型为站姿，新郪虎符的为卧姿。新郪虎符与阳陵虎符的虎造型相同，开篇均以“甲兵”，且文字的排列形式一致。近年有学者根据三件虎符的造型、铭文内容及文字书写特征等多方面加以考证后，认为杜虎符是秦惠王称君的十三年间（公元前337—前325年）的产物，新郪虎符是秦统一六国之前（公元前266—前221年）的产物，阳陵虎符是秦始皇统一中国后的产物。（王俪阎）

22

修建秦始皇陵的劳工的墓志
瓦文墓志

*

梁　云

秦
高 4.9、宽 3.9 厘米
陕西临潼出土

1980 年考古工作者在陕西临潼县秦始皇陵封土西约 1.5 公里的赵背户村发现一片秦代修陵人墓地，清理了其中的 42 座墓葬。这些墓葬的墓坑绝大多数为长方形，大小不一，共出土人骨架 100 具。有一个墓坑埋一人的，还有一个墓坑埋多具尸骨的。尸骨绝大多数采取了“屈肢”的葬式，即下肢蜷曲，大腿和小腿并拢或夹角小于 90°。人骨经鉴定除了三具女性，二名儿童外，其余皆是年龄二三十岁的青壮年。墓内遗物有臿、锄、镰、刀、锛、錾、凿等铁工具，盆、罐、瓮等陶器，还有不少筒瓦、板瓦、瓦当等建材。弧形板瓦外饰绳纹，内侧光素，18 件板瓦内侧刻有文字，刻着死者的籍贯、役名、爵名和人名。这些带字的板瓦覆盖在死者身上，相当于后世的墓志，所以叫它“瓦文墓志”。国家博物馆所藏的“阑陵居赀便里不更牙”瓦就是其中的一件。

“阑陵居赀便里不更牙”瓦文墓志高 4.9 厘米，阔 3.9 厘米。“兰陵”，地名，战国时属楚国，在今山东省苍山县西南兰陵镇。“居”这里没有居住的意思，它是一个特殊的法律概念，在秦代的法律文书中指一种抵偿劳役。“赀”本来有计量、财产（资产）、罚缴（财物）等含义，它在秦法律文书中出现频率很高，主要指一种经济处罚。“居赀”合起来指服劳役偿还债务，又叫“居赀赎债”。“便里”，里名，属兰陵。“里”在秦汉是基层行政单位。“不更”，爵名。秦代实行二十等爵制度，最低等为第 1 级公士，最高等为第二十级彻侯，不更为第 4 级。“牙”，人名。全文的意思是：此人名牙，是兰陵县便里人，有不更的爵位，为还债而服劳役。

秦始皇陵是秦国一项规模庞大的工程，从秦王政元年（公元前 246 年）开始修筑，到秦朝灭亡时（公元前 206 年）都没有彻底完工。公元前 221 年秦统一六国后，就从原属六国的东方地区调集了大量的劳动力修陵。赵背户村的瓦文墓志，除了这一件外，死者籍贯还有东武(今山东武城西北)、平阴（今河南孟津东）、博昌（今山东博兴县南）、赣榆（今江苏赣榆县东北）、嫸（今山东邹县东南）、武德（今河南武陟县东）等县。修陵工程到高潮时，动员的劳力竟达七十余万人，这些人在文献中统称为“徒”或“骊山徒”（秦始皇陵位于骊山）。以前认为“骊山徒”全部都是刑徒，即触犯刑律、被罚作苦役的罪犯，赵背户村墓地也被叫作“刑徒墓地”，现在看来是不对的。首先，赵背户村瓦文墓志说明死者是有爵位的，除了“不更”外，还有第一级“公士”，第二级“上造”。在秦代爵位可以抵罪，如果是第二级以上爵位的人犯罪，可以降低爵位赎罪；如果是一级爵公士犯罪，可以拿爵位抵罪。换句话说，有爵位的人就不会是刑徒（罪犯），刑徒一定没有爵位。其次，刑徒在服刑期间要穿红色囚衣，带刑具，并有人监管。比如在汉景帝阳陵附近发掘的刑徒墓地，尸骨埋葬杂乱无章，无任何葬具或随葬品，也无瓦文墓志，却出了刑具——铁钳和铁釱。当时刑徒脖子上戴铁钳，钳上还有与圆形铁圈成直角的铁杆，称作“翘”，只要他稍稍直立，铁翘就会刺到脊背；刑徒脚上铐有铁釱，使其步伐沉重蹒跚。赵背户村墓地没发现任何刑具，反倒有一些随葬品，死者待遇比刑徒要好一些，身份地位要高一些。再者，欠债和犯罪是两回事。欠债还不起钱可以服劳役抵偿，叫“居赀”；这种劳役是有代价的，如果伙食自理干一天相当于还八钱，如果吃公家伙食干一天相当于还六钱；而且居赀可以找别人替代。刑徒的苦役则是强制性的、无偿的。

虽然待遇稍好一些，但“居赀赎债”者平时要和刑徒一起服劳役。赵背户村的这些死者大多是男性青壮年，说明劳动强度非常大，他们不堪重负，最后倒毙在修陵工程中，被官吏草草埋葬，处境也很凄惨。在秦代去骊山修陵等于死路一条。汉高祖刘邦曾是沛县泗水亭长，他为县里往骊山押送劳工，半路上这些人纷纷逃跑，估计到了骊山人也跑光了。走到丰西泽，刘邦停下来休息、喝酒。晚上把他们全放了，说：你们都走吧，我也就此离去。其中有十几个人跟从他，后来一同参加起义。秦代的劳役之苦恐怕前无古人，后无来者。筑长城，建阿房宫，修始皇陵，都需要大量的人力。罪犯要服苦役，平民要服徭役，奴隶

瓦文墓志

是天生的劳力，欠债而无偿还能力的人也被统治者编入劳动大军。法律繁琐严酷，稍稍不慎就会犯法，监狱里人满为患，道路上身穿红色囚衣的刑徒络绎不绝，人民异常困苦。全国干柴遍布，一点火星就可燎原。秦二世元年（公元前209年）陈胜、吴广在大泽乡揭竿而起，首倡义旗反秦，从者如云，各地纷纷响应。短短两三年时间，貌似强大的秦帝国就土崩瓦解了。统治者肆无忌惮地奴役人民，其实是在培养自己的掘墓人。

中国最早的墓志

赵背户村发现的18件秦刑徒瓦文墓志是目前所见最早的墓志文，据袁仲一《秦代陶文》所释，其文分别是：東武羅，東武遂、贛榆距，東武居貲上造慶忌，東武不更所，東武東閒居貲不更瞗（睢），東武宿契，博昌去疾，博昌居此（貲）用（？）里不更余，楊民居貲大（教），（楊〕民居貲公士富，楊民居貲武德公士契必，平陰居貲北游公士滕，平陽驛，贛榆得，闌陵居貲便里不更牙，嫞（鄒）上造姜，（居〕貲□□不更□必，（犕）…（楷）（貲）…（不）更滕。刻文的内容、格式较随便，研究发现，瓦上所刻名者都是山东（被秦所灭的原六国）各郡县人，而非秦地土著。有人据此推测，将这些人的基本资料刻于瓦上放置墓中，是为了给后人迁葬时辨认尸骨用的。

秦代刑徒瓦文墓志虽然简陋，却为后世墓志的发展奠定了基础。墓志形制在最初是大小不一，形状各异，非常随意的。至公元2世纪中叶，墓志的内容、格式才加以完善，其时受墓碑影响， 开始出现圆首碑形墓志和圭首碑形墓志，直到3世纪初，方形墓志面世，墓志的形制才最终固定下来。墓志在发展与定型的过程中，曾经深受墓碑的影响，后来才摆脱碑的窠臼，走上独自发展演化的道路。（王俪阎）

23

汉军的风采
杨家湾彩绘陶兵马俑

*

梁 云

西汉
步兵俑高 48-50、骑兵俑高 54-68 厘米
陕西咸阳出土

西汉陶俑，包括步兵俑和骑兵俑。1965 年出土于陕西咸阳杨家湾汉墓的陪葬坑。当时共发现 11 个陪葬坑，呈南北向长方形配置，正面长约 20 米，纵深约 30 多米；其中步兵坑 4 个、骑兵俑坑 6 个、战车坑 1 个，分前后（南北）两组排列而成。前（南）面一组步兵坑 4 个，骑兵坑 2 个，中间为战车坑；后（北）面一组骑兵坑 4 个。

坑内出土立俑 1965 件，骑兵俑 583 件，盾牌模型 415 件，还有车马饰件等各类文物。立俑绝大多数为步兵俑，大的高 48.5 厘米，小的高 44.5 厘米，一般作右手上举执戟、左手下垂持盾的姿势。士卒俑外罩无领曲裾战袍，或不着甲，腰系革带，背负箭囊，腿裹行滕，头束武弁；服装颜色五彩纷呈，以红色为主。指挥俑（仅 1 件）身披鱼鳞甲，脚蹬高腰靴。骑兵俑作

杨家湾彩绘陶兵马俑

一手握缰绳、一手举器械的姿态，服装与步兵俑大体相同，只是衣服更短，袖口紧扎，腿上不裹行縢，但膝关节处着两层护膝，脚穿圆口布鞋。陶马昂头翘尾，胸宽体阔，腰短颈长，身上画出马具，骑俑和马尾都是另做的，可从马身上取下。

杨家湾彩绘兵马俑造型逼真，队伍整齐，表现了汉初军阵的真实形象。500 多个骑兵俑制作精细、威武生动，构成了气势雄伟的骑兵群，表明骑兵在当时军队中占有重要地位。战国时期中原列国已经建立骑兵，最有名的是赵武灵王“胡服骑射”，以对付北方游牧民族。军事家孙膑曾论述过运用骑兵克敌制胜的方法。在实际战例中，骑兵更是大放光彩。战国末年秦、赵“长平之战”，秦军就是依靠 5000 骑兵插入赵军营垒中间，打乱了赵军部署，最终取得了胜利。楚汉相争，垓下一战，刘邦凭借精锐的骑兵部队追击并消灭了大部楚军，逼得项羽无路可走，乌江自刎。需要指出的是，当时战车、步兵仍然是主力部队，骑兵往往配合车、步使用，承担迂回包抄、突然袭击、断敌粮道、追歼逃敌等任务。在军队中骑兵的比例还不是很高。

西汉初，马匹奇缺，天子乘的车都找不到四匹毛色相同的马，将相有的还乘坐牛车。经过几十年大力发展养马业，骑兵规模随之扩大，文帝、景帝时已能够派出十几万骑兵部队去对付匈奴。当时在西北边郡设有 36 处军马场。并从适龄青壮年中选拔、考核、训练骑士，其中包括很多少数民族人。这些举措都为后来汉武帝时大规模使用骑兵长途奔袭、集团作战打下了基础。

杨家湾彩绘陶骑马俑

杨家湾彩绘陶俑的年代较早，大约相当于汉文帝时期。俑坑的配置基本体现了当时作战方阵的特点：步兵在前、战车居中、骑兵靠后。作战主力是步、车，阵后设若干骑兵方队，机动配合步、车，担任侧击、包抄、奇袭的任务。骑士大多不披铠甲，披铠甲的只占总数的 8%左右。马背上放置类似于褥垫或坐垫的“荐”，还没出现装前后鞍桥的马鞍，也没有马镫。这些现象说明当时的骑兵虽然已经是独立作战的兵种，但很多方面还不够完善，还处在早期发展阶段。

陪葬坑北面 76 米处有两座带封土的大墓，就是杨家湾汉墓。上世纪 70 年代经过发掘，墓葬规模宏大，根据出土遗物和文献记载，发掘者推测这两座墓的主人是西汉名将周勃、周亚夫父子。

周勃和刘邦是同乡，和刘邦一起打天下，是西汉开国功臣之一。汉惠帝即位，周勃被任命为太尉，总领全国的军队。当时吕后专权，大力提拔自己娘家人，危及刘氏政权。吕后死后，周勃与陈平等合谋智夺吕禄军权，一举诛灭吕氏诸王，拥立文帝，后官至右丞相，死于汉文帝十一年（公元前 169 年）。周亚夫是周勃的次子，继承了父亲“绛侯”的爵位。文帝后元六年（公元前 158 年）匈奴大举入侵，汉朝调三路大军拱卫京城，其中一路由周亚夫统领，驻守在细柳。文帝率队慰劳将士，先到其他两路，都可以长驱直入。到了细柳营，却不能直接进去，得有将军之令方可入内；皇帝的车驾在军营也不能奔驰，只能缓缓前行。见了面，周亚夫立而不跪，躬身揖手向文帝行军礼，文帝深受感动。劳军仪式结束后，出了营门，文帝称赞道：“这才是真正的将军呢！前面去过的霸上和棘门的军队，好像小孩子做游戏。那里的将军遭袭击就可成为俘虏。至于周亚夫，敌人能够冒犯他吗？”汉景帝三年（公元前 154 年），爆发了以吴王刘濞为首的“七国之乱”。周亚夫领兵向东进击吴、楚，仅用了三个月就平定了叛乱，立下卓越功勋，被任命为太尉。五年后又升为丞相。但周亚夫性格刚直，守规矩，认死理，多次顶撞景帝，让皇帝很不高兴，后来就被免去丞相职位。周亚夫的儿子给父亲买了 500 件皇家殉葬用的铠甲、盾牌，被人告发。景帝下诏把他交给廷尉治罪。廷尉责问亚夫为何造反，周亚夫说：我所买的兵器都是殉葬品，怎么可以说是造反呢？审问的官吏说：你即使不在地上造反，也要到地下造反！最后他在廷尉的监狱中绝食五天，吐血而死，封国也被撤除。

从上面的故事可知周亚夫死时是待罪之身，不可能风光大葬。所以杨家湾汉墓只能是周勃及其夫人的墓。这一带墓葬是汉高祖“长陵”的陪葬墓，周勃有从龙之功，陪葬长陵合情合理。彩绘陶兵马俑军阵反映了他生前统帅过的汉家军队的风采。

24

呼韩邪单于降汉纪念堂之瓦

“单于天降”瓦

*

梁　云

西汉
瓦当面径17.1厘米
内蒙古包头召湾出土

此筒瓦为西汉物，瓦当圆形，边轮较宽，当中以十字格分为四区，每区内有一阳文，顺时针方向旋读为“单于天降”。字体圆润宽博，尖笔收尾，草隶中有篆意。当后的筒身上饰绳纹带。

“单于”，匈奴的最高首领。匈奴国内称之为“撑犁孤涂单于”。匈奴把天叫“撑犁”，把子（儿子）叫“孤涂”，“单于”的本义则是广漠辽阔的样子，合起来称呼他们的领袖。意思就是“伟大的天子”或“尊敬的天子”。瓦文之“天”有天命、苍天的意思，指一种神秘、超人的不可抗拒的伟大力量，在汉代史书中常见。“降”，降服。“单于天降”就是天降单于，指上天的力量使单于降服归顺。

匈奴是北方草原上的游牧民族，以畜牧射猎为生，在秦代末年崛起，成为汉朝的强敌。汉高祖刘邦曾进攻匈奴，被冒顿单于率三十万骑兵包围在平城白登山（今山西大同东北马铺山），整整被围了七天，差点当了俘虏。后来给冒顿的阏氏（匈奴王后）送礼，求她说情，单于网开一面，才得以逃脱。此后汉廷对匈奴采取了和亲的策略，以安抚为主。经过文帝、景帝几十年休养生息，苦心经营，汉朝国力逐渐强盛，到武帝即位，开始转向主动进攻。元朔二年（公元前127年），汉武帝派将军卫青夺回被匈奴占领的“河南地”（今黄河河套地区），设五原、朔方郡。元狩二年（公元前121年）春，命骠骑将军霍去病率军进攻河西走廊，过焉支山千余里，六天内转战匈奴五部落，在皋兰山下（今兰州市）斩杀匈奴卢侯王、折兰王，缴获休屠祭天金人。同年的夏季攻势中，又长途奔袭，攻祁连山，斩敌30000余人，俘虏了匈奴的王、大小阏氏、王子、相国、将军、当户、都尉等。秋季，匈奴浑邪王降汉。经此一役，汉廷彻底收复河西之地，设置敦煌、酒泉、张掖、武威四郡。元狩四年（公元前119年），又调集大军，东西两路并进，远征漠北。西路由卫青率领，打了一场遭遇战，击溃单于军队。东路由霍去病率领，与匈奴左贤王接战，获胜后封狼居胥山。三大战役之后，汉朝对匈奴基本取得了军事上的优势。

在汉王朝的不断打击下，到了西

汉中晚期，匈奴势力逐渐由强转弱。单于王庭不得不向西北迁徙，领地缩小，生产日益萎缩。汉宣帝本始三年（公元前 71 年），汉派五将军征讨匈奴，均有斩获。校尉常惠节制乌孙兵从西方进击，俘虏匈奴王公贵族及各级军士 40000 多人，牛羊驼马无数。当年冬季大雪，人畜冻死，匈奴邻国丁零乘虚攻其北境，乌桓攻其东境，匈奴元气大伤，虚弱不堪。宣帝地节二年（公元前 68 年）匈奴又发生大饥荒，人畜半数以上饿死。天灾不断，人祸接踵而至，匈奴统治集团内部又分裂、内讧。宣帝五凤元年（公元前 57 年）发生了“五单于争立”事件，五单于相互攻击，死者数以万计，使匈奴雪上加霜。在天灾人祸不断的情况下，匈奴面临生死存亡的关口。呼韩邪单于稽侯珊断然做出了称臣事汉的选择。宣帝甘露二年（公元前 52 年）呼韩邪单于引众南近五原塞，叩关请降。甘露三年（公元前 51 年）正月，朝见汉宣帝于甘泉宫（今陕西淳化西北），受到特殊礼遇。汉元帝竟宁元年（公元前 33 年）正月，呼韩邪再次朝汉，自请为婿，娶汉宫女王嫱（昭君）为妻，号为宁胡阏氏。此后，汉与匈奴四十余年无战事。

瓦当文字反映了汉宣帝时期匈奴呼韩邪单于内附的历史。当时汉王朝未动一兵一卒，匈奴单于便来称臣附汉，在老百姓看来着实是老天降服了单于，兴奋无比，于是修建了有“单于天降”瓦当的建筑，来纪念这个事件。曾有一种观点认为瓦当文字中的“降”为“降生”之意，瓦文大意是“单于天之子”。这纯属误读，也不符合当时的历史实际。汉、匈争战多年，武帝以后匈奴势力逐步衰弱，汉郡县内绝不会出现颂扬匈奴单于的建筑。

此瓦出土于内蒙古自治区包头市召湾汉墓群，混杂在废弃的砖瓦陶片里，填塞在竖穴木椁墓的椁室周围。墓葬的年代从随葬器物看大多在西汉

“单于天降”瓦

晚期的哀帝、平帝时期。可知该地原来有使用这些瓦当的建筑，后来建筑年久失修，逐渐废弃；后人修墓时利用了这些废弃的砖瓦，填筑墓室，以便防潮防盗。与这类瓦当共出的还有“单于和亲”、“四夷尽服”、“千秋万岁”等瓦当。其中“四夷尽服”与“单于天降”含义相同，匈奴向来被汉人认为是“四夷之长”。“单于和亲”，应指王昭君出塞和亲一事。虽说西汉早期汉高祖、汉文帝都曾有和亲的举动，但包头地属汉五原郡，那里原本被匈奴占据，到西汉中期武帝时才归汉，因此瓦当及其建筑的年代不可能早到高祖、文帝时期。

有意思的是，包头市是秦直道的终点。秦直道是中国古代的“高速公路”，堪称历史奇迹。秦代为了加强对匈奴的防御，提高军队的增援速度，修建了从甘泉（今陕西淳化）北至九原郡（今包头）的军事通道。这条道在西汉被频繁使用。从文献记载看，呼韩邪单于觐见汉宣帝，自北向南走的就是秦直道，从当时的五原塞（今包头市附近）渡黄河，穿过鄂尔多斯高原、陕北，进入关中。昭君出塞亦循此路线北上。南来北往，五原都是必经之地。当地人民在秦直道附近修筑有纪念意义的建筑，是再自然不过的事情。

瓦当文字

在瓦当上模印文字，是秦代兴起的一种瓦当装饰形式。文字分阳文、阴文两种，阳文者居多。书法主要是篆、隶二体，并有篆、隶派生出来的其他装饰性艺术字；铭文字数多寡不一，少的只有一个字，多的有十六个字，铭文内容五花八门，包括宫殿、官署、陵寝等建筑名称、地名、纪年、记事、吉语等等，其中吉语文字的数量和种类最多。由于文字瓦当是在前代图案瓦当基础上发展而来的，非常讲究装饰性，不但文字书体多姿多彩，写成小篆、鸟虫篆、缪篆等等，还将文字巧妙地安排在适合圆形的布局中，颇具观赏性。

一般而言，文辞为吉语一类的，文字的布局、写法装饰意味较浓，如“千秋万岁”、“长乐未央”、“永受嘉福”等瓦当；文辞为纪年一类的，文字的装饰意味次之；文辞为记事、记名一类的，则装饰意味少。但也有例外，如“单于和亲”瓦当用的就是鸟虫篆，美感十足。（王俪阎）

25

滇人是这样走进祖国大家庭的
“滇王之印”金印

*

王俪阎

西汉
高 1.8、印面边长 2.3 厘米
云南晋宁石寨山出土

“滇王之印”金印，金的成色为 95%，重 90 克。方形，印文篆书“滇王之印”四字，錾刻而成。印钮为一条盘曲的卧蛇，蛇背阴刻菱形鳞纹。印身、印纽是分别铸就后再焊接起来的。

1954 年 3 月，云南省的考古工作者们经过认真勘察，断定晋宁石寨山存在古遗址和古墓地，遂决定进行考古发掘。翌年 3 月，发掘工作正式开始，此次发掘出土了 100 余件铜鼓、铜贮贝器等有各类人物形象和活动场景的青铜器，这一结果令人激动。经文化部批准，1956 年 11 月起，再度展开了石寨山的考古发掘工作。自 1955 年起至 1960 年止，在石寨山先后进行了 14 次大规模的考古发掘活动，清理古墓 50 余座，出土青铜器、玉器、铁器、金银器等各种文物 4000 余件。其中青铜器中的鼓、贮贝器等器物上所铸的祭祖、农耕、纺织、战争等场面，生动的反映了生活在西南边陲的滇人的风土人情。6 号墓出土的“滇王之印”金印，更为证实《史记·西南夷列传》关于西汉武帝赐给滇王印的记载提供了实物证据。

“滇王之印”金印的发现，不仅以考古发现印证了文献记载，还表明晋宁石寨山是历代滇王及其家族的墓地。在“滇王之印”金印出土之前，石寨山已经出土了很多青铜器，考古工作者们虽然明确了这些青铜器是战国至西汉时期的作品，而且其上面反应的劳耕、祭祀、生活等各种场景以及人物形象与内地青铜器所表现的内容迥异，属于云南古代民族所有，却没有将这些遗物与古滇国联系起来。

滇国是战国末到西汉时期云南滇池附近的一个少数民族地方政权，司马迁在《史记·西南夷列传》中，对滇国与内地的交往做了概括介绍。据记载，楚威王（公元前 339—前 329 年）时，派将军庄跻率军前往滇地，想以武力胁迫滇政权服从楚国。由于多种原因，楚军抵达云南后，没能再与楚国联络上，这位庄将军只好率众在滇定居，入乡随俗了。西汉武帝为寻找由西南到身毒（今印度）的通道，派王然于、柏始昌等人从小道出行西南夷，当他们到了滇国时，滇王尝羌友好地接待了他们，不但留他们住下，还帮助他们寻找通道。可是由于昆明国的阻挠，四年过去了，汉使臣仍然没有找到通往身毒的通道，只好无功而返。受到滇王关照的汉使臣回朝复命时，都在武帝面前替滇国说好话，使得武帝对滇有了好印象，所以元封二年（公元前109年）汉武帝发兵西南时，灭了许多小国，却册封滇国王为滇王，赐以“滇王之印”。“西南夷君长以百数，独夜郎、滇受王印。滇小邑最受汉宠焉。”记述了汉武帝对滇的偏爱。但《史记》关于滇国的记载不仅简单，而且写到汉武帝赐滇王印一事后戛然而止，再没有关于滇的片言只语。以至有学者对司马迁的记载是否可信，滇王国是否确实存在过产生怀疑。直到这枚“滇王之印”金印出土，历史上确有滇国存在方成为不争的事实。

“滇王之印”金印的面世为滇国是否存在过的争论画上了句号，而关于印是否汉武帝所赐则掀起一场讨论，形成截然不同的观点：“此印并非汉武帝赐给滇王，而是滇国自铸的。”参加发掘和清理墓葬的云南省博物馆工作人员如是说。他们首先在1957年5月的《文物》上发表题为《晋宁石寨山出土有关奴隶社会的文物》的文章，提出金印非来自内地。理由是滇王之印出土后，他们请昆明市金银首饰店把石寨山出土的37种金器全部进行了鉴定，包括金印在内的绝大多数器物的成色为95%，说明这个印与其他金器一样出自本地；从出土的文物看，有两件铜贮贝器的盖上铸有祭铜柱的形象，铜柱的上面缠着一条蛇，兵器、装饰品等也都有以蛇为装饰物的，金印的钮做成蛇状，说明印为滇国自制；还有一点就是认为该印的印文是在印铸成后刻上的，字体与汉印的篆法不类，同样说明印不是汉王朝赐予的。

“此印源于汉”是另一部分学者

“滇王之印”金印

所持观点，他们认为金印的篆文与一般汉印一致，没有什么不同。两千多年前的云南各少数民族自创文字或采用汉字时代比较晚，滇国亦不例外，文字都没有怎么可能制作出汉文篆字的金印呢？古代黄金制品所用原料都是自然金，而自然金所含的成分并非一成不变，同一地区的黄金制品含金量可能相同，也可能不同，不同地区的黄金制品亦然。不管地区同或不同，黄金制品的化学成分中除了金以外，皆含有少量的银和铜，这些银和铜并不是人工掺入的，因此滇王印的化学成分与出土的当地金器相同，不能说明印是汉武帝赐给的还是当地自制的。

何况“滇王之印”的蛇钮其实并非孤例，日本早在江户时代的光格天皇天明四年（1784 年）就在福冈县志贺岛发现一枚“汉委奴国王”印，印也是方形，蛇钮，篆书，凿刻而成。此印出土以后辗转百余年，现收藏在福冈市博物馆。虽然《后汉书》中不止一处有关于建武中元二年（57 年）汉光武帝赐给倭奴国印章的记载，但金印出土之后，这枚金印是否源自中国汉代仍长期受到日本专家质疑。直到滇王之印出土，尺寸、字体以及蛇钮等均与之相近，才令日本等国的学者们相信“汉委奴国王”印确实是汉光武帝所赐。反过来又证明“滇王之印”也是可靠的。“滇王之印”就是汉武帝赐给滇王的原物。

小小金印，证实了文献记载，推进了科学研究，功亦大焉。

汉代的官印

汉代的官印按质地分四等，第一等为皇帝使用的，玉印，共六方，用于不同场合，目前尚无皇帝玺印出土，只有“皇帝信玺”封泥一枚存世；第二等是诸侯王在内的高级官员、少数民族政权首领使用的，金印；第三等是三公以下，俸禄两千石以上官员使用的，银印；第四等是普通官员使用的，铜印。

汉代皇帝在将边远的少数民族政权纳入到中央政府管辖中时，要授予少数民族政权官印，所赐之印级别最高的就是金印。除了已经发现的滇王之印金印，《汉书·匈奴列传》还有“单于正月朝天子于甘泉宫，汉宠以殊礼，位在诸侯上，赞谒称臣而不名，赐以冠带衣裳，黄金玺、绶”的记载，但所赐匈奴的金印迄今尚未发现。

（王俪阎）

26

不是玉做的葬服，而是玉做的葬具

金缕玉柙

＊

王俪阎

西汉
长 182 厘米
河北定县八角廊出土

这具汉代的金缕玉柙于 1973 年出土于河北省定县八角廊村 40 号墓，即西汉中山怀王刘修（著名的满城汉墓墓主刘胜的后代）的墓。玉柙外观与人体形状相同，分头罩、脸盖、上身、手套、裤筒、脚套等几个部分，每部分都是由各种形状如长方形、三角形、菱形等小玉片用纤细的金丝编缀而成，经过统计，这具玉柙共用了 1203 块玉片，2567 克金丝，与已出土之例所用材料比较，刘修玉柙所用玉片少而消耗的金丝多。

玉柙是汉代皇帝、诸侯、列卿等死后所用的葬具。两汉文献中关于玉柙的记载约有二十余条，涉及了玉柙的称呼、式样、使用的等级等多方面内容。根据文献记载，玉柙又称玉匣，较早的玉柙上身又称襦，“如铠状，连缝之，以黄金为缕”。“腰以下玉为札，长一尺（广）二寸半，为柙，下至足，亦黄金为缕”。《后汉书·礼仪志》还对玉柙的使用规定作了记录：“帝后使用金缕玉柙，诸侯王、列侯始封、贵人、公主使用铜缕玉柙。”

考古发现，早在新石器时代，就有将玉璧覆盖在死人身上的习惯，到了春秋战国时期，在死者脸部盖缀玉面幕、身上覆玉饰成为习俗，《吕氏春秋·节葬篇》称其为“鳞施”。考古发现揭示，“鳞施”是施于死者身上、犹如鱼鳞状的玉片饰（覆于面部的居多），玉柙应该是“鳞施”发展演变而来的。西汉经过“文景之治”，国力强盛，经济发达，社会财富剧增，奢侈取代节俭，厚葬随之泛滥。由于

定县 40 号墓出土的金缕玉柙

金玉在九窍能使尸骨不朽和升仙的黄老迷信思想盛行，上自皇帝诸侯，下到黎民百姓都相信“有玉匣殓者率皆如生”（见《后汉书·刘盆子传》），各种保存尸体的专用葬玉，包括玉柙、九窍塞、玉琀和握玉等大行其道。玉柙源于西汉何时尚不清楚，目前出土的较早实物属西汉文景时期。有明确记载的最早的玉柙是西汉武帝元鼎四年（公元前113年）中山靖王刘胜及其妻窦绾的葬具，最晚的是东汉灵帝光和五年（182年）河北望都2号墓的玉、石柙。

玉柙的样式大同小异，但等级不同，连缀玉片用的线不同，如皇帝、皇后用金线，诸侯用银线等。出土的玉柙用什么质地线连缀玉片就称之为什么缕玉柙，如用金线者，称之为“金缕玉柙”，用银线者称之为“银缕玉柙”，用铜线的称之为“铜缕玉柙”，用丝线者称之为“丝缕玉柙”等。按照史书的记载，连缀玉片的线的种类视死者身份等级而定，但从考古发掘看，西汉时其规定似乎没有严格执行，如中山靖王刘胜及其妻窦绾、中山怀王刘修、南曲炀侯刘迁、东昌侯刘祖、江苏徐州楚王、河南永城梁王等人的玉柙均为金缕。这有几种可能：1. 最初的制度尚不十分严格，皇亲国戚甚至豪强贵族都可以用金线连缀玉片；2. 所用玉柙是皇帝赏赐的；3. 僭越了规制。到了东汉时，玉柙的使用等级制度严格规范起来：皇帝使用金缕玉柙作葬具，其他各级官吏须按照规定执行，如果发现有违反规定的，就给予严厉惩罚。但由于当时奢靡、厚葬之风日甚，很多京师贵戚、郡县豪家不遵从规定，冒险逾制。《后汉书·朱穆传》记载了这样一个故事：桓帝时宦官赵忠之父死后，使用“玉匣”入葬。这件事情被刺史朱穆发现，劾其僭越法规，作出“发墓剖棺，陈尸出之，而收其家属”的严厉惩罚。三国时，魏文帝曹丕鉴于使用玉柙为葬具容易引发盗墓，下诏禁止使用珠襦玉匣，玉柙葬制开始没落，最终退出历史舞台。

自1968年以来，已在河北、北京、江苏、山东、河南、安徽、陕西、湖南、广东、云南等地出土了二十几具玉、石柙，包括金缕的九具，银缕的八具，铜缕的十二具，丝缕的一具等。其中西汉的金缕玉柙六具，银缕玉柙二具，铜缕玉柙二具，丝缕玉柙一具，按照记载，西汉时期的玉柙所用线缕按规定只有三种，但实际发现的有四种。西汉玉柙所用玉的质地较好。东汉时期的则有好有坏。根据《汉书》等史书的记载，玉柙是由宫廷的东园作坊制作的。出土实物发现，部分玉柙的玉片、生殖器罩等是用废弃了的玉璧、玉琮改造加工成的，这说明东园作坊不单制造玉柙，还生产玉璧、玉琮、玉佩、玉璜等。

到目前为止，尚未发现汉代皇帝的玉柙实物，《西京杂记》记载武帝玉柙是：“匣上皆镂为蛟龙、鸾凤、

金缕玉柙顶部

龟鳞之象，世谓为蛟龙玉匣。”《西京杂记》一说是南朝人伪托为汉人的著作，有些记载不足为信。但从目前考古发掘看，关于汉武帝玉柙的记载似乎有所本。从西汉后期两座墓葬出土的玉柙观察，河北邢台南郊汉墓的一具，虽然残破不全，但 200 多片玉片中，有一半左右雕刻着柿蒂纹或云纹，纹饰上还镶嵌着金丝、金箔片；江苏扬州甘泉山汉墓的残玉柙片上，有的雕刻着蟠螭纹，贴饰金片。这两套刻花嵌金玉片的玉柙表明，西汉时期的玉柙确实有精细的装饰。由于汉武帝的茂陵尚未发掘，其葬具是否真的刻满了“蛟龙、鸾凤、龟鳞”等象征长寿、吉祥的图案还不明确，如果有一天，我们的保护技术发展到了可以随时开启任何一座地下宫殿的程度时，不但武帝葬服“蛟龙玉匣”会大白天下，《西京杂记》的记载之真实与否也会明了。

细心的人们不难发现，自 1968 年报道河北满城汉墓出土了中山靖王刘胜及其妻子窦绾的所谓金缕玉衣起，直到 2011 年国家博物馆重新开放，将展出的中山怀王刘修葬服更名为金缕玉柙止，所有关于汉代玉柙的报道、展览等均称玉柙为玉衣。因为 1968 年满城汉墓发掘时，正值“文化大革命”期间，参与发掘工作的学者和考古专家虽然知道根据文献记载刘胜夫妻裹尸的葬具应称作玉柙或玉匣，却均保持沉默，后来竟定名为“金缕玉衣”。就这样，本有文献记载、可以以物证史的汉代葬具玉柙成了玉衣。这次国家博物馆将金缕玉衣改称金缕玉柙，是尊重历史，还其本来面目。

27

羽觞酌美酒，可误了大事

曹植的陶耳杯

*

佟春燕

三国·魏
长约 11 厘米
山东东阿出土

耳杯，也被称为羽觞，是两汉、三国时期最常见的酒具。杯的平面接近双手合掬所形成的椭圆形，而左右拇指刚好相当于杯耳。三国时期，酒在人们的生活中占有相当重要的地位，酒的消费量远远高于秦汉时期。在战乱频繁的年代，人们感到命运难以把握，因而放纵自己，尽情享乐，“何以解忧，唯有杜康”，饮酒成为当时的社会风气。这件耳杯的主人曹植也与酒解下了不解之缘。酒曾带给他潇洒、狂放，让他创作了许多“骨气奇高，词采华茂”的作品；酒也给他的生活带来了痛苦，葬送了他的政治生涯。

曹植是曹操的第四子，是汉魏之际最有才华的诗人之一。他 10 岁出口成诗，落笔成章；建安十五年（210年），18 岁的曹植跟随父亲登铜雀台即时作赋，写出了艺惊四座的《铜雀台赋》，受到曹操的赞赏。成年以后，文思更如江河奔涌，《白马篇》、《燕歌行》《赠白马王彪》自然流利，意境和艺术造诣都很高，《洛神赋》更是一度令京城纸贵。曹植在诗歌方面的成就，是在乐府民歌的基础上，进一步加工提炼，创造出新的风格，不仅可以任意写景物，而且可以任意抒发感情。曹植对诗歌的驾驭十分娴熟，无论悲壮、热烈的情感，还是愤慨、哀怨的心境都能巧妙地表达出来，而且语言精练。他将五言诗推到成熟的境界，成为魏晋五言诗的典范。曹植在辞赋方面的成就也很高，《洛神赋》是他的代表作，不仅充满抒情气氛，而且文辞华丽。曹植诗歌注重将叙事与抒情有机地结合在一起，这种风格一直影响到后代。曹植的才华被历代文人所称道，谢灵运曾说“天下才有一石，曹子建独占八斗”。曹植不但在父王面前“以才见异”，而且在世人心目中也被视为天才作家。这为他赢得了同为一时之文豪的曹操的喜爱，认为他是“儿

曹植墓出土的陶耳杯

中最可定大事者”，甚至曹操有意废长立幼，将他立为太子，欲在政治大业上委以重任。曹植本人自青少年时代就跟随曹操征战，也有强烈的建功立业之心。他曾渴望“戮力上国，流惠下民，建永世之业，流金石之功”，更愿“捐躯赴国难，视死忽如归”。然而这一切，却因他任由性情，“饮酒不节”而付之东流，更使他的后半生过着“名为王侯，实为囚徒”的生活。

曹植“言出为论，下笔成章”，与四方名流诗酒问答，纵论古今。在当时崇尚饮酒的世风影响下，曹植与酒结下了不解之缘。他借酒广交才俊人士，借酒倾诉离愁别恨；酒为他带来了豪气与才情，使其创作了大量诗文。然而，酒也带给了他诸多麻烦。建安二十三年（218年），曹植与杨修醉酒后乘车行驰道中，私开司马门。曹操得知此事后大怒，将负责司马门的公车令处死。不久后，杨修也被杀。为警告曹植，曹操下令禁止诸侯与外人交结往来。这件事，使得曹植渐趋失宠，政治前途变得渺茫。建安二十四年（219年），曹仁被关羽围困在襄樊，曹操决定以曹植为南中郎将去营救曹仁。但是，曹植因为醉酒不能受命，让曹操深感失望。曹操派遣曹植去襄樊营救曹仁本是一场胜券在握的战役，曹操希望以文采见称的曹植获得军功，但曹植因为醉酒而辜负了曹操的期望。从此曹植再也得不到重用。

公元220年是曹植命运的分水岭。这一年父亲曹操逝世，兄长曹丕继位。曹植失去了庇护，他由父王的宠儿变为时时处处受到监视的皇帝的政敌；由“不及世事，但美遨游”的公子成为“颇有忧生之叹”的罪臣。在以后的岁月里，频遭兄长曹丕与侄儿曹睿的迫害，历尽磨难。魏文帝黄初二年（221年）曹植被贬为安乡侯，同年七月改封鄄城侯。黄初三年（222年）四月转封鄄城王，次年五月徙封雍丘王。明帝太和元年（227年）改封浚仪，翌年复还雍丘。太和三年（229年）徙封东阿王。几年间，曹植几度迁徙，所封地域多贫瘠。最后在母亲卞太后的干预下，才迁至膏腴之地东阿。甚至在他逝世后，明帝赠其谥号“思”，意仍为“追悔思过”。曹植逝世后葬于陈地思陵（今淮阳县），后其子根据他的遗愿将灵柩迁葬于山东东阿鱼山。在他的墓中，随葬品仅有包括这件陶耳杯在内的陶器和几件玉器，让人不由得感叹曹植悲剧性的人生。

28

并列于神仙中的佛
楼阁佛像陶魂瓶

*

佟春燕

三国·吴
高42厘米
江苏南京出土

这件黑釉楼阁佛像陶魂瓶是用于殉葬的冥器，由三部分组成。下层罐腹贴塑佛像、铺首和鱼。中层中间有一门，门前有一尊佛像，门两旁有双阙，阙旁放置小罐和佛像。上层为方形小屋，屋壁四面开门，各门内各有一尊佛像，围绕方屋有一圈佛像。魂瓶贴塑有二十余尊佛像，呈结跏趺坐状，均有头光和背光。这件魂瓶上的佛像与后代受到尊崇的佛像不同，只是赐福呈祥的象征，是具有装饰意义的佛教艺术元素。

佛教源于古印度的恒河流域，汉代传入中原。在佛教初传的200年间并没有产生很大影响，直到魏晋时期才引起人们的注意。根据历史记载，最早崇信佛法的人，不是平民百姓而是宫廷贵族或官员，比如楚王英、汉桓帝等。当时，人们对佛教的认识尚处于一知半解的程度，不是专诚信佛，而是佛老兼信。佛在当时人们的心目中是降吉祥、保平安的神仙。因此，早期佛像多用作青铜镜、魂瓶甚至是唾壶的装饰图案，并列于各种神仙、神兽之间。这种佛与神仙崇拜并存、混杂于仙人、瑞兽之中的现象，反映了当时佛教是作为中国本土的神仙思想和早期道教的附庸出现的，并不是人们信仰的独立的宗教。

佛教徒正是利用当时社会上流行的鬼神方术信仰，将佛教思想依附于神仙思想之中进行诠释与传播，使佛教更加通俗易懂。其实，鬼神方术是与佛教思想相违背的，但是为了适应新的环境，佛教徒不得不采取各种方法去迎合当地的人们。康僧会是一位进入吴地传播佛教的高僧，他于吴赤乌十年（247年）初到达建业（今南京）。人们看到他的形貌，十分惊疑，上报孙权。于是康僧会“洁斋静室，以铜瓶加几，烧香礼请”佛舍利。经过21天，五色舍利出现，孙权嗟服，为他造塔建寺，于是吴地佛教大兴。这个类似魔术的作法被当时人接受，佛教逐渐走上了发展之路。实际上，在佛教初传时期，僧人的神咒方术远比译经在民间的影响大。人们开始像接受神仙方术一样接受佛教，后来觉得似乎能从中获益，才对其顶礼膜拜。

佛教作为来自异域的宗教，在中国传播的过程中只有适应本土文化的

楼阁佛像陶魂瓶

要求才能快速发展。魂瓶上出现的佛像为模制贴塑，这是古代中国传统的陶艺制作方式，表现出佛教艺术在传入中国初期就与中国传统艺术紧密结合并开始了中国化进程。

这类带有贴塑佛像的魂瓶主要流行于3世纪下半叶，多发现于江苏、浙江等长江中下游地区孙吴、西晋墓葬中，反映出这一地区独特的葬俗。有专家认为，带有佛像的魂瓶与当时佛教在孙吴地区的传播有关，它虽然在当时信仰佛教者的墓葬中出土，却仍是追求成仙思想的反映。

佛像的出现

公元前6世纪，佛教起源于古印度地区（包括今阿富汗、巴基斯坦、克什米尔、孟加拉与尼泊尔）。在早期佛教艺术中，没有佛的图像，人们崇佛的方式是礼拜象征佛的纪念物，如在佛生前到过的地方雕刻大脚印，在佛说法的地方刻法轮、宝座或菩提树等。公元前3世纪中叶，孔雀王朝的第3代君主阿育王广播佛法，在各地造塔建寺，并在佛生活和传教的地方竖立纪念石柱。公元1世纪，犍陀罗地区（今巴基斯坦北部和阿富汗东部）受到希腊罗马艺术影响而开始雕造佛像。随着佛教传入中国，佛教造像艺术也随之而来，并在审美趋向、服饰风格和造像内容等方面形成了独具特色的中国式佛像。

（佟春燕）

29

羊者，祥也

青瓷羊

＊

耿东升

三国・吴
长 30.5、高 25 厘米
江苏南京出土

羊作卧伏状，身躯肥硕，昂首张口，似咩咩而鸣，装饰有刻划圆点纹、卷曲纹。胎体厚重，身施青釉，匀净无瑕，光润晶莹。

此类器物多为江南六朝墓葬出土，为随葬明器，有羊、狮形等器，其背部或头部有孔，可以插蜡烛，多数学者认为是照明的烛台。另有同类器物或被称为酒器，1973 年江苏江宁出土的一件青瓷狮，与食具同出在墓内祭台上。《梁书・刘杳传》：“古老樽彝皆刻木为鸟兽，凿顶及背以出内酒。”汉以前多有牺尊类铜器，汉以后多有漆樽类木器，均作酒器。故这类造型的青瓷羊，可称为羊尊，也可能是用作宴饮或祭祀的酒器。

三国魏晋南北朝时期，南方青瓷的生产以浙江地区最为发达，以早期越窑为中心，继承并发展了东汉青瓷的成就，这些青瓷被称为“六朝青瓷”。包括越窑、德清窑，瓯窑等窑口的产品，其中以位于宁绍平原的早期越窑水平最高。青瓷造型多样，装饰精美，釉色光润，玻璃质强。江浙一带是三国吴地，东吴就建都于南京。江苏南京出土的青瓷羊形制较大，造型生动，是六朝青瓷罕见的精品。

羊为六畜之一，是一种本性驯顺的动物，自出生起，便知“跪乳”。《春秋繁露》说：“羔食于其母，必跪而受之，类知礼者。”跪伏的羊，成为温顺谦卑的象征。因此，羊被人们看成知礼、

青瓷羊

有德、孝顺的化身。汉代许慎《说文解字》说："美，甘也。从羊，从大。"徐氏系传："羊大则美。"传说周夷王时，五位仙人骑着口衔谷穗的五只羊降临楚庭（广州古称），将谷穗赠给人们，从此此地永无饥荒，人民安居乐业。仙人隐去，羊化为石。故广州也称羊城，城标即为五羊衔穗群雕。

秦汉时期金石多以羊为"祥"，"吉祥"写作"吉羊"。表示吉祥之意，羊是"祥瑞"的象征。西汉大儒董仲舒称："羊，祥也，故吉礼用之。"在成语中也多以羊代表吉祥。如"三阳开泰"，《易记》："正月为泰卦，三阳生于下"。《易泰》谓"象曰，天地交泰"，王弼注"泰者，特大通之日也"。冬去春来、阴消阳长，万象更新之意，为吉亨之象。故以"三阳开泰"或"三阳交泰"为岁首吉祥之语。而"羊"与"阳"通用，因此也作"三羊开泰"。三羊谐音"三阳"。"君为阳"、"父为阳"、"夫为阳"，充分反映出中国古代封建宗法社会中的伦理思想。三羊开泰图始于明代中期，清代较为流行，多画九只羊，称为九阳启泰。中国是礼仪之邦，在古代，羊不仅为人们的供膳，又是祭祀的祭品，古代隆重的祭祀用三牲，有牛、羊、猪。古代艺术中，常见有羊的形象及造型。商代有四羊方尊。两汉时期的羊形铜灯更是一种吉祥器物，亦称"金羊灯"，即所谓"金羊载耀，作明以续"。明清时期绘画、瓷器等装饰中也有三羊开泰图案。

羊与『美』

在古代，羊字与祥字相通，所以铜器铭文"大吉羊"就是大吉祥。不仅羊字的含义好，从羊的字也好，比如美、善等会意字都是从羊那里引申出来的。"真善美"这个人类理想的境界，就有两项与羊有关。甲骨文中的[illegible]（美）字，即戴有羊形头饰之盛装的人物。女子戴起羊形头饰就是[illegible]（姜）。古代姜姓出美女，《诗经》中说："彼美孟姜，洵美且都。"又说："岂其取妻，必齐之姜！"而羊形正是姜字的表征。羊和美的关系亦密不可分。

（孙　机）

30

马镫是这样出现的
陶单镫骑马俑

*

佟春燕

西晋
高24厘米
湖南长沙出土

这些骑俑塑造得虽显简单、拙稚，但马具却雕刻得很精细。骑乘者双手持方版端坐在高高的马鞍上，马鞍左侧前端系有一只三角形马镫，它仅出现在左侧，且乘马者的脚也没有踏在镫里，表明马镫只供上马时蹬踏之用，犹如一方随马携带的上马石，显示出马镫最原始的形态。这是中国保存最早的有明确纪年的马镫形象。马镫被西方人称为“中国靴子”，它的出现在骑乘史上有着特别的意义，是人类历史上一项具有划时代意义的发明。正如英国科技史学家怀特所指出的：“很少有发明像马镫那样简单，而又很少有发明具有如此重大的历史意义。”正是中国人发明的马镫，引发了骑兵的发展，进而影响到战术的变化。

早在先秦时代，马就已经出现在战场上，但那时的马主要用于牵引战车，很少用于直接对抗。将士与战马结合成骑兵大约是在春秋战国时期。为与“三胡”（东胡、林胡、楼烦）作战，赵武灵王提倡“胡服骑射”，这是中国古代组建骑兵的开始。但当时骑马是一件非常辛苦的事，将士们的两腿悬垂在马腹两侧，只能依靠双腿的力量夹紧驰骋颠簸的马匹以保持自身的平衡。战国时期的一面铜镜上曾刻画了一位骑马武士与老虎决斗的场面，反映出当时的武士有时是蹲在马背上进行战斗的。为了让人能够体面地坐在马背上，人们发明了马鞍。而为了防止骑乘者坠马，其后又发明了鞍桥，鞍桥的高度不断增高，加大了人们上马的难度，这才引发马蹬的发明。直到汉代骑兵才逐渐成为古代军队中的主要兵种，其中原因应该就是此前用于控制平衡的马镫还未出现。

云南晋宁石寨山西汉墓出土了战争场面贮贝器，从器盖上青铜骑俑的姿势可以看出，战马上的骑兵已经有了着力点，战马的马鞍前沿两侧各系有一根下垂至马腹前侧的绳子，绳端结成圆圈状，骑马者双脚的拇趾各伸入绳圈，蹬向马腹前方，它使人们骑乘时有了一个着力点。虽然这种绳圈还只能看作是马镫的前身，但它对后者的出现无疑有促进作用。

最早的马镫是单马镫，甘肃武威的魏晋墓曾出土了一只单件铁马镫，应是上马时登踏所用。长沙金盆岭西

单镫陶骑马俑

晋墓出土的这批骑马陶俑的单马镫正是向双马镫过渡的产物。这些单马镫虽然简陋，却是马鞍初发明时的重要物证。不过仅有单马镫是不够的，它仅仅是使人们上马更加便利。只有使用双马镫，骑乘者才能真正有效地控制战马。最早装备双马镫的陶俑出土于南京象山东晋墓，时代为公元4世纪初。而后，马镫的制作很快进入了成熟期，东晋谢安之弟谢万统兵北征慕容俊，兵败后逃亡时还要使用嵌玉的马镫，这时马镫已俨然成为必备的马具了。

马镫虽小，却掀开了人类骑乘史的新篇章，正因为有了骑行过程中支撑双脚的双马镫，骑兵才能够更好地控制战马；骑兵不仅能保持身体平衡，还能将双手解放出来有效地使用兵器；有了马镫，骑兵与战马能很好地结合在一起，骑士可以轻松地在马上做各种灵活的动作，战争从此发生了重要变化。骑兵凭借此项发明进入了快速发展的时期，发挥了强大的威力，逐渐成为战争中的主力。有了马镫，即使没有经过正规训练的人，甚至妇女都可以稳稳地骑坐在马上，所以骑马之风在唐代盛行。马镫引入欧洲后，促进了骑士阶级的形成，欧洲人正是脚踩着这项中国人的发明，步入了中世纪。

31

新出土的与云冈石窟同时刻成的石雕

永固陵石券门

＊

佟春燕

北魏
门楣总长 224、宽 50、厚 19 厘米
门框长 168、宽 30、厚 22 厘米
门墩高 30、长 45、宽 41 厘米
山西大同出土

石券门原位于永固陵陵墓内，由拱形门楣、门柱、门槛、虎头门墩、石门五部分组成。石质的拱形门楣两侧各有一位手捧莲蕾的赤足童子，面

虎头门墩

券门雕刻

相圆润，体态健美；两侧的门柱上雕刻着口衔宝珠的长尾孔雀。永固陵石券门的雕刻技法娴熟，线条流畅，造型生动，是北魏浮雕的精品。捧莲童子是从佛教艺术中吸收的题材，反映了墓主人对佛教的崇信。而且修陵的年代正与云岗第二期石窟的开凿时间相当；从保存完好的石券门雕刻上，仿佛仍可窥见石窟竣工之初的面貌。

永固陵是北魏太皇太后冯氏之墓，始建于北魏孝文帝太和三年（479 年），太和十五年（491 年）建成，历时十三年之久。其中不仅有精美的石券门，而且建筑格局在中国古代陵园中更是独具特色。永固陵位于山西大同北西寺儿梁山（北魏时称方山），这座山的海拔有 1400 多米，山顶平坦开阔，陵园的大部分建筑就建在山顶上。山的东、南、西三面为陡崖，不

永固陵石券门

易上下，形成了陵园的天然屏障。南面连接着一条起伏的余脉，成为人们祭拜陵墓往返的道路。这座建于山顶上的永固陵包括御路、陵园门阙、思远寺遗址、陵园的祠堂永固堂、冯太后的寿陵永固陵、灵泉宫池遗址以及万年堂。万年堂是孝文帝为表示孝心为自己修建的，其形制与永固陵相同，但规模只有永固陵的一半。当孝文帝迁都洛阳后，他在邙山修建陵墓，万年堂成为"虚宫"。根据《水经注》的记载，永固堂为石材建成的祭殿，前面还有青石的屏风，屏风上有表现"忠孝之容"的图像，和表示"贞顺"的题刻，庙前还陈列着石兽和石碑。整个陵园的建筑设计风格独特，体现了冯太后尊崇儒家文化的特点。

永固陵只是一座后陵，没有帝陵，这在陵墓史上也是少见的。而且冯太后的墓冢置于孝文帝的万年堂前，更突出了冯太后的地位。据《魏书》记载，这里是冯太后亲自选定的墓地，陵园的规划、建筑施工也是在冯太后执政期间完成的。当年孝文帝在北魏都城平城宫城内可远望永固陵，而方山之上的冯太后陵则可以俯视平城。陵园的这种设置，显示出冯太后对孝文帝的影响以及她在当时政治生活中的重要性。

冯太后是中国古代著名的女性政治家。她是长乐信都（今河北冀县）人，出身于汉族官宦家庭。冯太后是北魏文成帝拓跋濬的皇后，她在献文帝（拓跋弘，466—470年）和孝文帝（元宏，471—499年）初年先后以皇太后和太皇太后的身份两度临朝听政，前后当政25年之久，孝文帝是她亲手抚养成人，因此她的思想对孝文帝有着深刻影响。冯太后为汉族人，深受汉文化传统的熏陶，在太和元年（477年）至太和十四年（490年）之间，她开始进行改革，推行三长制，颁布均田制和新的租调制，为其后北魏孝文帝推行进一步的"汉化"改革奠定了基础。可以说孝文帝的改革是在她的影响下进行的。这对北魏统一北方以后社会文化的面貌、鲜卑民族的发展，都起到了重要作用，从永固陵帝后陵墓的关系中亦可见一斑。

冯太后一直致力于鲜卑文化与汉文化的融合，永固陵的设计将汉文化与鲜卑文化融为一体。永固堂采用石料建成，承袭了鲜卑祖制凿石为宗庙的习俗。但永固陵依山而建，这是参考了东晋时期依山建陵的方式。在陵墓前建祠堂，祠堂刻画忠孝图，这是对汉代以来陵寝制度的继承，也是对汉族传统的儒家思想的接受。

冯太后本人且笃信佛教，因此永固陵将陵园与佛寺相结合，在历代帝陵中绝无仅有。思远寺位于方山南麓的缓坡上，当人们上山时，必然要进入思远寺来观佛、礼佛，然后再去拜谒永固陵。这样的设计与冯太后笃信佛教有着很大关系，也从一个侧面表现出北魏时期佛教对当时社会生活的影响。

32

从“上衣下裳”到“上衣下裤”

侍从陶俑

*

佟春燕

北魏

高 17.7 厘米

河南洛阳出土

魏晋南北朝是我国古代历史上政治最为动荡的一个时期，是社会结构发生重大变革的时期，政治、经济、军事、文化乃至整个社会意识形态领域，都经历着重大历史转折。频繁的战争和民族的大迁徙使得胡汉杂居，加速了民族之间的融合，服饰方面也发生了重要的变化。这件北魏常山王元邵墓中出土的陶俑上身着束腰宽袖及膝长袍，下身穿大口裤，是北朝时期流行的裤褶装。这种服饰风格打破的秦汉以来流行的以“上衣下裳”为主流的服饰制度，逐渐向“上衣下裤”转变。裤褶装是在北方少数民族服饰的影响下产生的新服装样式。

服装作为人们生活的必需品，由于地理环境和文化背景的不同，各地服饰具有一定的差异。两汉以前，中原地区传统的男子服饰是以袍服为主，贵族男子是不能穿着短衣和裤外出的，而且裤并非人们生活中的必备衣物。《东观记》：“（黄）香躬亲勤苦，尽心供养，冬无裤、被，而亲极滋味。”当时，裤的形式不完善，所以要掩盖在长袍之下。裤属于内衣，它有分裆袴和合裆袴两种形式。分裆的类似套裤，裤管不缝合，主要是为腿部保暖；合裆裤多与短衣相配穿着，行动较为便利，多为从事体力劳动的下层人民和军队战士所穿着。

《晋书·舆服志》云：“裤褶之制，未详所起。”其实西北与北方的游牧民族因为要经常骑马，要适应干燥多风的气候，很早就形成了上衣下裤的穿着方式。上衣是左衽、窄袖的衫或袍，下身是裤腿较瘦的合裆裤。上衣下裤的形式可以让他们自由地骑马，短衣窄袖的服装形式更便于狩猎。在汉代，这种上衣下裤的服装形式已被中原地区劳动者和军人接受。2世纪以来，以上衣下裤形式为基础形成了新兴的服式——裤褶装。

裤褶之名起于东汉，其衣长与膝齐，裤管宽松，下长至足。它是由褶衣和裤组成的一套服装，褶有各种不同的式样，仅衣袖就有宽、窄、长、短等不同形制。裤为合裆，有大口和小口形式。穿着裤褶装时要在裤管的膝盖处用缚带扎紧，以便行动。在战争频繁的时期，裤褶装成为南北朝时期人们平日的常服。但从这件侍从陶俑穿着的裤褶装看，已然不是北方民族原有的袖口、裤口紧窄的裤褶装了，它的袖口和裤口更加宽大，这种宽袖裤褶装主要是受东晋末年南方流行的褒衣博带的影响。南北朝时期，北方在实力和军事上都胜于南方，但北朝统治者却一直将南方汉文化视为中国文化正统，服装风格也向中原地区的传统习惯靠拢，他们将裤褶装上身的褶衣袖管加宽，下身的裤管放大，形成了汉式风格的广袖、大口裤形式。这种经过改造的裤褶装适应了中原人宽衣大袖的传统习惯，又保持了裤褶装原有的行动便捷的特性。穿着裤褶装时要戴小冠，武士还可以套上裲裆甲。河北景县封氏墓、河南洛阳元邵墓、河北磁县东魏茹茹公主墓、河北磁县湾漳北朝墓等都出土了许多穿着裤褶装的陶俑。

由南北融合改造后的裤褶装成为这一时期军队将士穿着的戎服，魏晋以后，军中官员无论职位高低，一般都穿裤褶装。当皇帝亲征或中外戒严时，文职官员也要穿裤褶装。由于裤褶装行动便利，在许多场合都会穿着。西晋裴頠在自己行猎时穿黄皮裤褶装，东晋余杭令顾扬曾赠给朋友郭文皮裤褶。北魏时期，裤褶装是参加朝会与祭祀的正式礼服。“魏旧制，群臣季冬朝贺，服裤褶行事。”南朝齐东宫主管张景真去南涧寺舍身斋时，随身带着太子赏赐给他的“紫皮裤褶”。南朝宋帝“常著小裤褶，未尝服衣冠”。南北朝时期朝廷仪仗队中还设有“黑裤褶将”等员。

裤褶装是在南北文化碰撞交流中形成的，是南北服饰文化互相融合的式样，是各民族服装取长补短、互相借鉴的具体表现。裤褶装的出现改变了古人“上衣下裳”的着装形式，在中国古代服饰史上具有重要意义。

侍从陶俑

33

中世纪的重装骑兵

陶骑马武士俑

*

佟春燕

北魏
高 38 厘米
陕西西安草厂坡出土

这几件骑马武士陶俑再现了南北朝时期重装骑兵的形象，让我们清楚地看到了南北朝时期人和战马都是披着铠甲的，被称为甲骑具装。甲是指人披着铠甲；具装是指战马的铠甲。正如这组陶俑所反映的，一套完整的具装包括面帘、鸡颈、当胸、身甲、搭后和寄生。面帘用来保护马的头部，这是一整片，仅在双眼处开孔。鸡颈用来保护马的颈部，呈圆筒状围住马颈。当胸是保护马的胸部，这种护具在汉代已经出现。身甲主要保护马的身体。搭后用来保护马尻，并留有一孔，可以将马尾巴露出。寄生位于马的后鞍桥后面，竖立在马尻处，呈扇形或树枝状。可以说，除了嘴巴、四肢和尾巴以外，战马全身都有铠甲防护。具装铠多用铁或皮革制成。南北朝时期，具装铠的使用相当普遍，甚至从辽东传至以吉林集安为中心的高句丽，成为高句丽军队的重要军事装备。

在南北朝时期的墓葬中也出现了大量甲骑具装俑，反映了当时骑兵是军队的一支主力。骑兵作为一个兵种出现在中国古代军队中，始于战国时期。公元前 307 年，赵国与“三胡”（东胡、林胡、楼烦）作战。“三胡”是我国北部地区的游牧民族，擅长骑马射箭。赵国采用传统的战车与他们交战，只能是被动挨打。为了取胜，赵武灵王向北方游牧民族学习“胡服骑射”，组建骑兵。但当时马具尚不完善，骑兵行动起来会有一定困难。所以军队的主力仍然是战车兵和步兵，骑兵所占比例较少。虽然骑兵的数量少，但骑兵因具有行动迅速的特点，常担负着突然冲击、迂回掩袭等任务，还可以在特殊的地理条件中单独作战，发挥了战车难以比拟的作用。

骑兵真正成为独立作战的兵种是在汉代。项羽垓下突围使用的是骑兵，汉武帝时与匈奴作战，更是大规模的使用了骑兵。从西汉出土的兵马俑可以看出，骑兵俑所占比例越来越多。陕西咸阳杨家湾出土的骑兵俑就是独立成阵，已然是独立的兵种了；表明骑兵在军队中变得日趋重要，军队的兵种构成正在发生变化。这时人们开始使用皮革制成的当胸来保护战马。

骑兵成为军队的真正核心是在南北朝时期。这时战事频繁，参与战争的匈奴、鲜卑等民族在进入中原前是游牧民族，擅长骑马射箭，他们的军队主力就是骑兵。北魏与南朝刘宋作战时，宋军总结失败的原因中有一条叫“走不如飞”，“走”指宋军的步兵，而“飞”是指鲜卑的骑兵。正是基于对鲜卑骑兵优越性的认可，南朝的兵种中增加了“鲜卑具装虎斑突骑”。骑兵的扩大是战争的需要，而骑兵的大量使用必然会促进战马防护装备的发展。在进行骑兵作战时，往往是射人先射马，因此要取得战斗的胜利，马也必须受到保护。当以骑兵为主的北方少数民族进入中原以后，中原地区的作战方式发生了改变，传统的步骑结合的方式，逐渐让位于以骑兵为主的作战方式，保护战马的设施也更加完备。汉代保护战马仅有当胸，也就是垂在马脖子下面用以保护马体的皮甲。东汉末年马铠已逐步完善，但当时它还是比较珍贵的。曹操在《军策令》中提到，他的军中拥有的马铠不足10具，袁绍军中也只有300余具。到了十六国和南北朝时期，马铠成为军中常用的装备。石勒在俘获末柸的战役中，夺得铠马5000匹，在打败姬澹的战役中俘获铠马10000匹；而后秦的姚兴在击败西秦军队时则俘获了铠马60000匹。可见甲骑具装已经大量应用在战场上。

骑马武士陶俑

这种以甲骑具装骑兵为主力的骑兵作战一直延续到隋朝，当隋炀帝进攻高句丽时，军队的主力就是重装骑兵。重装骑兵虽然在大规模战争中发挥了重要作用，然而其缺陷也凸显出来，披上铠甲的战马负担很重，其灵活性和速度都受到了限制。当作战双方都大量使用骑兵时，快速与机动性成为骑兵必须解决的问题。到了唐朝，人披铠甲而战马不披铠甲的轻装骑兵逐渐取代了重装骑兵。再往后，甲骑具装就只成为卤簿中的排场了。

34

仿照佛像的道教造像
王阿善造石天尊像

*

佟春燕

北魏

高27.8、宽27.5厘米

这是道教信徒雕刻的石像，正面为高浮雕的二位天尊，头戴高冠，身着长袍，左手横置，右手竖于胸前。身后是三位站立的女官，头戴高冠，身着长袍，双手笼于袖内。此像背面是乘车和骑马图。发愿文表明此像为女信士王阿善所造。

道教是中国的本土宗教，以神仙信仰为核心思想，糅合了春秋战国时期的道家、阴阳五行等学说，还杂糅了卜筮、符水等方术内容。其中，道家思想是道教最为重要的思想渊源之一。《魏书·释老志》记载道教的本源和宗旨时说，“道家之原，出于老子，其自言也，先天地生，以资万类。上处玉京，为神之宗；下在紫薇，为飞仙之主。千变万化，有德不德，随感应物，厥迹无常。……其为教也，咸蠲去邪累，澡雪心神，积行树功，累德增善，乃至白日升天，长生世上。”由于道教在形成和发展过程中，与道家有着不解之缘，认为老子是“道”的化身，从而逐渐将老子神化，建立了以“太上老君”为核心的神仙理论体系。

早期道教不供奉神像，只崇拜经书。按照道教的说法，“道”是超越形、体的概念，不可能成为艺术的描绘对象，更不可以用人的形象来表示。据记载南朝梁的陶弘景在茅山设立佛道二堂，佛堂有像，而道堂无像。南北朝时期，佛教造像艺术流行开来，佛像为信徒所崇拜。从而道教也开始模仿佛教造像。虽说模仿佛教，但道教造像也有自己的要求，如天尊穿黄裳，戴金冠、玉冠；天尊要平坐，指捻太无；天尊、道君、老君左右要有真人，玉童、玉女侍香侍经等。道教模仿佛教造像还有一种依据是“老子化胡”说，老子在西出函谷关后入夷狄之境，变成佛陀。寇谦之认为佛是“昔于西胡得道，在三十二天，为延真宫主”。此后，道教开始仿照佛教制作神像，因而在道教造像上还留有佛教造像的影子。在关中地区发现的一些早期佛像中，还可以看到佛道共存的现象。

两晋南北朝时期，不仅出现了道教造像，而且道教逐渐成为中国正统宗教之一，并向上层社会发展。这一时期，以葛洪、寇谦之、陆修静、陶弘景等为代表的道教徒对道教教义与修炼方法进行了完善、整理，形成了较完备的仪式与典籍。

两晋南北朝时期，道教分别向着民间与上层社会两个方向发展，而且这种分化日益明显。许多道教徒受到统治者的利用和扶持，并为统治者出谋划策。西晋初年，“八王之乱”的中心人物赵王伦十分信任自己的谋士孙秀，事无巨细都要向他咨询，孙秀就是道教方士。前秦·苻坚和后秦·姚苌都曾礼遇道士王嘉，每当遇到征讨之事，总要咨询于他。北魏太平真君时（440—450年），嵩山道士寇谦之得到魏太武帝拓跋焘和宰相崔浩的支持。南朝的道教思想家陶弘景隐居在句容（今江苏镇江句容）句曲山修道，梁武帝十分信任他，每当国家遇到大事之时，总是前去咨询，被人称为“山中宰相”。

这一时期，一些高门世族成为道教信徒，并将自己的思想带到道教中来，引起道教内部思想与组织的变化。北方的大世族如清河崔氏、范阳卢氏、天水尹氏，南方侨姓大族如琅琊王氏、高平郗氏、谯国桓氏、晋王室司马氏、

王阿善造石天尊像（正面）

王阿善造石天尊像（侧面）

丹阳葛氏等都有人信奉道教。道教宣扬的不死和升仙思想深深地影响了当时的人们。道教信仰神仙，仙人遨游在自然天地之间，可以完全摆脱自然力量和世俗社会的束缚，没有欲望追求，没有名利烦恼，没有战争困扰，成为当时人们追求的境界，更为世家大族所崇尚。道教还以长生不老来吸引信众，按照道教的说法，人可以通过自身的努力和修炼，祛病去灾，延年益寿。修炼的方法有服食丹药、养气服气、隐逸山林等等。道教认为服食丹药后，人的身体就可以像金子一样坚固，长生不老。因此当时许多人热衷于此，大家熟知的王羲之、王献之都是丹药的服食者，服食丹药成为魏晋时期的社会风气，也是魏晋名士风度的表现之一。可是由于服食者既未能成仙，也未能长寿，甚至往往中毒而死，这种风气后来逐渐衰落。虽然道教徒追求长生不老的方法没有成功，但在寻找丹药的过程中，道教的炼丹术为中国古代冶炼化学的发展发挥了重要作用。

道教成仙的核心思想是出世脱俗，而出世脱俗的核心是隐逸行为。道教徒们隐逸在山林之中，服食大自然中的“日月精华”，成为一个超凡出世的“修道者”。这种隐逸思想影响了魏晋时期人们的生活观念。东晋山水诗人陶渊明深受道教思想影响，长期隐逸山中，留下了“采菊东篱下，悠然见南山”的名句。

35

独步一时的长檐车
陶牛车

*

佟春燕

北齐
车高31.2、牛高23.2厘米
山西太原圹坡出土

这件牛车是北朝雕塑精品，牛矫健有力，昂首挺胸，似乎随时准备出发。车由车厢、车轮和车辕三部分组成，车厢为圆券形顶盖，前面有栅栏。在南北朝时期，石窟壁画中出现许多供养人乘坐牛车出行的场面，墓葬中出现了大量以牛车为中心的随葬俑群，表明随葬习俗的变化，同时也反映出牛车已成为这时主要的出行工具。

两汉以前，牛车主要用于运载货物，或为贫穷之人乘坐。当时，牛车是一种规格较低的车，称为柴车；王公贵族多使用马车。《后汉书·谢夷吾传》中记载，章帝时，巨鹿太守谢夷吾因为乘坐牛车出行而贬官，认为他这样做“有损国典”。可见牛车的地位很低。

到了魏晋南北朝时期，牛车的地位得到了提高。这是因为汉末以来，由于长期的战争，马匹数量锐减，人们只好以牛代马作为出行工具。《旧唐书·舆服志》记载“魏晋以降，迄于隋代，朝士又驾牛车，历代经史，具有其事”。“古之贵者不乘牛车，汉武帝推恩之末，诸侯寡弱，贫者至乘牛车，其后稍见贵之。自灵献以来，天子至士遂以为常乘。”西晋皇帝的大驾卤簿中的“御衣车、御书车、御轺车、御药车，皆驾牛”。魏晋以后，牛车成为人们主要的代步工具。以骑马为主的北方游牧民族进入中原后，受到当时社会风气的影响，其上层人士也盛行乘坐牛车。魏晋南北朝时期的壁画、画像砖以及随葬器物中都有牛车的身影。

人们由马车转乘牛车，与牛车行进速度较慢，具有安稳性有关。自西汉中期以后，作为交通运输工具的车多为双辕车，车辕一通到底，加强了车子的牢固性，行驶起来更加平稳。《晋书·舆服志》记载，晋人如此喜爱牛车，是因为“负重致远安而稳也”。

牛车在南方要比北方盛行，这与当时南方玄学兴起有关。当时世家大族子弟身体虚弱，他们追求舒适奢华的生活，出行时也要追寻舒服和安逸，带篷的牛车不像以轺车为代表的马车那样敞露，而且车厢大，乘坐者在里面可随意坐卧，不需要保持端正的姿势给过往行人看；又因牛步徐缓，颠簸程度比马车小……这些特点，对于养尊处优的士族阶层更为合适。可以想象，他们乘坐在慢悠悠的牛车上，从容淡定，恍若神仙。“梁士大夫皆尚褒衣博带，大冠高履，出则车舆，入则扶持。郊郭之内，无乘马者。”这段话再现了当时的场景。牛车的车身外部高大严密、长檐遮阳，内部可任意坐卧，打破了以往乘车需要保持一定的姿势的要求，必然会赢得他们的认可。

在长期驾牛的过程中，人们进一步练就了一套驾牛车奔跑的技巧。《宋书·刘德愿传》中记载，刘德愿善驾牛车，曾在道上立两根柱子，仅能通过牛车，在百步之外，振策长驱，将近数尺时，打牛飞奔，从柱间通过而不碰柱子，“牛骏驭精，所以疾尔”。由于牛车的广泛使用，人们开始精心挑选和培训驾车的牛，牛的行走速度也大为提高。西晋时以豪奢著称的石崇、王恺乘牛车出游，以入城门的先后来赌胜负，他们的牛奔跑起来“迅若飞禽”。王恺更有一头名为“八百里驳”的牛，号称日行八百里，可见当时牛车速度已十分可观了。

牛车使用的范围越来越广，设备和装饰也越来越讲究。曹操时已有了上部张挂布幔、能散发出香气的牛车。《颜氏家训》曾说起齐、梁之间的长檐车是四种时髦事物之一，这种牛车的前后车檐极长，有的还在顶上加罩棚，叫作幰。当时流行的最为豪华的牛车是通幰牛车；还有只罩住车前半部的偏幰牛车等。牛车内还可以配置家具，江苏南京赵士岗东晋南朝墓出土的陶牛车中，就安放了凭几，可见乘坐牛车已变得相当舒适。

到了唐代，男子多骑马，乘坐牛车的则主要是妇女了。

陶牛车

36

佛像竟埋入大窖

贴金彩绘佛立像

*

王俪阁

北齐
高 162 厘米
山东青州出土

这件北齐时期的佛像出土于山东省青州市龙兴寺窖藏。佛像石灰石质，圆雕，头部作螺发，肉髻微凸，面相丰润，双目低垂，神态庄严沉静；内着僧祇支及长裙，外覆双领下垂式袈裟，衣质轻薄贴体，显现出宽肩细腰的修长体态。袈裟上施彩绘，另阴刻水波状衣纹，线条简洁流畅。左手向下施予愿印，右手已缺损，跣足立于莲台之上。整座造像雕工精细，手法娴熟，使佛像丰满俊秀、雍容典雅的气质得到完美展现，同时彩绘、贴金技术被综合运用于其中，充分显示了中国佛教石刻艺术的高超水平。

佛像的发现颇为偶然。

1996 年 10 月，青州市博物馆南侧相邻的一所学校在施工过程中，偶然发现了一处大型佛教造像窖藏，而

贴金彩绘佛立像

这里竟是已被历史湮埋了的龙兴寺的遗址！

龙兴寺始建于北魏时期，据《益都县图志》记载："龙兴寺，在城西北隅。北齐武平四年赐名南阳寺，隋开皇元年改曰长乐，又曰道藏，则天天授二年改名大云，玄宗开元十八年始号龙兴。"龙兴寺是十分著名的寺院，一直香火鼎盛，从兴建到明代初期被毁，前后存世达800余年。探测发现，窖藏坑位于寺院遗址的最北部，是一个长8.7米、宽6.8米、深3.45米的长方形坑。摸清情况，考古工作者迅速展开抢救性发掘，很快，一尊尊覆盖着泥土的佛像就逐渐面世，显露出本来的面貌。

随着发掘工作的开展，一些细节引起了考古人员的注意。在窖藏坑中部偏东处，发现了一条由南向北倾斜的坡道从坑口直至坑底，长6.3米，宽0.9米，据推测应该是当年挖掘窖藏坑时特意留下以方便运放造像所用。而在窖藏坑内，各个造像是分门别类、按照一定的规律进行摆放的，《青州龙兴寺佛教造像窖藏清理简报》对当时的情况进行了详细地描述："窖藏内全部为佛教造像，排放有序，大致按上中下三层排列摆放，有少量坐姿造像呈立式排放；""造像摆放时，较完整的身躯放置于窖藏中部，各种头像存放于坑壁边缘，较残破的造像上部用较大的造像碑覆盖，陶、铁、彩塑、泥、木质造像置于坑底。"在放置于最上层的一些造像的顶部，考古人员还发现了苇席留下的痕迹，这说明在造像掩埋之前曾用苇席覆盖。另外，通过对窖藏坑壁所留工具印迹进行分析，考古工作者推测此窖藏坑应该是靠平头镢和圆头铲两种工具挖掘完成的。单靠镢头、铲子挖出这样一个设计周全的窖藏坑，并将数百尊大小不一的造像妥善有序地排放，绝非短时间内可以完成，因此有理由认为，这一掩埋行动是在有计划、有准备的情形下进行的。那么究竟为什么要将数量如此之多的佛教造像集中埋入地下呢？

随着考古发掘的逐步深入，工作人员陆续发现了若干经鉴定为北宋时期的造像，其中一件佛像上还有北宋天圣四年（1026年）的纪年，同批出土的钱币"崇宁通宝"，则显示窖藏的下限时间至少为北宋崇宁年间（1102—1106年）。据此有人推断，可能是北宋末年金兵入侵时，因青州城池不保，佛教信徒为保护佛像免遭战火破坏而将其埋藏起来。但是从造像出土时的损坏状况来看，除因长时间重压及地下水沁浸产生的自然碎裂以外，大部分造像明显在埋藏以前就已遭人为破坏而残断损毁，可能是历史上某次"灭法"行动造成的后果。将已经残损的佛像以窖藏的形式大费周章地加以保护，似乎并不符合常理。但可以相比照的是，1984年临朐县大关镇上寺院村明道寺遗址舍利塔地宫内出土的一批古代佛教造像对于解释龙兴寺窖藏的疑问具有参考意义。这批造像在时代和造像特征上都与龙兴寺造像基本接近。据原镶嵌在舍利塔壁间的《沂山明道寺新创舍利塔壁记》载：北宋时霸州人僧觉融、莫州人僧守宗，“偶游斯地（明道寺），睹石镌坏像三百余尊，收得感应舍利可及千锞，舍衣建塔……。垒成金藏，鎔宝作棺。”由此可知，明道寺的僧人将这些残破的造像放置于地宫中是一种安葬性质的行为，与世俗的丧葬仪式具有相同的意义。《壁记》中同时记载了明道寺佛像入藏舍利塔地宫时，附近许多寺院的僧人都前来参加这一重大法事活动，其中也包括“青州龙兴寺志公院主僧义永”。入藏仪式举行的时间在景德元年（1004年），与龙兴寺窖藏的时间相隔并不久。而北宋时期，临朐为青州属县。据《元丰九域志》记载：“临朐，（青）州东南四十里。”实际上，明道寺遗址与龙兴寺遗址相距也仅有60多公里。由此可以推测，龙兴寺的窖藏很可能是一场与明道寺佛像入藏地宫性质相同的法事活动，甚至是直接受明道寺安葬佛像行为的影响。

龙兴寺窖藏发掘工作完成以后，工作人员通过细致的清理、拼对和修复，最终得到各类佛教造像400余尊。其年代涵盖北魏、东魏、北齐直至隋、唐、北宋，根据造像形态和雕刻技法判断，以北齐时期的数量最多。从形体上来看，整批造像中以大件居多，其中最大的北魏时期的造像高达3.2米，2米左右的造像也不在少数，其中包含了佛、菩萨、弟子、罗汉、飞天、供养人等多种题材。这批造像材质多样，石灰石、花岗岩、汉白玉、陶、铁、木以及泥土等一应俱全，雕刻手法包括浮雕、圆雕、镂雕，同时将线刻、贴金、彩绘等技法综合运用其中，工艺精湛，制作优良，具有极高的艺术欣赏价值。

龙兴寺佛教造像是中国迄今发现的数量最多的窖藏佛教造像群，如此大规模的佛教造像的集中出土，在佛教考古史上也十分罕见。它集中体现了自北魏至宋元时期中国佛教艺术的成就，为中国古代佛造像研究提供了珍贵而直接的实物标本，在佛教美术史及传播史、古代雕塑、绘画艺术等方面也具有极其重要的参考意义。由于其多方面的研究价值，龙兴寺窖藏佛教造像的发现位列1996年全国十大重要考古新发现之首，还被评为中国20世纪百项重大考古发现之一。

37

早期的专用茶具
青瓷托盏

*

佟春燕

南朝

高 9.9、托径约 16、盏径约 12.1 厘米

福建福州出土

青瓷托盏由茶盏和盏托两部分组成，碗形茶盏与圆盘状盏托套合而成一个整体，使茶盏稳稳地固定在盏托上，不至于倾斜，也不会烫手。这是晋代以后出现的新型茶具，可以避免“盏热烫指”和茶水外溢。这种新型茶具的出现既与青瓷制造业的发展有关，也与当时饮茶习俗初步形成具有密切关系。

茶原产于我国西南地区，这些地区也是最早采摘、饮用茶叶的地区。“自秦人取蜀而后，始有茗饮之事”，当秦占领巴蜀地区以后，饮茶习俗逐渐传播开来，并出现了专门的茶市。最初，人们注重茶用来解渴、提神等药用功效，西汉司马相如《凡将篇》中就将茶与桔梗、款冬、贝母、白芷等二十余种药物列在一起。三国两晋时期，茶逐渐从长江流域向北方地区普及，在长期的生活实践中，人们认识到茶不仅有医药的作用，还清热解渴，富有清香的味道，因而茶逐渐发展成为重要饮品。

我国饮茶法主要分为三个阶段，西汉至六朝时期的粥茶法，唐至元代前期的末茶法和元以后的散茶法。魏晋时期，茶的饮用方式主要是粥茶法。西晋·傅咸曾记载，当时在洛阳市场上有蜀地的老妇贩卖茶粥。这一时期煮茶和煮粥差不多，人们将采摘下来的野生茶叶煮食，连汤带茶一起服用，有时还加入盐、姜、葱、枣、橘皮、茱萸、薄荷等同煮，吃茶犹如喝粥。这种做法保留着茶最初作为药用的那种遗风，这种饮法损害了茶味的清香。

三国两晋南北朝时期是饮茶习俗由南向北逐渐推广和普及的时期。起初，人们关注的仍然是茶的药用功能。华佗在《食经》中记述，“苦茶久食，益意思”。晋·张华认为“饮真茶令人少眠”。三国魏人张揖《广雅》记载了茶的制作与饮用过程：“荆、巴间采叶作饼，叶老者，饼成以米膏出之。欲煮茗饮，先炙令赤色，捣末置瓷器中，以汤浇，覆之，用葱、姜、橘子芼之。其饮醒酒，令人不眠。”这里指出的还是茶之解酒、提神的作用。三国吴时，茶已成为宴席上的饮料，但饮茶还不是一种普遍行为。据记载，吴主孙皓喜欢喝酒，每次宴请，规定参加者至少要饮七升酒，但大臣韦曜

酒量只有二升，无法喝到七升。孙晧密赐给韦曜一些茶叶，容许他以茶代酒。这说明茶在江南不多，饮用者多为贵族。西晋时期茶的饮用范围逐步扩大。在晋惠帝被张方挟持至长安的路上，“有一人持瓦盂承茶，夜暮上至尊，饮为佳”。西晋末战乱，任瞻来江南避难，王导与诸名士到石头城迎接，一坐下就设茶饮；说明西晋时期茶已在一定范围内得到人们的承认。东晋以后，南方地区饮茶已形成风气。“晋元帝时，有老姥每旦擎一器茗往市鬻之，市人竞买。”这一时期，茶已成为招待客人的饮品。吏部尚书陆纳以茶招待贵客卫将军谢安；大将军桓温宴请宾客时也用茶。王濛自己喜好饮茶，还会强迫客人陪饮，“人至，辄令饮之，士大夫皆患，每欲往候，必云：‘今日有水厄’”。此后，“水厄”成为茶的贬义代词。可见，在江南，饮茶已成为一部分人的习惯。

当饮茶风气在南方渐趋形成时，北方少数民族统治者歧视饮茶，如拓跋魏时，“朝贵宴会，虽设茗饮，皆耻不复食”。由此可知，茶也成为北方上层社会宴会上的饮品。南北朝时期，茶盏多出土于南朝墓里，北朝墓中少见，这种现象也说明当时南方饮茶之风要胜于北方。

三国两晋南北朝时期，道教与佛教的流行对饮茶习俗的推广也起到一定作用。道教徒将长生不老作为自己的追求，许多道教著作都提到饮茶可以成仙。陶弘景《杂录》有“茗茶轻身换骨，昔丹丘生、黄山君服之”。壶居士《食忌》：“苦茗，久食羽化。”饮茶在南方的普及，与道教的宣传具有一定关系。佛教徒也饮茶，并对饮茶习俗的形成起到推动的作用。东晋怀信和尚《释门自竟录》说：“跣足清谈，袒胸谐谑，居不愁寒暑，唤童唤仆，要水要茶。”在北魏洛阳寺院内，饮茶已然十分普遍。茶具有提神醒脑、消除疲劳的作用，因此成为坐禅僧人的最佳饮品。佛教徒不仅饮茶，还种植茶树。佛教与道教对饮茶习俗的发展起到了推波助澜的作用。

在茶作为饮品的初期，很少有专门的茶具，一般是食具、酒具和茶具混用。当茶叶生产和饮用发展到一定阶段，就会出现专用的茶具。随着饮茶风气的日益流行，人们的要求也越来越高，茶具逐渐发展成为集实用性和艺术性为一体的特殊用品。

青瓷托盏

38

外国使臣写真集
《职贡图》(北宋摹本)

*

佟春燕

原作南朝梁·萧绎　绢本设色
纵25、横198厘米

这幅《职贡图》摹描绘了二十五位到南朝朝贡的使臣形象，现仅存十二名使臣形象，分别为滑国使、波斯国使、百济国使、龟兹国使、倭国使、狼牙修国使、邓至国使、周古柯国使、呵跋檀国使、胡密丹国使、白题国使和末国使。每位使臣身后题写有国名及其山川、风俗、历史和历代交往情况、纳贡物品等。画面中人物的神态、服装不同，传神地画出了来自不同地区、不同民族的使臣形象。

这幅《职贡图》的作者是南朝萧绎，他是梁武帝萧衍的第五子，曾被封为湘东王，后来继承帝位，即梁元帝。萧绎生逢乱世，作为帝王的结局是悲惨的，但是作为画家，后人给予了很高评价。人们评价他“天生善书画”，特别是人物画“形神兼备，妙不可言”。据记载，萧绎不仅善画外国人形象，还擅长佛画、鹿鹤、景物写生等。他在任荆州刺史时画过《蕃客入朝图》，得到了梁武帝的称赞，他所画的《职贡图》更是以极高的艺术价值和史学价值而载入史册。宋元以来，这幅《职贡图》曾被认为是唐代阎立本或阎立德所绘。后经考证，人们确认了它的底本是南朝梁元帝萧绎任荆州刺史时的画作。国家博物馆展陈的是北宋熙宁十年（1077年）人们根据原本摹绘的，但比较忠实于原作。

梁代的对外文化交流、贸易交往十分频繁，各国使臣络绎不绝，萧绎的《职贡图》将这种盛况记录下来。萧绎作此画并不是为了赏心悦目，而

《职贡图》(北宋摹本局部)

是为了“瞻其容貌，诉其风俗，以广闻见”，是为了宣扬萧梁王朝的太平盛世，以此向父亲尽显忠孝之心。自普通七年（526 年）任荆州刺史起，萧绎就开始画《职贡图》。凡有外使经过荆州,他都描绘下来并为文解说。如有来京不经过荆州的,就专门采访。这些外国使节并不是同时前来的，因此全图是陆续绘制的，大约在大同七年（541 年）最后完成。《职贡图》可谓图文并茂，既画出了前来萧梁王朝朝贡的使者形象，其题记又概述了各国的国家概况和风土人情。

这幅《职贡图》不仅在绘画史上具有很高的研究价值，在历史研究方面也很重要，可与《梁书.诸夷传》的内容相互对照。《职贡图》中现存的十二个国家,在《梁书》中都有记载。

滑国，南朝称为滑国，北朝称哌哒，他不仅与北朝各国交往，梁武帝普通元年（520 年）、普通七年（526 年）、大同七年（541 年）还派遣使节访问建康。周古柯国、呵跋檀国、胡密丹国都是滑国旁的小国，随滑国使者来贡献方物。这些国家在突厥灭滑国后也被灭，因此《梁书》以后不见记载。

波斯国王在梁武帝中大通二年（530 年）、大同元年（535 年）派遣使节到建康访问，估计是由海道航行到达江南的。

百济与南朝各国有着很好的关系，在梁武帝天监十一年（512 年）、普通二年（521 年）、中大通六年（534 年）、大同七年（541 年）、太清三年（549 年）先后到南朝首都建康访问。梁武帝时，曾册封百济王，百济使者到梁朝求书。侯景之乱后，建康城内荒凉不堪，百济使者来建康时见到此景，曾落泪涕泣。

龟兹国是西北地区的城邦国家，不仅与北朝各国交往，梁武帝普通二年（521 年）还派遣使节访问建康，并致书。

倭国使在梁武帝天监元年（502 年）到建康访问，馈赠方物。

狼牙修位于今泰国南部马来半岛上的北大年附近，是当时东南亚地区

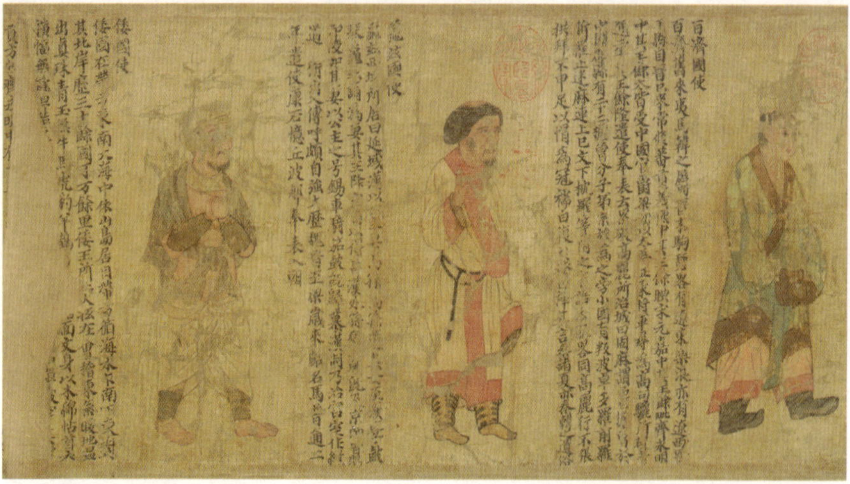

《职贡图》(北宋摹本局部)

东西贸易繁荣发达的地区。梁武帝天监十四年(515年)、普通四年(523年)、中大通三年(531年)狼牙修王三次派遣使节到建康访问,并馈赠方物,加强了两国间经济文化的交流。

《职贡图》以图文并茂的形式记录了当时各国情况,这是一种将人文、地理与绘画联系在一起的图志。萧绎成为历史上第一位描绘这一题材的画家,对后世影响很大。这种形式被后代所继承,唐贞观三年(629年)阎立德奉诏画《王会图》,以歌颂唐王朝与边远民族的关系。元代钱选画《异域归忠图》、《西旅献獒图》、赵孟頫画《贡獒图》等都是这种朝贡情景的记载。而规模最大,涉及内容最广的当属清乾嘉时期的《皇清职贡图》。这些《职贡图》主要记录古代海外各国及国内的少数民族向皇帝觐见并纳贡的图画,是彰显国力和民族融合的记录和象征。其实,这种《职贡图》并非对朝贡场景的写实描绘,而是以图记方式记载了“万邦来朝”的情景,从而突出华夏政权的核心地位。

39

大匠李春挥斤斧，昂扬头角出桥栏

安济桥石栏板

＊

梁　丰

长 212、高 84.5 厘米
河北赵县出土

安济桥是隋代匠师李春等设计建造的一座石拱桥，横跨在赵州（今河北赵县）城南洨水之上，故又名赵州桥、大石桥。这块原用于桥面一侧的石栏板，不知何年何月。因大桥年久失修坠落河中，直至 1953 年修复安济桥时才从桥下的淤泥中被发掘上来。栏板两面雕龙。正面的双龙周身生鳞甲，身体相向钻穿栏板，前爪互推，头相背，角后扬。背面两龙无鳞甲，四爪撑地，身体相互绞缠。早在唐代就有人形容这座拱桥的结构之美“望之如初日出云，长虹饮涧”，从这块栏板上飞扬遒劲的雕龙，我们还可以想见当年安济桥上的石刻之美。

当时从河床挖出的大大小小桥石千余块，但拼接较为完整、有雕刻和铭记的石头不多，包括栏板、狮子、仰天石、望柱、桥面石等，此外还有唐修桥记铭刻一块、明修桥记石碑两块及有题刻的残石六块等。其中，有雕刻的栏板二十余块，它们分属于隋代原物、唐五代、五代宋初和金时期。隋代的各式雕龙栏板计七块，包括这件展品在内，均青白石质，龙的形态较之后代最为生动有力，正如唐人所赞“蟠绕拏踞，睢盱翕欻，若飞若动”。从桥的望柱头上有安放柱头的榫眼看，安济桥在石栏杆望柱上还应该有狮子柱头。不过，遗憾的是，挖出的两个石狮子已非隋代原物，一个是唐、宋遗物，一个为金、元遗物。安济桥隋代的狮子柱头雕得一定也是栩栩如生、惟妙惟肖。唐人张鷟在《朝野佥载》

安济桥双龙对穿石栏板

中记述了这样一个故事："赵州石桥甚工，……上有勾栏，皆石也，勾栏并有石狮。龙朔年中，高丽谍者盗二狮子去，后复募匠修之，莫能相类者。"龙朔为唐高宗年号，也就是说，安济桥建成不过五六十年，上面的有些石狮子就不翼而飞，虽然后代工匠又有补修，但复制出的狮子已很难再现昔日的神采了。

安济桥石栏板展陈在《古代中国》隋唐五代时期的文化部分。在这里，它既是一件精美的石雕艺术品，同时也表现隋代杰出的建筑成就。安济桥作为中国南北交通干线上的一座重要津梁，1400 年来，经受住数百次洪水和多次强烈地震的考验。这座貌似通透、轻灵的桥梁为何如此坚固能够千年不倒，吸引着近代和当代的工程学家们去探讨它的秘密。现在知道，安济桥有许多独到的设计。其全长 50.82 米，主拱净跨 37.37 米。为了减低桥梁坡度，便利交通，安济桥一反石拱桥半圆形拱的传统，被设计为坦拱，拱矢高度 7.23 米，矢高与拱跨相比，还不及 1 ∶ 5，这一技术指标遥遥领先西方近千年。安济桥还是世界上最早的一座敞肩拱桥，在它两侧拱肩上各建两个敞肩小拱，这种结构可以减少主拱圈的变形，提高桥梁的承载力和稳定性，同时节省工料，减轻桥身自重，从而也减轻桥基的负担，增大排水，减弱洪水对桥身的冲击力。英国著名科学技术史专家李约瑟认为："李春显然建成了一个学派和风格，并延续了数世纪之久，""弓形拱是从中国传到欧洲去的发明之一。"

安济桥是中国古代文明的骄傲，至今享誉遐迩，而使该桥扬名天下，发现、介绍它的张嘉贞、梁思成和茅以升功不可没。

张嘉贞是唐玄宗李隆基初期的宰相，723 年，被贬到幽州做刺史。他应该是在这段做地方官的时间里看到了已落成百年的安济桥，心有所感，因此写下了一篇《石桥铭》。张嘉贞

安济桥双龙交结石栏板

赞叹这座前朝拱桥在工程技术上对桥柱、栏板上的雕刻也倍加赞赏。尤其难得的是，他在桥铭的序中记述："赵郡洨河石桥，隋匠李春之迹也。"在中国浩如烟海的史书中，记载的多是帝王将相的活动和文臣鸿儒的雅事，能工巧匠一向少见。如果没有张嘉贞，后人就无法知道是隋代一位了不起的匠师李春设计建造了安济桥；人间也只会有"赵州桥是鲁班爷修，玉石栏干圣人留"的传说了。

梁思成是现代著名的建筑学家。1933年他在河北省进行野外考察时，当地流传的童谣："沧州狮子应州塔，正定菩萨赵州桥"，引起了他的注意。循着这首民谣的说法，梁思成果然在河北赵县见到了安济桥。他对安济桥进行了详细的科学考察，并撰文绘图发表在《中国营造学社汇刊》上。从此，这座久被遗忘的安济桥作为世界上现存最早的敞肩石拱桥，在中外桥梁史上赢得了举世瞩目的地位。

如果说让安济桥重见天日，享誉学界的是梁思成，那么使这座桥在中国家喻户晓的则是茅以升。茅以升是现代桥梁工程专家，他非常重视对国民进行科普教育，写过许多深入浅出的文章。《中国石拱桥》一文是他在20世纪60年代所作，后被选入初中语文课本，长期沿用。一代一代的孩子们，正是在对这篇优美散文一遍一遍的诵读中，知道了安济桥，知道了它骄人的技术成就和艺术之美，并牢牢地记在心中。

中国古代的桥梁建筑

中国古代的桥梁建筑一般分梁桥、浮桥、索桥和拱桥四种基本桥型。梁桥史前既出现，构造最简单，就是把木头或石梁架设在沟谷两岸，因外形平直，常称平桥。浮桥又称为舟梁，是用船舟来代替桥墩，属于临时性桥梁，常用于军事。《诗经·大雅·大明》"亲迎于渭，造舟为梁"记述了周文王在渭水上架浮桥迎娶新娘，是浮桥的最早记录。索桥主要是用藤、竹制成的绳索以及铁链等架设而成，已有3000多年的历史，《汉书·西域传》有"以绳索相引而度"的记载。在云贵川的江河上以及秦岭山区和台湾山区，常常可以看到各类索桥。拱桥始建于东汉中后期，由伸臂木石梁桥、撑架桥等逐步发展而成，在形成和发展过程中又受拱券、水道、城门等建筑的影响。因为拱桥的主要承重构件的外形都是曲的，所以又称曲拱桥。

（梁　丰）

40

小女童的异域珍宝

金项链、金手镯

*

梁 丰

项链长43、手镯直径7厘米
陕西西安出土

金项链和金手镯1957年出土于西安隋代李静训墓，它们陈放在《古代中国》隋唐五代部分的最后一个单元，表现这一时期中外交流和丝绸之路的拓展。作为首饰，它们没有被放在社会生活部分，和那些簪钗、妆盒一起来表现这一时期人们的衣冠服饰，是因为这两件文物是从西方输送到隋朝都城的珍稀舶来品。

金项链分上、中、下三个部分。中部左右相同，各由14个直径约1厘米的金质链珠组成，每个链珠上各嵌10颗珍珠。链珠之间以多股金丝编成的金链串联。项链上部为5个镶嵌饰。居中的圆形，边缘饰一周金焊珠，内嵌凹刻着一头驯鹿的深蓝色珠饰。其两侧对称饰两对稍小的方形和圆形深蓝色镶嵌饰，方形边缘饰金焊珠，内嵌为青金石。其间以金环、钩相连接。项链的下部是一组垂饰，主要由6件饰物组成。居中为一圆形金环，环边饰小焊珠一周，内边一周又嵌24颗小珍珠，中心嵌饰一颗大圆红宝石。圆形金饰环两侧为内曲方形金饰及圆形嵌珍珠金饰各一对，两对金饰中心均嵌深蓝色珠饰。最下挂心形垂珠，内嵌一大块青金石。这条项链的多面金链珠及其焊珠工艺、凹雕驯鹿工艺以及环状垂饰珍珠边内嵌宝石的作法均起源于西方，镶嵌的青金石在古代也主要产自阿富汗，当时中国境内未发现青金石矿藏，所以学者考证它应该是巴基斯坦或阿富汗地区的制品。

金手镯为一对，椭圆形，长径7厘米，短径5.5厘米，分为4节。每节两端较阔，上嵌珠，半球形，透明无色似为玻璃质。各节以方形嵌青绿

金手镯

色玻璃珠的小节相连。其开口处有一副钮饰，一端为花瓣形扣环，上嵌 6 颗小珠，另一端为一钩，钩端亦嵌一珠。钩及环之另一端为活轴，可自由开合。轴端套以小珠，尚残留一粒。金手镯在隋唐时期并不多见，而像这种镶嵌玻璃的形制更是绝无仅有。不过，佩手镯臂钏在古印度及其周围地区却十分盛行，在北印度的阿旃陀石窟观音菩萨壁画中，还可以看到类似这样形制的手镯。除了上述的金首饰，一同展出的还有一件同时出土的高足金杯，据考证，它也是西方的输入品，可能是经由萨珊朝波斯控制区东输的罗马风格制品。

墓主人李静训是何许人，她为什么拥有如此奢华的随葬品。

李静训不过是一个卒年 9 岁的小女孩，但她的身世非同一般。李静训的外祖母是隋文帝杨坚的长女杨丽华，而她的外祖父是北周宣帝宇文赟。因此，无论在北周还是隋朝她都是皇亲国戚。李静训的父系自然也非比寻常。她的曾祖父李贤曾历仕北魏、西魏和北周，官至北周使持节柱国大将军、大都督原、泾、秦、河、渭、夏、陇、成、幽、灵十州诸军事和原州刺史，是西魏和北周间的显贵人物，《周史》和《北史》都有他的传记。祖父李崇，年轻时追随周武帝平齐，以后又与隋文帝一起打天下，官至上柱国，开皇三年（583 年），在抗击突厥侵扰的战争中殉国，终年才 48 岁。隋文帝因念及李崇为国捐躯，所以对其子李敏倍加恩宠，自幼养于宫中。《隋书》说李敏多才多艺，“美姿仪，善骑射，歌舞管弦，无不通解”。开皇初，隋文帝为外孙女，也就是原周宣帝宇文赟、皇后杨丽华的独女宇文娥英亲自选婿，数百人中就选中了李敏。李敏被封为柱国，后官至光禄大夫岐州刺史。李敏就是李静训的父亲。据墓志记载，李静训自幼深受外祖母的宠爱，一直被养在深宫，接受教诲。不幸的

金项链

是，大业四年（608 年）她就夭折宫中，令皇太后杨丽华十分悲痛，厚礼葬之。

说到李静训的身世，尤其值得一提的是，1983 年在曾经是丝绸之路重镇的宁夏固原发掘了李静训曾祖父母北周李贤夫妇墓，他们下葬的时间比李静训早 39 年。墓中出土的一件金花银胡瓶也是稀世的域外奇珍。这件银胡瓶高 37.5 厘米，鸭嘴状流，长细颈，腹上小下大，束腰高圈足。在瓶的颈、足部焊接有一圈连珠纹。单手柄，两端由兽头铸接于瓶腹，手柄上端铸一深目高鼻戴冠胡人头像。瓶腹锤揲出三组人物图像，每组一男一女，装束颇具希腊风格：有人认为它们分别表现的是帕里斯的裁判、掠夺海伦和回归的场面。由于这件银瓶目前在世界范围是仅见的孤例，所以关于它的制作者众说不一。有的研究者怀疑它是萨珊朝波斯工匠模拟希腊图像的产物；或者是出自萨珊治下旧属大夏地区受希腊影响较深的工匠之手。也有人认为它的作者是哌哒占领区内的土著工匠或者客籍于这一地区的罗马手艺人。制作时间约在 5—6 世纪之交，制作地点应在中亚锡尔河和阿姆河两河流域以南、伊朗以东的地域范围内。总之是舶来品。

西汉武帝派张骞两次通使西域，使汉朝和西域正式建立了关系。5—6 世纪时，中国南北朝分立，但丝路却有进一步的繁荣，胡商贩客纷至沓来，“天下难得之货，咸悉在焉”。隋朝时更是“往来相继，所经郡县，疲于送迎”。这都足以说明当时丝路的兴旺，中外交流的频繁；所以家世显赫的李氏墓中有这么多精美罕见的进口货也不足为奇了。

隋唐女性的首饰

隋唐女性的首饰除项链、手镯外，簪、钗、梳等头饰丰富多彩。簪、钗都是约发用具，簪主要用于固发，单股铤，因为顶端太重容易从发上脱落，所以簪首较简洁，多做成和琵琶拨子相似的扇形簪。钗为双铤，形式就多种多样了，不仅花饰繁缛，钗头还常常悬挂垂饰，如花形和凤形钗，一般插一枚或二枚。唐代后妃、命妇头簪“花树”，实际就是钗头饰有花鸟图案的较大花钗。这种花钗通常一式二枚，图案相同，方向相反，以多枚左右对称插戴。按照品级皇后簪十二花树，其他依次递减，也有单数的。梳本为理发用具，盛唐时却广泛流行插梳为饰，起初只是在发髻前單插一梳，后逐渐增多，因此梳背的装饰也日趋富丽。（梁　丰）

41

二龙相对峙，双腹成连理

白瓷双腹龙柄传瓶

*

耿东升

隋
高18.6、口径4.5、腹径6.3厘米
陕西西安出土

国家博物馆所藏此器两瓶双腹相联，盘口，长颈，两侧各堆塑修长的龙形柄，器施半截白釉，开细碎纹片。天津博物馆所藏此形瓶底有刻铭“此传瓶有並”，故有“传瓶”之称。双腹的“传瓶”目前存世仅有三件，另一件现藏于江苏省连云港市博物馆。

白瓷是中国古代著名的颜色釉瓷器品种之一，其烧造历史悠久。三国两晋南北朝时期制瓷业有了巨大发展，制瓷工艺技术进步，白釉瓷器在北朝晚期始烧，是制瓷工艺质的飞跃。如胎釉含铁量较高，经过1300℃高温只能烧成青瓷器。白瓷的烧制晚于青瓷，白釉瓷器脱胎于青瓷，但须减低胎釉中的含铁量，胎泥淘洗精细，即能烧制成白瓷。河北内丘北朝窑址曾发现白瓷罐、杯等。河南安阳北齐武平六年（575年）范粹墓曾出土了白瓷碗、杯、罐等器物，釉层较薄，白中泛青，为早期北方白瓷的代表作，反映出北朝白瓷尚处于初始阶段。成熟的白瓷烧造在隋代。隋代墓葬中曾出土不少白瓷器，隋开皇十五年（595年）征虏将军张盛墓、大业四年周宣帝外孙女李静训墓、大业六年（610年）金紫光禄大夫姬威墓等，都出土了白瓷，这些瓷器造型丰富，瓷胎洁白，釉面光滑，烧成温度较高。根据考古调查，隋代生产白瓷的瓷窑有河南巩县窑、河北临城的祁村窑。北朝至隋代白瓷的巨大的

白瓷双腹龙柄传瓶

发展，为唐代南青北白的局面奠定了基础，对彩瓷的发展产生了重要影响。

此传瓶为李静训墓出土，她的家世显赫，李静训之父官至光禄大夫；李静训之母乃隋文帝杨坚的外孙女。因此，李静训墓规格之高也就不难理解了。大业四年（608 年）年仅 9 岁的李静训殁于宫中。皇太后杨丽华十分悲痛，厚礼葬之。随葬品有大量精美的金银器、瓷器和玻璃器等。瓷器有白瓷鸡首壶、灯、双耳罐、博山炉等，而这件双腹龙柄传瓶更是绝世精品，其胎质纯净细腻，釉色光亮温润，白度较高，造型别致，线条优美流畅，气度不凡，代表了当时白瓷制作的最高工艺水平。且为明确纪年墓出土，是对北方白瓷的断代研究有重要价值的标准器。

双连陶器远在新石器时代已经出现，有双连壶。唐、宋时瓷器有双鱼瓶、双连杯、双连瓶等，其中双连瓶到清代还一度流行，称为合欢瓶。

龙是中国人心中的吉祥物

龙是中华民族的吉祥物。它出现于新石器时代晚期，是多种动物形象的高度抽象和概括。内蒙古翁牛特旗三星塔拉出土的玉龙已有 5000 年的历史，被誉为“中华第一龙”。龙的形象用于陶瓷装饰的历史也很悠久，商周时期的陶器上曾绘龙纹图案。春秋战国时期出现了用堆塑、捏塑、合模等方法制作的立体形象的龙首，主要装饰在器物的颈、肩等部位。秦汉时期龙的形象大量出现在画像石、画像砖、瓦当上，其形象为四足、三爪、尖耳、双角，全身布满鳞片，成为后代龙的雏形。魏晋南北朝时期出现了用立体龙形装饰的龙柄瓶，并盛行于隋唐时期。龙柄瓶的造型独特，龙首衔瓶口，龙身与龙尾融于柄部，这种立体雕刻的龙在宋代以前曾大量出现。

（佟春燕）

42

开创货币史新纪元的开元钱

开元通宝

*

梁 丰

唐

直径2.4厘米，重4克

“开元通宝”铜钱是在唐高祖李渊建立唐朝的第四年，也就是公元621年开始铸造使用的。唐朝此后还有其他铸钱，但开元通宝是此后近300年间最重要的货币。

开元通宝钱径2.4厘米，和汉五铢大小差不多。它的重量为2.4铢，即一两的1/10。也就是说，10枚钱重24铢，恰好是一两。因为2.4铢这个数目用起来不方便，后来唐人就将“钱”发展成一个新的衡量单位：十钱等于一两。中国古代重量进位很复杂，“钱”的引进是改为十进位的关键。以后中国历代铸钱，大小和轻重都取法开元钱。“钱”这个重量单位，就从唐朝开始沿用至今。

开元通宝轮廓深峻，钱文端庄匀称，铸造精良规范。其外圆内方的造型，继承了北魏和隋五铢的传统，钱文却别出心裁，既不是像以往那样以重量命名，如“半两”、“五铢”等，也不用年号，而是改称“通宝”。作为纯粹的货币符号，这一名称一直沿用到清末，历时1300余年。此后，还衍生出“泉宝”、“元宝”、“重宝”等等。货币称“宝”，说明它流通的范围和发挥的作用都比过去扩大了。开元通宝面世八十余年后，日本奈良时代的元明天皇铸造了“和同开宝”货币，其形制、重量及钱文也均效仿开元通宝。

“开元通宝”四字钱文是欧阳询书写的。欧阳询和虞世南、褚遂良、薛稷被誉为唐初四大书法家。《旧唐书·欧阳询传》称其书“初学王羲之，后更渐变其体”。他学书不仅学其形，而且善于揣摩，力求尽悟他人笔画工巧和意态风神之妙。欧阳询独创的笔力险劲的“欧体”，在当时已名重长安，受到人们的喜爱追捧，成为学书者争相效仿的楷模。甚至于朝鲜半岛上的高丽国几次派遣使臣到唐朝求取欧阳询的书法，令唐高祖李渊也感慨不已。所以，由欧阳询来书写大唐开国钱文

开元通宝

在当时也是众望所归。欧阳询是位全能书家，“八体尽能，笔力劲险，篆体尤精”。所谓八体，指大小篆、隶（八分）、真（楷）、行、草以及飞白、章草等。但欧阳询所写钱文并没有使用传统的篆书，而是采用八分隶体，方圆兼备，端庄浑厚，很能显示唐文化兼容并包的博大胸襟。用隶书作钱文，从三国时已开始出现，但开元钱影响极大，从这以后的钱文多效仿之，一般都不再采用篆书了。

唐朝以年号做钱文的很多，如高宗的“乾封泉宝”、肃宗的“乾元重宝”、代宗的“大历元宝”、德宗的“建中通宝”以及武宗的“会昌开元”等，但高祖李渊的年号是武德。“开元”，顾名思义，是开创一个新纪元的意思。“通宝”自然是通行宝货之意。读取顺序以钱范为标准，先上后下，次左再右。然而有趣的是，唐代还有旋读钱文为“开通元宝”的，意思是开始通行的主要货币。《旧唐书·食货志》虽然承认这种读法“其义亦通”，但却称之为“流俗”。规范的读法当然是“开元通宝”，这一语义让人更能感受大唐王朝开拓进取、蓬勃向上的时代精神风貌。

开元通宝还有一种独特的现象非常有趣，那就是在一些钱的背面有着星点、月亮或太阳，还有星月在一起的。更有一种开元钱，它的穿孔上面有︶或︵纹，据说这是工匠进呈钱模蜡样时，被皇后掐的指甲印，铸钱工匠不敢擅碰圣迹，结果就遗留在钱背上。还有人把这传说具体到是杨贵妃的指甲印，为此金朝有个诗人写下这样的诗句：“金钗坠地无因见，藏得开元一捻痕。”

值得一提的是，除了开元通宝，唐代另一种大量用做货币的是绢帛。盛唐时期的开元年间，玄宗皇帝针对百姓较之绢帛更喜欢要钱的现实，曾经颁布过两道诏敕，其大意是：绫罗绢布在市肆可以等同货币交易，对那些只收钱的违者，准以违法论罪。凡购买庄园、家宅等不动产以及从事奴婢、马驼等高额交易时必须使用绢布绫罗丝棉等，违者科罪。在新疆吐鲁番发现了一份天宝二年(743年)交河郡的物价表，其中价格几乎都是用钱来表示，但马、驼类就是用大练、小练的疋数来表示的。中唐诗人白居易的著名诗篇《卖炭翁》有句：“一车炭，千余斤，宫使驱将惜不得。半匹红绡一丈绫，系向牛头充炭直。”这虽然是在讥讽宫廷中人欺凌百姓，但也可略见绢作为货币之一般。其实，不仅私人经济如此，朝廷的租税收入、庸调全用绢帛；官吏的月俸本以钱计，但有时也用绢帛充之。皇帝赏赐用绢帛更是习以为常，官僚死后按唐制赐予的丧葬费也是用绢帛代替的。

43

唐三藏本人留下的文物

玄奘题名石佛座

*

梁 丰

唐
边长51、高43.5厘米
陕西铜川采集

这件石佛座是1977年在铜川玉华寺遗址采集到的，由方形底座和莲花座两部分组成，莲花座的中间有安置佛像的长方形凹槽。佛座看上去朴实无华，上面的佛像也早已不知去向，但佛座侧面一边刻有“大唐龙朔二年（662年）三藏法师玄奘敬造释迦佛像供养”二十字，却使这件文物非同寻常，因为它和玄奘大师有关。

玄奘俗姓陈，名祎，是唐代洛州缑氏人（今河南偃师）。他是唐代著名的高僧、旅行家、卓越的佛经翻译大师。

玄奘大师西行取经的故事家喻户晓，但求法的目的是为了弘法。所以，玄奘一生的事业划分成两个阶段，第一阶段是他从627年踏上西行求法之路到645年带着600多部佛经和许多佛像载誉回到祖国。《西游记》小说就是后人根据他的这段经历改编而成的。与充满神怪的《西游记》不同，玄奘应唐太宗李世民的邀请，口述了自己赴印度游学所经过的138个以上国家、城邦和地区的物产、风俗及所见所闻，由弟子辩机记录并整理出一部《大唐西域记》。此书蜚声中外，至今仍是研究中亚、南亚地区古代史和宗教史以及中外关系史的重要文献。玄奘的第二阶段是从回国当年开始，他婉拒了唐太宗让他还俗从政的邀请，不舍寸阴地投身到翻译佛经的事业中去，直至664年逝世。巧合的是，这两个阶段几乎各用去了他生命中的19年光阴。

玄奘以其个人魅力使他的译经活动成为尊崇道教的唐太宗和高宗两代皇帝赞助的国家项目。翻译大部头的佛经，必须有许多人的分工合作。比如，先要由通晓梵文的人把经文译成汉语。因佛经原本是口口相传下来的，所以精通佛典的人还需要对经文加以校正，然后再由有中文修养的人根据佛经的原意连缀成文。此外，还要有专人负责抄录、誊写、校对等等。玄奘在长安组织了专门的译场，从全国邀请精通佛学、汉语造诣高的高僧参加译经工作。由于缺少兼通梵、汉文的人才，唐代以前所译佛经存在着有的直译却缺少文采，有的意译却失去教义本真的现象。而玄奘有着良好的国学基础，在印度留学多年，精通佛学、梵文，对中、印文化都有非常通透的了解，这些条件是其他人所无法相比的，所以他能总结前人的翻译经验，自创新风。玄奘的翻译忠实原本，行文流畅，同时他凭借对佛典的透彻理解，并不拘泥于原典。据记载，玄奘的弟子在翻译一部佛经时，对经文产生了疑问，就去请教他，玄奘看后往经文里加上了 16 个字。弟子奇怪一向严谨的师父为何这样做，就问：这几句话梵本中没有吧？玄奘回答：我根据佛经的意思酌情添加的。弟子又说：您怎么可以把凡人的话加入圣人之言呢？玄奘回答：这段经文有错，我早就知道了。这个故事生动说明了玄奘译经的特点。玄奘共翻译了经论 75 部，总计 1335 卷。他的译经态度严谨、数量巨大、质量上乘。现在仍然矗立在陕西西安的大雁塔就是玄奘向高宗皇帝请求建造用以放置这些佛经的，他亲自参与了施工劳动。而大雁塔所在的大慈恩寺就是当年玄奘译经的地方。

发现这件石佛座的玉华寺本是唐代的一处行宫，始建于唐高祖武德年间，原名仁智宫，唐太宗时经过扩建，更名玉华宫。高宗时下诏废玉华宫为玉华寺。659 年，玄奘自感身体不济，为了在有限的生命时间里更多地译经，他征得高宗皇帝同意，离开了繁华喧闹的都城长安住进这里，从此再也没

玄奘题名石佛座

有离开，直至麟德元年二月（664 年）在此圆寂。玉华寺成了玄奘生命的归宿地。

玄奘一生不蓄资产，所得施赠全部用来造塔及写经造像，或者布施贫穷以及外国僧侣，随得随散，广修功德。玄奘住进玉华寺后，这里的造像活动也随之进入到高潮。1977 年，考古工作者对玉华寺遗址进行了调查，发现有佛教遗迹多处。这件佛座及其上面的释迦佛像的施主就是玄奘，不过造此像时的龙朔二年是玄奘逝世前两年，当时他已经身力衰竭、常感无常将至，所以在玉华寺带病拼全力翻译《大般若经》。玉华寺的僧众和随他来此的译经僧们为了向释迦牟尼佛祈祷玄奘法师康健、完成《大般若经》的翻译，就代他修造了这尊造像。

石佛座刻文

《大般若经》

《大般若经》全称《大般若波罗蜜多经》，是佛教般若类经典的汇编，600 卷。“般若波罗蜜多”意为“通过智慧到彼岸”。该经认为世俗认识及其面对的一切对象，均属“因缘和合”，假而不实，唯有通过“般若”对世俗认识的否定，才能把握佛教“真理”，达到觉悟解脱，为大乘佛教的基础理论。据《大慈恩寺三藏法师传》载：玄奘从西域带回三种梵本，翻译时，如有疑惑，即参照所带来的梵本详加校定。其中的 481 卷为玄奘新译，其他属重译。（梁　丰）

44

高踞雕甍阅废兴

兴庆宫莲花纹瓦当

*

梁 丰

唐
直径 13–15.5 厘米
陕西西安出土

这些瓦当是兴庆宫遗址出土的，虽然它们只是这座宫苑屋檐上的瓦件，却目睹过唐玄宗李隆基敬兄爱弟的一段佳话，也见证过他如何成于忧患、败于安乐的盛衰故事。

长安城共有三处皇宫，最早的一处叫太极宫，位于外郭城北部中央。据史书上说，太极宫由于地势低洼，夏天十分炎热潮湿，唐太宗李世民为了向天下万众表现孝道，就在长安城北禁苑中的龙首原高地上为父亲李渊营造避暑的夏宫大明宫。后来，高宗李治对大明宫进行了大规模的再建工程，663 年大明宫竣工，并从此取代太极宫，作为皇帝居住和处理朝政的地方，成为唐代政治生活的中心。兴庆宫则位于外郭城春明门内街北，原是玄宗李隆基任临淄王时的藩邸。玄宗登基后，仍留恋自己的龙兴之地，于是就把位于长安城兴庆坊的这处府邸扩建成一座新的宫苑，并经常在那里起居听政。兴庆宫平面呈长方形，南北长 1250 米，东西宽 1075 米，周长 4.6 公里多。宫城四面设门，正门兴庆门在西城偏北部。在宫内南部还有一狭长的水池，名龙池。龙池以北为宫殿区，南为皇帝宴游的园林区。著名的勤政务本楼和花萼相辉楼就建在宫城的西南角。在勤政务本楼遗址发掘出琉璃瓦和大量的莲花纹方砖等，表明其建筑相当豪华壮丽。花萼相辉楼，取意《诗经》：“棠棣之华，鄂不韡韡，凡今之人，莫如兄弟。”意思是说棠棣树开的花，鲜亮光彩，花与萼同气相连好比兄弟。当今世上，亲莫过于兄弟。这座楼正是玄宗为欢宴兄弟，以笃友爱而兴建的。

历史上皇家为争夺帝位而骨肉相残的事例不胜枚举，唐太宗李世民也是通过弑兄杀弟的“玄武门之变”当上皇帝的。玄宗也不是以嫡长子的身份继承帝位，他汲取前朝宫廷流血斗争的惨痛教训，为了安抚好同父异母的五位兄弟，得到他们的拥戴以稳定自己的皇位，非常重视兄弟之情。他同弟兄们的友爱也因此在历史上出了名。

李隆基和李宪同是唐朝第四代皇帝睿宗李旦的儿子，高宗和武则天的孙子。公元 710 年平定韦后之乱后，李旦当上皇帝，但立太子的事让他踌踌不定。按照传统礼制，长子李宪当立为太子，但三子李隆基在平乱中功绩卓著，有才干又有实力。李宪看出父皇的为难心事，就主动进言说：储君是天下的公器，时势太平时就先立嫡长，国难当头就应该先立有功之人。如果不是这样，会让海内失望，这不利于社稷，所以我力请退让。李宪恳切的陈述得到了群臣的赞同，睿宗遂立李隆基为皇太子。不久，睿宗内禅，李隆基便当上皇帝。玄宗即位后，也始终坚持尊兄爱弟，为五个兄弟各自建了豪华的宅第，称为“五王府”，他常到诸王家中看望留宿，呼兄唤弟，叙享家人之情、天伦之乐。五王府的对面就是花萼相辉楼，他时常召集兄弟们在楼里宴饮，一同讲经论道，赋诗弹唱，下棋打球，斗鸡玩鹰或者外出走马狩猎。他还命人缝制了长枕大被，常常和弟兄们同起同卧。如果有兄弟生病，玄宗终日寝食不安，忧形于色。一次，薛王李业生病，玄宗亲自为他熬药，因为吹火烧着了胡须，左右都惊叫赶来抢救，他却说，只要兄弟吃了药能病愈，胡须有什么可惜的！不仅如此，玄宗对兄弟还能表现出宽容大度。岐王李范曾私自结交善弄谶纬神术的裴虚己等人，玄宗流放治罪了裴等，但对李范却原谅说：我们兄弟本来亲密无间，是那些趋炎附势的小人硬要巴结，我绝不因此而责备弟弟。李宪病逝，玄宗号啕失声，认为兄长推让皇位，有高世之风，因此册封李宪为“让皇帝”，并亲自撰写了一篇文情并茂的祭文，表达了对兄长的深厚情谊。

玄宗一方面对兄弟友爱，让他们尽享荣华富贵，同时也严格防范，不给他们政治实权。他曾伺察诸王动向，得知长兄宁王李宪即使夏日也常挥汗如雨地击鼓为乐，看的书是龟兹乐谱，非常高兴。他说：“天子兄弟当极醉乐耳。”所以，玄宗的几个兄弟个个安分恭谨，从不参与军国大事。他们或流连于金石书画诗文翰墨，或忘情于声色犬马灯红酒绿，虽都没有什么作为，却都善终天年。这也是玄宗为帝之道的过人之处吧。

玄宗自幼聪睿英武，才智过人。他26岁做临淄王时，就起兵一举铲除了篡权乱政、企图亡李兴韦的韦皇后和安乐公主集团，拥戴自己的父亲登基做了皇帝。28岁即位，他又镇压了皇姑太平公主集团的阴谋政变，从此结束了唐王室连续多年的内部纷争。正是由于唐玄宗的励精图治、任贤纳谏、兴利除弊、锐意改革，使唐王朝迅速进入了开元、天宝的全盛时期。但遗憾的是，面对这一片太平富足气象，唐玄宗日益陶醉于自己的文治武功中，渐渐变怠惰了，变奢侈了，变骄横了，变昏庸了。他已忘记了当年亲自为兴庆宫的新楼题名为“勤政务本之楼”的自我勉励。五十多岁以后，玄宗日日沉溺于和杨贵妃寻欢作乐，“从此君王不早朝”，还心安理得地说：

兴庆宫莲花纹瓦当

“朕今老矣，朝事付之宰相，边事付之诸将，夫复何忧。”终于导致了安史之乱的爆发，使唐王朝由全盛走向衰落。

大明宫遗址

大明宫遗址的平面，南部呈长方形，北部呈梯形，周围共7.6公里多，面积约3.2平方公里，是北京明清故宫的4.5倍。共有11个城门，正南门丹凤门为5门道，东西长200米，较天安门跨度还要大，是迄今发现隋唐城门规模最大的一处。宫内南部正中有含元殿、宣政殿和紫宸殿。正殿含元殿是皇帝每逢元旦、冬至举行朝会大典的地方，建造在高出平地15米的三层平台上，望之“如在霄汉”。主殿东西两侧有上殿的龙尾道，殿前左右建有栖凤阁和翔鸾阁。宫内北部有清波荡漾的太液池园林区以及与道教有关的三清殿等遗址。周围有麟德殿等殿址。麟德殿是宴会和接见外国使节的地方，据说能容纳3000多人宴饮。

（梁　丰）

45

激烈惊险的体育竞赛项目

含光殿球场石志

*

梁 丰

唐
边长53.5厘米
陕西西安出土

这块球场石志是1956年在唐长安城大明宫遗址出土的，上刻“含光殿及球场等，大唐大和辛亥岁乙未月建”字样。说明这个球场是在唐文宗大和五年，即831年建造。大明宫位于唐长安城北禁苑中的龙首原上，因位在太极宫的东北面，故亦称“东内”。此处是高宗以后的主要朝会之所。含光殿的位置在西城右银台门外，南邻西内苑。据记载，在唐代长安城内，皇帝起居的宫城中有多处球场，达官贵人亦多于私宅内辟球场。马球在唐朝是一项由太宗皇帝首倡，渐波及民间、军中，终于风靡各地的竞技运动。

马球是马上打球的群体活动，一般分做两队，人数不拘，设裁判。球门依参赛人数多寡设一或两个，一般是一块木板，板心挖一圆洞，后接网囊盛球。赛前要宣布赏格，以破门为胜，胜者获奖。比赛中，或奏乐助兴、或击鼓助威。马球的大小如拳，为轻

含光殿球场石志

韧的空心木球，红色。球杖也是木质，长数尺，杖头似弯月，有些类似今天的冰球球杆。球场的大小不等，但要平坦，以便跑马驰骋，讲究的球场甚至还要洒上油，使之更加光滑。正式比赛时还要穿专门的球衣。所骑马匹都将尾巴束起，以防争抢中马尾相互缠绕。在《古代中国》隋唐五代部分的社会生活单元，和这件球场石志在同一展柜展示的还有一组五件陕西西安韦洞墓出土的女子打马球彩绘陶俑，她们身着紧身服，手拿的木质球杖已朽失，但她们策马击球的身姿、神情仍栩栩如生。陕西乾县唐章怀太子墓中的《打马球》壁画，更是把男子马球比赛时的风驰电掣、惊心动魄的场面表现得淋漓尽致。

唐代皇帝喜好打马球的人很多，并不乏球艺出众的健将高手。据说，唐玄宗李隆基当临淄王时经常带人外出游猎、打球。有一次，吐蕃遣使迎接和亲公主，中宗皇帝让宫中的士兵、太监们与吐蕃使者打球比赛。吐蕃人勇武而且擅长骑射，球技也好，使唐朝球队有些难以招架，连着输了几个回合。中宗很扫兴，就命令临淄王李隆基带领驸马、亲王等一行四人，与吐蕃十人较量。李隆基当时英姿勃勃，纵马东奔西突，所向无敌，把吐蕃使者打得无法抵挡。唐玄宗登基后，政事之余，仍然时常打马球作乐，直至暮年。以致他身边的优人黄幡绰进言说：大家（皇帝）年纪不轻了，圣体又重，万一有闪失，天下还有什么指望？况且自己驱驰奔波，有什么乐趣？还不如坐在旁边看别人打呢！玄宗觉得他言之有理，才不再上场打球了。僖宗对自己的球技尤为自负，他曾经说，我如果应试打球进士的话，能得状元。唐代军中更是盛行马球，这项活动不仅可以娱乐犒军，而且剧烈的马上竞技对抗运动还能训练将士，所以许多地方都建有马球场。“中兴名将”李光弼就曾在军中打球消遣。文人雅士也不示弱，京师长安每当进士放榜后，会有一系列名目繁多的宴集，其中清明前后进行的月灯宴，是以月灯阁得名，而其主要的节目就是新进士打球。他们在这里击球竞技之后，举杯畅饮，何等豪迈。这场激烈的赛事，往往会吸引无数的观战者，以致“四面看棚栉比”，争相一睹新进士及第后的豪举。五代人撰写的笔记小说《唐摭言》生动地记载了发生在唐末的一次比赛。那天，新进士聚集于月灯阁打球，这时忽然来了一批兵士，球场被兵士所占，新进士对这般武人无可奈何。这时，其中有个叫刘覃的说：我去打打这帮人的骄气，让他们退走！说罢，他纵马执杖，冲向正在打球的兵士说：新进士刘覃想奉陪，可以吗？兵士们似乎看轻这一介书生，就让他一起打球。只见刘覃驰骤击拂，风驱电驰，令兵士们目不暇给。一会儿，刘覃控得一球，朝空击去，兵士们目瞪口呆，不知球之所在，终于甘拜下风，

含光殿球场石志刻文

惭沮离去。月灯阁下观战的有数千人，“因之大呼笑，久而方止”。刘覃的高超球技说明唐代有些文士有多方面的才能，并不都是后人想象的文弱书生。

关于这项马上打球运动的起源，据考证发源于波斯，波斯语称之为波罗。后西传至君士坦丁堡，东传进入中国的西藏、印度等地。马球可能是唐朝初年从西域直接传进长安的，从此，历唐、宋、元、明而不衰。日本、高丽的马球之戏则是从中国传过去的。

唐代狩猎运动

唐代另一项展现个人体能、胆略、骑术、心理素质以及集体配合的运动是狩猎。太宗李世民曾说：“大丈夫在世，乐事有三：天下太平，家给人足，一乐也；草浅兽肥，以礼畋狩，弓不虚发，箭不妄中，二乐也；六合大同，万方咸庆，张乐高宴，上下欢洽，三乐也。”太宗不仅喜欢打猎，而且技术高超。据说，一次在洛阳苑打猎时，一群野猪突出林中，太宗引弓射箭，四发射杀四野猪。太宗的弟弟李元吉更是沉湎此道，自称“我宁三日不食，不可一日不猎”。相传，在长安城太极宫的玄武门上曾绘过玄宗李隆基一箭射中两猪的图画，说明他也是个射猎高手。上有行者，下必效之。大量出土的狩猎图壁画、狩猎陶俑，以及反映在丝织品、铜镜和金银器皿上的狩猎纹样，都生动地说明了唐代狩猎之盛。

（梁　丰）

46

神秘的秘色瓷

越窑秘色瓷葵口盘

*

耿东升

唐

高 4.6、口径 24.8 厘米

陕西扶风出土

越窑（寺龙口窑址）是我国古代南方名窑之一，是青瓷发源地，烧造历史悠久，始于东汉时期，唐五代时达到鼎盛，止于南宋，前后经历了 1000 多年。窑址主要分布在今浙江上虞、余姚、慈溪、宁波等地，这里原为古越族人居住地，东周时为越国政治中心，唐时称越州，越窑因此得名。唐代中期，慈溪上林湖窑产品因质地超众，被朝廷选为贡瓷，并置官监烧。越瓷色泽秀雅，如清水般的湖绿色釉为越窑瓷器中最美的颜色。品质精美晶莹的越窑备受文人雅士推崇，陆羽在其名著《茶经》中认为"越州上"，它"类玉"、"类冰"，是"天下第一"，也是唐代六大青瓷名窑之首。越窑烧造品种十分丰富，有碗、盘、壶、瓶、罐、盒、罂等。碗的造型多样，有荷叶碗、海棠碗、菱花口碗等。晚唐五代吴越国王钱氏时期，越窑烧造供奉之器，"臣庶不得使用"，故称"秘色瓷"，并进贡中原朝廷。徐夤奉闽王之命，于同光元年（923 年）出使后唐朝贡时作《贡余秘色茶盏》诗："捩翠融青瑞色新，陶成先得贡吾君。巧剜明月染春水，轻旋薄冰盛绿云。"古代文献记载有吴越国进贡中原王朝秘瓷之事，《十国春秋》中记载吴越宝大元年（924 年）、后唐清泰二年（935 年）、后晋天福七年（942 年），吴越王前后三次向中原后唐、后晋进贡秘瓷，其中包括"金棱秘色瓷器二百事"。《十国春秋》也记载吴越王在北宋开宝二年（969 年）至太平兴国八年（983 年）约十五年间，向宋进贡秘瓷八次，其中包括"金钿越器"、"金银瓷器"等秘色瓷。《宋会要》也记载宋神宗熙宁元年（1068 年）越州贡秘色瓷器五十事。宋代赵德麟在《侯鲭录》中有"今人秘色瓷器，越州烧进，为贡奉之物，臣庶不得用"的记载。宋人周辉《清波杂志》也记有"今之秘色瓷器，世言钱氏有国越州烧

越窑秘色瓷葵口盘（侧视）

进，为供奉之物，臣庶不得用，故云‘秘色’”。“秘色”一词最早见于唐代陆龟蒙的《秘色越器》诗中，称赞秘色瓷是“九秋风露越窑开，夺得千峰翠色来”。但何谓秘色，一直众说纷纭，或认为是“香草色”，或认为是“碧色”，人们只能从诗文里领略它的风姿。千百年来，对秘色瓷的真相一直苦苦探寻，前贤后学，见仁见智，莫衷一是。直至1987年，陕西省法门寺塔唐代地宫中出土唐懿宗用来供奉释迦真身舍利的一批精美供器，从而破解“秘色瓷”的谜底。

越窑秘色瓷葵口盘（俯视）

法门寺位于陕西省扶风县法门镇。在法门寺地宫中出土了佛指舍利及一大批唐朝稀世珍宝，其中有121件金银器，17件琉璃器，13件已失传的“秘色瓷”器，还有700多件锦、绫、绣等各类织品。文物种类丰富、量多质优、做工精湛、保存完好，十分罕见。这一重大考古发现在国内外引起巨大轰动。据专家考证，法门寺始建于499年前后的北魏时期，唐朝臻于全盛，它以皇寺院的显赫地位，以七次开塔迎请佛骨的盛大活动，对唐朝佛教、政治产生了深远的影响。在法门寺发掘中，13件置于地宫中室并用纸包在一起的青瓷，在《衣物帐》上注明为：“瓷秘色碗七口，内二口银棱；瓷秘色盘子叠（碟）子共六枚。”地宫出土秘色瓷是唐代懿、僖二宗于咸通十四年（873年）迎奉佛指而瘗埋的供养品。千年谜底就此揭开。

出土的秘色瓷葵口盘造型仿自金银器，器形规整，质地坚致细腻，釉色青翠莹润，光彩照人，釉质匀净光亮，玲珑剔透，如冰似玉，尘封千年仍旧莹润如新，为晚唐秘色瓷的精品。法门寺地宫发现的秘色瓷，终于使云雾萦绕的秘色瓷重现天日，并成为越窑秘瓷断代研究的标准器物，补史证史，意义重大。

47

湘风映楚些，字字是南金

长沙窑青瓷题诗句注子

*

耿东升

唐

高19、口径9.5厘米

湖南长沙出土

器敞口，粗颈，短流，腹作瓜棱形，弓形鋬，平底。器施青釉，腹部有褐彩题诗："去去关山远，行行湖地深。早知今日苦，多与画师金。"诗的内容是写汉元帝时王昭君出塞与匈奴单于和亲，故"行行湖地深"中的"湖"本应作"胡"。该壶为唐代长沙窑制品。

长沙窑窑址在湖南省长沙市铜官镇及书堂乡石渚湖一带，创于初唐，盛于中晚唐，衰于五代，是唐代重要的瓷窑之一。唐代诗人刘言史咏茶诗有："湘瓷泛轻花。"《水经注》记载："铜官山土性宜陶。"唐代长沙窑制品种类丰富，出现了花形、瓜果形、仿动物形和仿金属器式样的酒壶和酒盏。釉色有青釉、褐釉、白釉和绿釉。以彩色斑点装饰有青釉褐斑、青釉褐绿斑和白釉绿斑。除釉彩装饰外，还有贴花、雕刻、镂空、堆塑等技法。长沙窑大量使用釉下彩工艺装饰瓷器，它具有独特的艺术风格，突破了唐代青瓷的传统，为瓷器装饰开辟了新的途径。长沙窑烧造的瓷器上常题写诗句，书法以行书、草书体为主，用笔潇洒豪迈、遒劲奔放。当时，该地生活着很多文人墨客，李白和杜甫也曾多次到过长沙，并写下了不少与荆湘风物有关的诗文。这里的壶上多书以五言绝句的通俗诗，或格言，谚语及警句。内容涉及爱情婚姻、伦理道德、规劝箴言、处世哲学、边塞征战等。如写爱情婚姻："新妇家家有，新郎何

长沙窑青瓷题诗句注子

注子上的题诗

处无。论情好果报，嫁取可怜夫（此处的‘可怜’为‘可爱’之意）。”本文介绍的这件注子上的诗句则是对历史悲剧人物的同情和惋惜。

长沙窑产品除了供应国内，还远销海外，在日本、朝鲜、东南亚等地都发现有长沙窑瓷器。1998年，在印尼勿里洞岛海域附近发现了一艘唐代阿拉伯籍“黑石”号沉船，装载着经由东南亚运往西亚、北非的中国货物，打捞出水的文物有金银器、铜镜、瓷器等，仅瓷器就达到67000多件，包括长沙窑、越窑、邢窑、巩县窑瓷器，其中长沙窑瓷器有56500件。器物以碗为主，其次为水注，还有杯、盘、盂、盒、罐等。其中一只碗上书有“湖南道草市石诸孟子有名樊家记”，说明是来自长沙窑。还有带有阿拉伯风格的图案和装饰的瓷器是为了适应西亚市场需求而生产的。“黑石”号沉船为研究唐代长沙窑等窑的外销以及海上陶瓷之路提供了重要的参考资料。

水注是唐代长沙窑的典型器物，1983年湖南省文物部门对长沙窑窑址进行了科学发掘，发掘面积达760平方米。出土陶瓷器7211件，器形有70种，其中注子的数量高达1980件，可见注子为长沙窑烧造的重要品种之一。

48

“转运四周而炉体常平”的熏香器

鎏金银香囊

*

梁 丰

唐
高 5.1、口径 4.8 厘米
陕西西安出土

这件文物是唐代的熏香用器，1963 年西安沙坡村出土。同时出土这种香囊共有四件，体形大小基本相同，应该是一个人或一个作坊制作的产品，制作年代不会晚于 8 世纪中叶。过去考古和博物馆工作者按其形状和用途称它为“熏球”。1987 年陕西扶风法门寺塔基地宫出土了两件唐代“熏球”，从记载地宫藏品的《法门寺物帐》上记述银器时称：“香囊二枚，重十五两三分”，与出土器物正合，因此可知这种圆球形的金属熏香器物被唐人称作“香囊”。

燃香可以驱虫除秽、怡神醒脑，还有宗教仪礼作用，中国先秦时期已有熏香的风习。汉代的考古资料中有大量熏香用器，如用金属、陶瓷制造的各种熏炉、博山炉等。但最让人感兴趣的是汉代有一种炉体任凭运转却能始终使内部的香盂保持水平的香炉。《西京杂记》是这样记载的：汉代都城长安有位叫丁缓的能工巧匠，他做出了一种卧褥香炉，又叫被中香炉。这种器物前人已发明，后来失传，由丁缓重新制做出来。香炉的奇特之处是“为机环，转运四周，而炉体常平，可置之被褥，故以为名”。汉代的这种熏香器目前尚未发现实物，而我们展出的这件唐代香囊机巧别致，或可以根据它对丁缓香炉的内部结构窥知一二。香囊由两个半球组成，有子母口可以扣合。下半球内装有两个同心圆机环和一个盛放香料的香盂。大的机环与外层球壁连接，小机环分别与大机环和香盂相连。使用时，由于香盂本身的重力作用和两个同心圆机环的机械平衡，无论香囊如何滚动，里面的香盂都可以保持水平状态，香灰不会倾撒。这种作用原理在今天的航空陀螺仪上仍在运用，可见其中的科技含量不低。香囊外壳通体透雕着精美花纹，它可不仅仅是为了美观，香气就是通过这些镂空袅袅

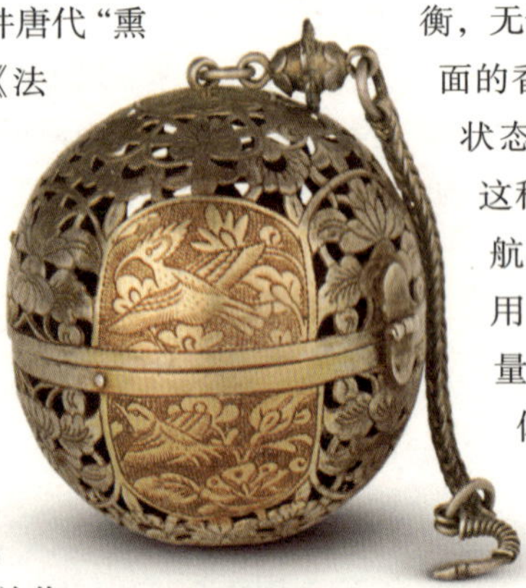

鎏金银香囊

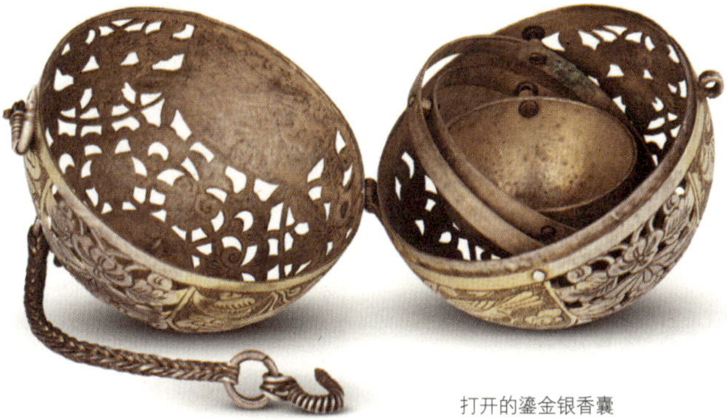

打开的鎏金银香囊

散发出来的。香囊上有链条，上部有弯钩，这样既方便佩戴在身上，也可以悬挂在室内帐中。

这种熏香用具目前国内发现了 8 件，直径多在 5 厘米左右，但法门寺塔基地宫出土的一件，器宽 12.8 厘米。日本正仓院还收藏了一件器宽 18 厘米、器高 18.8 厘米的银香球，上面没有吊链，说明不是用于悬挂或佩带的。它放于铺褥中可以随意滚动，是真正的“被中香炉”。这种金属香囊，唐代只有上流社会的贵族能够拥有，与它相关，《旧唐书·杨贵妃传》还记载了一则香销玉殒的凄惨故事。安史之乱时，唐玄宗带着杨贵妃等亲信仓皇逃离长安，途经马嵬坡时，护驾兵士哗变，他们团团围住玄宗躁动喧嚣着。玄宗不明原因，询问后方知兵士的意思。他们认为：杨贵妃的兄弟杨国忠谋反，贵妃已不合适侍奉在皇上身边，皇上应该大义灭亲，将贵妃割恩正法。年逾七旬的玄宗迫于众怒，万般无奈只得将同自己朝夕相伴十七年的爱妃赐死，并草草就地掩埋。一年多后，玄宗结束流亡生活回到长安，但对杨贵妃仍念念不忘，就密令高力士开墓改葬贵妃。据记载，当挖开旧冢时，杨贵妃“肌肤已坏，而香囊仍在”。这段记载表明，杨贵妃佩戴的很可能就是这种不易腐蚀的金属香囊。

唐代以前，中国对金银器的重视程度不够。此后由于金银开采、冶炼和制造技术已达到相当高的水平；国强民富，财富的聚集和相对自由让大唐帝国享乐奢靡之风盛行，使用金银器物成了时人的追求。另外，丝绸之路在唐代进入空前鼎盛时期，西方大量的金银器纷纷输入中国，为唐代金银器突飞猛进的发展提供了绝好的参照物。正是在这种情况下，唐代工匠以极大的热情和惊人的创造力，从早期的模仿西方一跃发展到盛唐时期摆脱西方模式，从器形、纹样乃至工艺创造出崭新的具有民族风格的金银器。这件鎏金银香囊无疑就是唐代金银器进入成熟时期的杰作。

49

誓书铁券，可免九次死罪

钱镠铁券

*

梁　丰

唐

长 52、宽 29.8 厘米传世品

这件铁券是国家一级文物，陈放在《古代中国》隋唐五代部分，呈覆瓦形，正面嵌有唐昭宗于乾宁四年、即公元 897 年赐给钱镠的金字诏书 333 字。诏书的内容包括钱镠的爵衔、官职、邑地和种种据以受封的功绩，最后还信誓旦旦地写到："使卿长袭宠荣，克保富贵。卿恕九死，子孙三死。或犯常刑，有司不得加责。"意即皇上向钱镠保证让他永保荣宠、享受富贵。对钱镠本人可以免除九次死罪，其子孙后代可以免除三次死罪。若触犯了国家的其他法律，有关官员也不得过问。

唐昭宗李晔是唐朝倒数第二位皇帝，公元 889 — 904 年在位。钱镠字具美，杭州临安（今浙江临安）人。他出身低微，少年时贩过私盐，唐末，投军临安石镜镇将董昌，追随他敉平反抗朝廷的浙西镇遏使。之后，他领兵镇压南下临安的黄巢农民起义军。893 年，唐以董昌为威胜军节度使，钱镠为镇海军节度使。乾宁二年，董昌自立称帝，钱镠发兵攻打，986 年攻占越州，杀董昌。唐任命钱镠为镇海、镇东两镇的节度使，兼有浙东和浙西之地。唐朝自中叶遭受安史之乱以来，国势日衰，外有藩镇割据，内有宦官专权。到昭宗时，唐王朝已是岌岌可危。节度使的权势越来越大、藩镇割据的局势已无力挽回。为了安抚这些骄横的节度使，昭宗只得采取笼络政策，以求苟安一时，维系统一的表象。这件金字铁券诏书就是昭宗用来拉拢钱镠的。钱镠势力强大时占地十一州。其子孙又占福州（今属福建）、置秀州（今浙江嘉兴），共十三州。902 年，昭宗又封钱镠为越王。哀帝登基后，继而封钱镠为吴王。唐朝的末代皇帝们虽然对钱镠恩宠有加，但他只考虑现实利益，目的在于自保图存，所以"善事中原"成为钱镠和他的子孙们奉行的一贯政策，即向任何一个中原王朝都称臣进贡。后梁代唐的时候，诗人罗隐曾在钱镠的幕府中，劝钱镠起兵讨梁，事若不成，就割据杭、越，自建名号，不要向朱温称臣。罗隐讲的虽有道理，钱镠也敬重罗隐的品格，却不肯采纳他的主张。907 年，后梁封钱镠为吴越国王。

钱镠偏安一隅，但他在境内还是做了一些值得称道的事情。钱镠晚年礼敬文士，使吴越境内的文化有所发展。在他在位期间，还筑造了捍海石塘，这是功在当代、造福子孙的大好事。杭州钱塘江沿岸都是河口冲积平原的沙岸，性软易溃，而潮水非常强，所以为患极大，至迟在南北朝时期，随着江南地区逐步得到开发，当地劳动人民就开始修筑捍海塘堤。但早期的海塘是版筑的土塘，经不起强大海潮的昼夜冲击，往往无法成功。据说钱镠对这种潮汐的破坏力很恼火，曾选派大量弩手，在浊浪排空而来的时候，迎头射箭，想压倒江潮的威风。这个做法虽然现在说来不免幼稚，但他勇敢地同自然斗争的精神还是值得称赞的。为了保障附近的民居、农田不遭水淹，必须建筑坚固的堤岸。钱镠总结修筑海塘的经验，采用了劳动人民发明的筑堤新办法“石囤木柜”法，就是用几丈长的巨竹剖开编成竹笼，将笼中装上巨石投入水中，堆砌成大石塘，然后再在滩上竖着打进一层层木桩护牢，这样就使石塘十分坚固了。吴越时修筑的海塘，经过 800 年的海潮冲击，到清朝雍正年间，还有一部分屹立在海岸上。吴越境内的水利工程不仅海塘一处，在太湖流域兴修水利，境内河浦，都造有堰闸，以时蓄泄；不畏旱涝，并建立水网圩区的维修制度。这些措施，都有利于境内农业生产的发展。吴越境内的手工业丝织、造纸，特别是陶瓷，都在唐代基础上进一步发展，这里烧的秘色瓷是越窑青瓷中的精品，闻名于世。

铁券至迟在西汉初年已经出现，它是皇帝颁发的一种诰命，作为赐给

钱镠铁券

铁券文字

功臣以保他及后代永享荣华富贵以及免罪免死等特权的凭证。它用铁制，是为了能够传给后世子孙。《水浒传》中的小旋风柴进，家里就有先朝赐予的铁券，该书第九回写到：柴进“是大周柴世宗嫡派子孙，自陈桥让位有德，太祖武德皇帝敕赐与他誓书铁券在家中，谁敢欺负他？”然而，自汉代以来，历代虽然颁发了不少铁券，但这件晚唐的钱镠铁券却是中国现存最早的实物了。1000多年来，它历经磨难，目睹了无数世事沧桑。

钱镠获赐铁券后，作为钱氏传世珍宝，一直供在王宫。978年，钱镠之孙纳土称臣归降北宋，宋室以优礼相待，并承诺钱镠铁券所享有的一切特权依然有效。元军南下灭宋时，钱镠后人携铁券逃亡，慌乱中不慎掉入河中淹死，铁券也不知去向。直到1331年，这件铁券才被渔民从水中打捞上来，因为在水中浸泡了五十多年，已经变黑，后半段金字大多脱落，所幸钱氏后人用10斛谷子将铁券购回。明清皇帝也多次亲览过铁券，乾隆皇帝南巡杭州，御览铁券后还亲做《观铁券歌》加以颂扬。抗日战争爆发后，钱氏后人将铁券藏于家中院内深井中，精心守护，终使铁券“世守不坠”。新中国成立后，钱氏后裔将这件宝物献给国家，1960年入藏中国历史博物馆。

50

自从陆羽生人间，人间相事学春茶

白瓷陆羽像及茶具

*

梁 丰

五代
陆羽像高 10、风炉与茶鍑通高 15.6、
茶瓶高 9.8 厘米
河北唐县出土

这套白瓷茶具不是日用品，而是一座五代时期的墓葬中出土的明器，计有煎茶用的风炉和茶鍑、点茶用的汤瓶等物。此外，还有一件白瓷人像，上身穿交领衣，下身着裳，戴高冠，双手展长卷，交脚趺坐，仪态端庄。此人装束姿容不类常人，但也并不是佛教或者道教造像，因和茶具伴出，故推测它是茶神陆羽像，所展书卷是《茶经》。据文献记载，由于陆羽所著《茶经》影响深远，自唐代后期起，人们有了把陆羽当作茶神供祭的风俗。卖茶人会把陶瓷做成的陆羽像供在茶灶上，生意好时用茶祭祀，生意不好就用开水浇烫。凡买茶达一定的数量，店家也会赠送一尊陆羽像。这种瓷像的制作前后延续了三个多世纪，数量应该不少，但目前能够辨认的，仅此一件。

陆羽字鸿渐，唐朝复州竟陵（今湖北天门）人，生活在 8 世纪。据说他出身很苦，是个弃婴，从小被一个僧人收养。但他自幼好学，喜欢诗文，虽然天天在寺院煮茶、做杂务，却不愿意长伴青灯古佛，于是，13 岁时逃离了寺院。陆羽为了谋生，做过艺人，虽其貌不扬，又有些口吃，但他幽默机智，演丑角极为成功，还编写过剧本。因为才华出众，陆羽受到了一位被贬谪到他家乡的官员的赏识和提携。这位官员亲自教习陆羽学问，并介绍他外出求学，使陆羽的学识长

白瓷茶神像

白瓷风炉与茶镬

进很快。8世纪中叶，正值安史之乱，陆羽跋山涉水，遍游长江中下游及淮河流域，亲身实践茶事并广泛收集有关茶的材料，然后隐居乡野，闭门著述，甚至朝廷征召他出去做官也辞而不就。

中国是茶的故乡，考古学家已在浙江田螺山发现了距今6000年的茶地遗址，并认为当时的茶树可能是人工栽培的。不过，茶在成为日常饮料之前，经历了一个漫长的药用阶段，现在意义的饮茶，是从2000多年前的西汉开始的。早先的饮茶方式很不讲究，煮茶和煮菜汤没有什么两样。东晋、南朝时，较精细的饮茶法才开始出现，茶具也逐渐从饮食器中分离出来，并博得了上层社会的喜爱，敬茶成为一种普遍的待客礼仪。尽管如此，饮茶仍仅局限于南方，北方地区并不好此道。直到8世纪盛唐以后，由于北方禅教大兴，习禅要求不寐不夕食，只许饮茶，饮茶才在北方渐成风俗。唐封演《封氏闻见记》卷六《饮茶》条记载了这一普及过程：“开元中，泰山灵岩寺有降魔师大兴禅教，学禅务于不寐，又不夕食，皆许其饮茶。人自怀挟，到处煮饮，从此转相仿效，遂成风俗。自邹、齐、沧、棣，渐至京邑。城市多开店铺煎茶卖之，不问道俗，投钱取饮。其茶自江、淮而来，舟车相继，所在山积，色额甚多”。

陆羽的《茶经》定稿成书大约在8世纪70年代前后，正是饮茶开始蔚为风尚的时候。它的问世，对唐代饮茶风气的进一步流行又起了推波助澜的作用。《茶经》是中国茶史上的一

白瓷汤瓶

部重要著作，也是世界上第一部茶书，全书分上中下三卷，共十节，七千余字，论述了饮茶的历史，茶的起源、性质，茶的产地，采茶的器具，制茶的过程，煎茶、饮茶的方法以及所用的茶具等等。《茶经》虽然篇幅不长，但内容丰富、条理明晰，推动了当时的饮茶活动，对后世研究茶史的著作影响也很大。所以像宋代梅尧臣所说，陆羽对茶事的贡献是：“自从陆羽生人间，人间相事学春茶。”

白瓷茶臼

唐代之前的饮茶方法多是煮饮，陆羽在煮饮的基础上加以改进，发展为煎茶法。《古代中国》隋唐五代部分第三单元是表现这一时期人们的衣食住行以及歌舞娱乐的，其中一个展柜陈放着这套五代时期的白瓷茶具。风炉和茶鍑是煎茶用器。煎茶的大致方法是先将茶鍑放在风炉上煮水，待水微沸，量出茶末投入茶鍑中，随即用竹夹搅动，俟沫饽涨满便酌入碗中饮用。值得注意的是，这套茶具中还有一件晚唐时兴起的点茶所用的汤瓶。点茶即在汤瓶中煮水，置茶末于茶盏，俟水沸后，执瓶向盏中冲茶，同时边注水还要边用茶筅击拂。这种冲饮方式后来在中国失传，日本抹茶却对此有所承袭。点茶的技巧在于点汤，所以汤瓶是重要用具。煎茶和点茶具同时存在，说明这两种饮茶法尚处于交替时期。宋代点茶取代煎茶大行其道，由于点茶有技巧性，加之茶叶的品质及制作也有高下之分，于是还产生了盛极一时的“斗茶”活动。陆羽时虽尚不兴斗茶，但他对煎茶的用水非常重视，他认为“用山水上，江水中，井水下”，“其江水取去人远者，井水取汲多者”，总之要求洁净、远离污染。陆羽对茶具也有品评，认为茶碗以越窑青瓷为上品，邢窑白瓷不如之，他说：如果邢瓷类银，越瓷就类玉；邢瓷类雪，则越瓷类冰；以邢窑烧制的白瓷盛茶，茶色发红。而以越窑青瓷盛茶，茶色发绿。对于越瓷与邢瓷之优劣的评价自然是仁者见仁智者见智，但陆羽的《茶经》确实使人加倍感到饮茶的情趣之高雅。

白瓷渣斗

51

消暑的凉枕
白瓷刻花卉纹长方枕

*

耿东升

五代
长17.8、宽12.5、高10.4厘米
江苏连云港出土

此枕出土于连云港市吴太和五年（933年）海州刺史赵思虔夫人王氏墓。长方形，枕面刻一朵盛开的牡丹花，器施白釉，釉色纯净光亮，胎洁白细腻，质地坚硬。

枕多为实用卧具。《说文解字》中说枕"卧所以荐首者"。枕使用材料有竹、木、玉、铜、瓷质等。瓷枕作为古代瓷器中的特殊品种，有清凉沁肤、去暑怡神之效，曾是风靡一时的夏令用具，北宋晚期张耒《谢黄药是惠碧瓷枕》中有"巩人作瓷坚且青，故人赠我消炎蒸，持之入室凉风生，脑寒发冷泥丸惊。"说明宋人馈赠瓷枕消暑。古人甚至有"明目益睛，至老可读细书"的之说，赞为玉枕亦不为过。词人李清照《醉花阴》词中也有"薄雾浓云愁永昼，瑞脑销金兽，佳节又重阳，玉枕纱橱，半夜凉初透"之句。河北衡水市文物管理处收藏有一方磁州窑瓷枕，枕面黑彩书五言诗一首："夏日景（影）偏长，遥天转暑光。如人会消遣，何处不清凉。"瓷枕是古人夏日纳凉的寝具，与人们生活关系密切。瓷枕形制多样，有箱形、腰圆、如意头形、兽形、人形等造型，以刻花、划花、印花、雕塑、彩绘为饰，装饰题材丰富多彩。

隋开皇十五年（595年）河南安阳张盛墓出土长仅3.9厘米的箱形瓷枕，是已发现最早的瓷枕，应为诊病用的脉枕。唐代以后瓷枕烧造较多，形制、装饰也日益丰富多彩。唐代瓷枕形制较小，长度一般不超过15厘米，多为箱形枕。晚唐五代除箱形外，也有兽形枕。入宋以后，伴随着瓷

白瓷刻花卉纹长方枕

业的兴旺，名窑众多，瓷枕烧造也进入全盛时期。宋金时期瓷枕造型非常丰富。明清以降，瓷枕慢慢退出历史舞台。

白釉瓷器，在经历北朝时期初创，隋代发展，到唐代已经十分成熟，与青瓷并驾齐驱，形成唐代“南青北白”的制瓷格局，唐代白瓷以邢窑制作工艺精湛，最负盛名。邢窑窑址在河北省内丘县、临城县祁村等地，唐代均属邢州，故名。在唐代这里不仅烧造白瓷、青瓷，还烧三彩陶器。器形主要为生活用器、如碗、盘、钵、杯、罐、瓶、壶等。白瓷胎质坚细，洁白细腻，釉色纯净，透明度很强，装饰纹饰则较少，仅有少量印花、刻花装饰。

唐代除邢窑外，烧白瓷的窑口还有定窑，巩县窑，大邑窑等。定窑在河北省曲阳县涧磁村一带，定窑的制瓷工艺技术受到了邢窑的影响，唐五代是定窑的创烧和发展时期。此外，还有河南巩县窑，窑址在巩县小黄冶、白河乡等地。以生产白瓷为主，也生产青花、三彩器等。其白瓷的胎为黄白色，较粗松。釉色白中泛黄。诗人杜甫写有《于韦处乞大邑瓷碗》诗：“大邑烧瓷轻且坚，扣如哀玉锦城传，君家白碗胜霜雪，急送茅斋也可怜。”但至今未找到大邑窑的窑址。江西景德镇的胜梅亭、石虎湾、黄泥头等地在五代时也烧白瓷器，然而数量不大。

此枕精巧秀致，洁白如玉，色泽似雪，所饰花纹舒朗简洁，代表了五代时期白瓷制作的艺术风格，是邢窑的精品。且在纪年墓出土，是断代研究的标准器。

枕

枕是人们日常生活中必备的寝具，其功能是在睡卧时垫托头部。枕出现于上古时代，《易经》、《诗经》中都曾提到过枕。制作枕的材料有硬、软两类。硬枕有木枕、瓷枕、玉枕、铜枕等，软枕有布枕、丝绸枕等，还有具有特殊效用的药枕、脉枕等。瓷枕最早发现于隋代，唐代开始大量烧造，两宋及金、元时期最为兴盛。瓷枕的造型多样，装饰纹样丰富，不仅具有实用功能，还具有较高的艺术价值。（佟春燕）

52

天下第一契丹鞍

契丹鞍饰

*

陈克双

辽

后鞍桥高35、宽22厘米

内蒙古赤峰出土

契丹族是我国北方的古老民族，原来是鲜卑族的一支，主要活动在辽西地区，过着逐水草而居的游牧生活。唐朝末年，契丹族日益强大，公元916年，契丹族首领耶律阿保机建立了自己的帝国——契丹国（辽）。辽朝不断南下侵扰中原地区，与随后建立的宋朝经常发生战争，它是中国古代历史上一个重要的民族政权。

契丹族是马背上的民族，他们与马有着天然而密切的关系。契丹族在自己的族源传说中就有马出现，他们认为很久以前一个男子乘白马浮土河（今内蒙古老哈河）而下，一个女子驾青牛车浮潢河（今西拉木伦河）而下，两人在木叶山相遇，结为夫妻，成为契丹族的祖先，他们生了八个儿子，分居各地，繁衍后代，逐渐演化成了契丹族的八个部落——古八部。早期的契丹社会，游牧和渔猎是主要的经济活动，马是契丹人日常生活不可或缺的一部分，他们“转徙随时，车马为家”，契丹男子自幼便练习骑马，女子也能弯弓射箭。北宋欧阳修在出使辽国时曾写下这样的诗句：“儿童能走马，妇女亦腰弓。”感叹所见契丹族人的骑射本领。骑射是契丹族人赖以生存的必要技能，也是他们保护自己部族的军事手段。虽然随着契丹的不断强大以及与中原地区交往的日益增多，契丹人逐渐从游牧走向农耕的定居生活，但契丹社会早期的游牧和渔猎传统习俗一直被保留下来，辽代特有的四时捺钵的制度就是这一特点的体现。在这一制度下，辽代皇帝一方面学习中原政治制度逐渐完备五京、州县等行政设置来管理定居人口，另一方面又结合契丹的游牧习俗，按一年四季分四处巡狩，用游牧管理方式治理国家。所谓捺钵是契丹语音译，意为行营、行帐、营盘，是契丹国主出行时的行宫或临时居住处，除了要在捺钵中决定军国大事外，四时捺钵的另一个重要活动是渔猎，一般情况下春捺钵多为捕天鹅，夏捺钵是暇日游猎，秋捺钵主要是入山射鹿、虎，冬捺钵是钩鱼、校猎、讲武。契丹皇帝和贵族提倡这些渔猎活动，无疑是以身示范，教育契丹族众不忘本民族的骑射本色，保持能征善战的骑兵传统，以与中原王朝抗衡。

这种游牧传统和骑射习俗使得契丹族骑马、爱马，在考古发掘的辽代墓葬中，出土了大量马具，如马鞍、马镫、车马铃等。现存的辽代绘画和辽墓壁画中也大量出现他们与马共同生活的场景。马匹同时也是游牧生活中的重要财产，所以在鲜卑或契丹早期墓葬中，往往可以看到以马头殉葬或杀马以殉的现象。到了辽圣宗时，或许是出于为保护生产和维持战马数量的需要，朝廷明令禁止丧葬时杀马以殉，所以到后来逐渐变为多用马具随葬来代替杀马殉葬。

目前已经出土的辽墓陪葬品中，鞍具及其装饰是其中的重要一类，如内蒙古赤峰大营子辽驸马墓出土的鎏金鹿衔草纹银马饰具、鎏金龙纹银马饰具、鎏金龙戏珠纹银鞍饰、素面银鞍饰；内蒙古哲里木盟奈曼旗陈国公主墓出土的鎏金群鸟纹银马鞍，内蒙古兴安盟科尔沁右翼中旗代钦塔拉辽墓出土的鎏金缠枝莲花纹银马鞍等，这些鞍马具纹饰繁复、工艺精湛，足见契丹马具制作和装饰技术的高超。契丹马鞍制作工艺较先前的鲜卑、突厥有了较大改进，创造了更加完备的马饰，鞍整体加宽，前鞍桥加高，后鞍桥略低于前鞍桥，倾斜平缓，骑乘更加舒适，鞍饰也发展为金、银质或玉石镶嵌，纹饰也更加华丽。据文献记载，当时称契丹鞍具为“契丹样”，其高超的装饰艺术深受中原汉人喜爱。五代时后唐曾雇佣一支彪悍的契丹族骑兵，号“银鞍契丹直”，即以其精美的银饰马鞍命名，用来夸耀军容和显示战斗力。面对当时对契丹鞍的追捧，一些汉人甚至认为到了伤害汉民族文化自尊的地步，以至后汉许敬迁在其《请禁断契丹样装服》的奏章中说：“天下鞍辔、器械，并取契丹样装饰以为美好。安有中国之人，反效戎虏之俗？”奏请后汉皇帝“明诏毁弃”。但是精湛的少数民族手工业艺术一旦进入中原，想“禁断”也禁不掉，所以宋以后，中原地区仍在仿造契丹样的马具。根据宋代太平老人《袖中锦》记载，

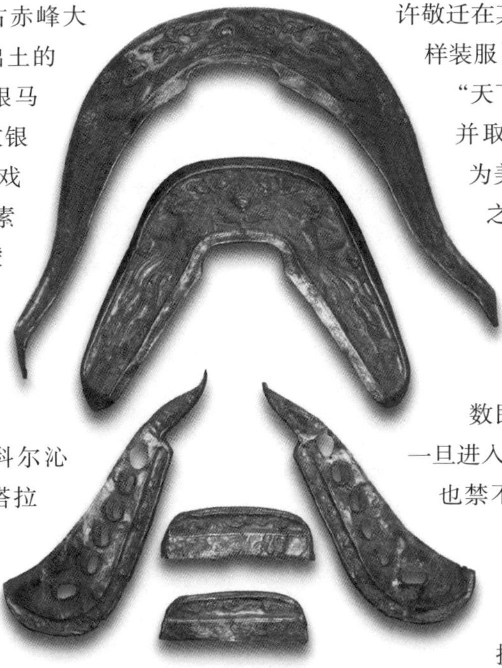

契丹鞍饰

契丹鞍与夏国剑、端砚、蜀锦和定瓷并列为天下第一，显示了契丹鞍具装饰在宋人眼里的地位。当时的辽朝皇帝还常以制作精美的马具、良好的马匹馈赠宋朝皇帝和其他邻邦诸国。据《契丹国志》记载，某位宋朝皇帝生日，契丹所献礼品中就有涂金银龙凤鞍勒、红罗金线绣方鞯二具，白楮皮黑银鞍勒、毡鞯二具，绿褐楮皮鞍勒、海豹皮鞯二具……御马六匹，散马二百匹。

1954年内蒙古赤峰辽代驸马墓出土了8套马具，其中这组包镶在马鞍上的鎏金银鞍饰，共6件，计有前、后鞍桥银饰件各1件，压印双凤戏珠纹饰，间以流云纹，花纹和周边均为鎏金。刀形、半月形银饰各2件，左右对称，压印牡丹花纹和流云纹。其制作之精细、纹饰之美观，再次让我们见识了号称天下第一之契丹鞍具的工艺。

马具的形成

在中国古代战争史中，马匹占有重要地位。从早期的车战到中世纪的骑兵作战，马已成为重要的战略资源。在人类驭马的过程中，马具与马饰也逐渐发展得完备而美观。最初，人们仅使用简单的绳套就可以控制马匹。秦代，控制马匹头部的辔具逐渐定型，主要由络头、衔和镳组合而成。此后，控制马头的装备变化不大，只是装饰更加丰富、华美，如汉代在络头上装当卢，唐代在攀胸和鞦带上装杏叶等。马背上的鞍具最初是一层垫子，马鞍出现于春秋战国时期，秦汉时期鞍桥还较低。为了防止骑者坠马，西汉晚期鞍桥逐渐增高，后发展为呈直立状的“高桥鞍”。唐代以后，符合人体要求的具有凹曲弧线的“后桥倾斜鞍”形成。鞍桥多使用铜、木制成，两鞍桥上还会装饰有鎏金铜包边等。为解决上马问题，公元3世纪左右，马镫出现，人们可以自如地控制马匹。古代完整的马具逐渐形成。

（佟春燕）

53

宋代人这样踢足球

蹴鞠纹铜镜

*

陈克双

宋

直径10.6厘米

蹴鞠是中国古代的一项足球运动，“蹴”是“用脚踢”的意思，“鞠”是皮制的球，所以“蹴鞠”一词就是踢球的意思。

蹴鞠运动在我国起源很早，据《史记》和《战国策》记载，战国时代，苏秦到齐国都城临淄游说齐宣王合纵，见到临淄的百姓流行“踏鞠”为乐，“踏鞠”即“蹴鞠”，说明我国蹴鞠运动的起源最迟可以追溯到战国时期。

在汉代，蹴鞠运动在民间和贵族间普遍流行，史载汉高祖刘邦在长安皇宫中兴建新丰宫专供皇亲国戚王公大臣们蹴鞠。值得一提的是，当时的蹴鞠作为一种竞技性很强的运动项目，也在军队中盛行，汉代军队甚至把蹴鞠作为日常军事训练的手段而大加提倡和推广。刘向《别录》就说到：“蹋鞠，兵势也”，将蹴鞠作为训练武士，选拔军事人才的手段。汉代名将霍去病远征塞外，由于缺乏军粮，士气不振，他就亲自以蹴鞠鼓舞士气。《汉书·艺文志》还把当时蹴鞠专著《蹴鞠二十五篇》列为兵书，归入军事技巧十三家之列，与击技、连弩、剑道、手博等武术著作并列。当时使用的足球有两种，一种是用毛发纠结的球，另一种是用皮革制成的实心球，里面塞满了鬃毛。汉代蹴鞠的场所称为“鞠城”或“鞠域”，据记载当时的鞠城用长方形的墙围建，在球场两端各设六个半月形的球门，叫“鞠室”，是

蹴鞠纹铜镜

从地面向下挖成的半月形凹室，每个球门前面有一个守门员，共十二个守门员，参加比赛的人数多少不一，有的多达数十人，甚至百多人的规模。

蹴鞠运动发展到唐代，鞠球的制作技术和运动规则有了进一步提高。早期的鞠球以皮为之，里面填充毛发，至晚唐球壳已由原来的两片皮发展成六片或八片尖皮缝合而成，内充以吹气的动物膀胱。唐代在球门的制作和设置上也进行了创造性的重大改革，把以前地面下凹的鞠室改变成为立于地面上的球门，分为单球门和双球门两种，单球门是将球门竖立于球场的中间，双球门则是在球场东西两侧各立球门，以比赛双方相互射门进球的多少决定胜负。唐代足球的踢法也趋向多样化，除两队角逐竞争胜负的踢法外，还产生了“白打场户”的踢法，即不用球门，一人单踢，或两人或多人对踢，既可比赛，又可单独表演。在唐代军队中还流行一种以比赛踢高为内容的蹴鞠活动，当时称之为“趯鞠”。此时的蹴鞠运动不仅在国内蓬勃开展，还凭借唐代强盛的国力和文化辐射力，传播到日本、朝鲜半岛以及周边其他一些国家和地区。

到了宋代，随着商品经济的发展和市民阶层的扩大，蹴鞠运动得到了极大发展。

首先是鞠球的制作工艺大大提高。宋代在唐代基础上，球的制作工艺更加复杂，鞠球由十或十二片牛皮缝制而成，“密砌缝成”，“不露线角”，给球充气的方法更是从唐代的人工吹起气改进成用气筒打气，缝制和充气完成后的高质量球要求重量“正重十二两”，形状要“十分圆”。

由于制作工艺的极大提高，使球更容易操控，宋代的蹴鞠转向杂耍方面发展，观赏性更强。当时取消了对抗激烈的双球门踢法，多用单球门或无球门的“白打”踢法，更注重踢出花样，用头、肩、背、胸、膝、腿、脚部位踢出成套技法。归纳出了肩（肩如手中持重物）、背（用背慢下快回头）、拐（拐要控膝蹲腰取）、搭（伸腰不起头）、控（控时须用双眼顾）、捺（用肩尖微指高）、拽（身先倒）、膝（右膝左手略微高）、拍（胸拍使了低头觑）等“十踢法”，技术高的可使“球终日不坠”。小说《水浒传》中高俅就是在端王（后来的徽宗）玩蹴鞠时，使了一个漂亮的“拐”技——“鸳鸯拐”，把球踢回给端王，得到了端王赏识，日后竟成为皇帝的宠臣。

宋代蹴鞠运动踢法多样，观赏性强，流行范围较前代更广。上至皇帝百官，下至市民百姓，无论男女老少，都流行蹴鞠为乐。史书就记载太平兴国五年（980年）宋太宗集合亲王、宰相及从臣在大明殿蹴鞠。随着蹴鞠的普及，当时还出现了专门的踢球组织——球社，如文献记载的“齐云社”、“圆社”。球社有严格的社规，教授专门的踢球技艺及道德规范。比如圆社制定的竞赛规程有所谓“球门社规”和“白打社规”，“球门社规”详细地规定了单球门蹴鞠的参加人数以及比赛方法与规则，“白打社规”详细地规定了“白打场户”各种比赛规则与要求。为了保证比赛的公平性，圆社还规定了设置裁判监督，提出“不以亲疏，不有阿私”的裁判原则。

宋代蹴鞠运动表现出很强的城市商业色彩，宋代城市中有蹴鞠爱好者专门的运动场所，一些大的宴会以及店铺促销等经常会有蹴鞠表演助兴。当时还出现了很多由于球技水平高而闻名的“球星”，如《武林旧事》中就记载了范老儿等五位高手的姓名。

国家博物馆收藏的这面蹴鞠纹铜镜背面高浮雕男女四人共同蹴鞠游戏的场景：左侧一个高髻女子正在踢球，球跃动在她的脚尖之上，右侧一个男子头戴幞头仿佛正在防守，另有两人在旁观看，场景十分生动，再现了宋代蹴鞠运动的场景。

蹴鞠和弹棋

西汉成帝好蹴鞠，群臣以为运动量太大，对他不适宜。“帝曰：‘朕好之，可择似而不劳者奏之。’家君（刘向）作弹棋以献”（见《西京杂记》）。弹棋是模仿蹴鞠的棋类活动，“二人对局，黑白棋各六。”但它不是在平面上行棋，而是“下呼上击之”，强调弹，强调“击博腾掷之妙”，还有点蹴鞠之风。弹棋局是“文石为局，金碧齐精。隆中夷外，理致肌平”（王粲《弹棋赋》）。《事物绀珠》说得更具体，“弹棋局方二尺，中心高如覆盆，其巅为小壶，四角微起”，正符合“隆中夷外”的描写；显然有效法鞠域的痕迹。弹棋在唐代仍相当流行。至宋代，由于象棋的兴盛，此艺竟尔失传。（孙　机）

54

蹲在房脊上的龙子
绿釉鸱吻

*

陈克双

西夏
高152、宽92、厚32厘米
宁夏银川西夏陵出土

在《红楼梦》第二十二回里有这样一个故事，贾环作了个灯谜：“大哥有角只八个，二哥有角只两根。大哥只在床上坐，二哥爱在房上蹲。”这个“爱在房上蹲”的“二哥”谜底是屋上兽头。传说龙生九子，不成龙而成九种怪兽。清代翟颢《通俗编》里说道：“（龙生九子）二曰螭吻好望，今屋上兽头是也。”螭吻，又名鸱吻、鸱尾、龙吻、龙尾、蚩吻、蚩尾、祠吻等，传说这位龙子惯兴风作浪，善吞火，又喜欢登高远眺，因此古人将它的形象放在高高的屋顶上，张开大吻，吞住屋脊，用来防范火灾，所以它又得名“吞脊兽”。大家知道，我国古代传统建筑多是易燃的木结构，防火十分重要，因此古人利用传说中鸱吻能激浪降雨、善吞火的习性来表达一种趋吉避凶的愿望。不仅如此，鸱吻更有实用功能，在中国传统建筑中有重要地位。中国传统大型建筑，如宫殿正脊上都压有厚重的琉璃砖瓦，而正脊两端是屋顶前后两端与左坡或右坡的三面交汇点，是最易漏雨的薄弱处，加上这个鸱吻就可以很大程度上起到保护作用。法国旅行家卡勃里欧列·戴马甘兰曾于清康熙二十七年（1688年）来我国旅游，回国后他在《中国新事》一书中写道：“中国屋脊两头，都有一个仰起的龙头，龙头吐出曲折的金属舌头，伸向天空，舌根连接一根很细的铁丝，直通地下。这样奇妙的装置，若遇雷电的电流，就从龙舌头沿线下引地底，房屋遭不到破坏。”就是说鸱尾在还充当了建筑物避雷针的角色，当然这只是部分较高大的建筑物的设计。

在我国古代建筑史上，鸱吻经历了一个漫长的形成和发展过程。据研究者考证，已知汉代史料中尚无直接有关鸱吻（鸱尾）的记载，更有史料记载“晋以前未有鸱尾”。目前所见最早关于鸱尾的真正图像见于北朝时佛教石窟的壁画和雕刻之中，在脊端呈角状翻翘，形似鸟翼，在龙门石窟古阳洞内也发现了北魏建筑雕刻中的鸱尾形象，虬尾上指，背后无鳍，身体无雕饰，应是鸱尾中比较原始的形象。

唐代，鸱尾形制逐渐固定下来，唐长安城遗址出土过较为完整的陶质鸱尾实物，造型简洁浑厚。晚唐时期，鸱尾突出了吻的形状，张口吞脊，吻的张合幅度较大，因此，人们开始以吻作为这种建筑构件的特征，称之为鸱吻。中唐时期，鸱吻下部出现张口的兽头，尾部逐渐向鱼尾过渡。在晚唐的时候，鸱吻上出现丁字形附件——抢铁。

直到宋朝，鸱尾变成了龙尾。宋代已见实物中绝大多数都是鸱吻形象，但在宋人建筑学专著《营造法式》中仍称之为“鸱尾”。宋徽宗赵佶所绘《瑞鹤图》中对端门屋顶脊饰有细致的描绘，鸱吻鳍上安“抢铁”，与《营造法式》所述一致，比例瘦高，辽代鸱吻形象也多与此相近。

金元时期，鸱吻的尾部已不是向脊中央卷曲，而是渐有向上向外卷曲的趋势。元朝以后，龙形的吻逐渐增多，到了明、清两朝已经很普遍，所以也多称为“龙吻”。明代大型建筑的鸱吻尾部向后卷曲，吻身上有小龙，鳞飞爪张，颇为富丽。清代的大型鸱吻与明代相似。这里要特别说的是，明、清时期，鸱吻上的抢铁和拒鹊慢慢演化成了一把宝剑，插在鸱吻背部。相传这把宝剑是“神功妙济真君”许逊的。鸱吻插剑原因有二：一是说妖魔鬼怪最怕许逊这把扇形剑，望剑而逃。二是怕鸱吻擅离职守逃回大海，因而把它死死地锁在屋脊上，使其不能腾飞。另外，民间也流传着这样的趣闻：传说套兽与鸱吻是雌雄一对，雌龙藏匿于屋角之下，雄龙背上被插了一把剑，就被固定在角梁上，永远不能飞翔。当然，这些都是人们臆想的神话。从建筑构造来看，这把剑是出于对鸱吻的保护。因为鸱吻背上的开口须倒入填充物，

绿釉鸱吻

剑把是用来塞紧开口的，插上这把“宝剑”有助于固定鸱吻，以保证建筑物的稳固。明清两代鸱吻上的宝剑在外形上也有区别，明代宝剑剑柄的上部微微向龙头方向弯曲，顶部做出五朵祥云装饰；清代宝剑剑柄上部是直的，没有向龙头方向弯曲，顶端装饰的图案是鱼鳞。在中国古代，鸱吻因其所象征的意义和在建筑上的重要作用而被奉为神物，鸱吻从入窑烧制、出窑到安装到位，都要派官员举办仪式，烧香行礼。比如清朝《工程做法则例》就规定：“遣官一人，祭吻于琉璃窑；并遣官四人，于正阳门、太清门、午门、太和门祭告；文官四品以上，武官三品以上及科道官排班迎吻；各坛庙等工迎吻。”从这段记录中我们可以看到，祭迎鸱吻时出动官员的级别很高，可见古人当时对这个能镇灾、避火的神物，是何等的重视和虔诚。

图中这件绿釉鸱吻出土于著名的西夏陵，西夏陵位于宁夏回族自治区银川市西郊约三十公里的贺兰山东麓，方圆五十多平方公里，埋葬了西夏十代帝王中的九位。西夏被蒙古灭亡后，帝陵被严重破坏。从上世纪70年代开始，考古学家对王陵进行了几次考古发掘，出土了大批建筑构件，其中脊饰构件有摩羯、吼狮、四足兽等造型。这些脊饰构件分灰陶和琉璃两种类别，生产时都先泥塑模制后再用手工细雕花饰成形，在窑内焙烧而成。这种用模具和雕塑结合生产出来的建筑构件，虽造型基本相同，但每件成品又不完全一样。目前已发现的最为精美的要数这件绿釉鸱吻了，它龙头鱼尾，张口吞脊，形象与同时代的宋、辽鸱吻形象相同，遍身“龙鳞”，涂绿釉，釉色光亮，形体高大，雄壮威武，显示出当年西夏皇陵的恢宏气势。

建筑物的脊饰

大建筑物的屋顶上，除正脊两端装鸱吻外，在檐角瓦上还增设瓦兽，如海马、飞鱼之类。鸱吻的成型不早于晋，瓦兽则是随后出现的。现存之最早的实例为湖北沙市出土的“元光元年瓦兽”。此元光纪年不是汉武帝的年号，而是南朝宋·刘浑的纪年，为公元454年。刘浑建立的割据政权当时占有荆州一带，沙市正在他的辖区之内。

（孙　机）

55

一显现如见圣君面
西夏文敕牌

*

陈克双

西夏

通高18.5、直径14.7厘米

皇宫圣物金牌白，前面不知何不现，此刻已知不一般。形状方圆日月合，日月相合千□敬。性气急速风云祝，风云带领万国敬。吾辈此刻汝威仪，不是虎豹犹如虎豹显耀行，不是雕鹫胜似雕鹫飞而高。己国臣，天高曲步以敬迎；他类主，地厚轻踏以礼举。诸事毋庸多言俱令满足，带领我与带领他不类同，己国他国皆所巡，敬畏之中乃久行。汝此刻，莫言我之无生命，“敕”字之内生情义。汝亦端庄所有进皇宫，我一显现如见圣君面，天佑圣力命全城，如此快乐已相知。

这首诗歌译自西夏文的《敕牌赞歌》，发现于俄藏黑水城文献一个名为《宫廷诗集》的西夏文抄本之中，以第一人称形象地歌颂了西夏敕牌的形状、作用、地位及受万国景仰的事实。

敕牌是符牌的一种，据汉代许慎《说文解字》，“符”即“信也”，可见符牌即信牌之意，其功能为信物凭证。符牌作为传递政令的一种身份凭证，在中国古代历史上曾被广泛使用。我们平时所说的诸如调兵虎符、通关腰牌、牙牌等等，都属于符牌。西夏王朝也广泛使用各种符牌，作为皇帝和政府政令传递的凭证。目前已见的西夏符牌有二十多面，多为传世品，大体可分为三类：

1.“敕燃马牌”西夏文敕牌。西夏王朝为了保证朝廷政令及时有效传递，在全国建立了四通八达的驿站、驿馆，并使用西夏文敕牌作为官府公文传递的凭证。据文献记载，西夏敕牌有银、铜、木、纸等质地，手持敕牌的使者称为“带牌天使”。如诗歌中所记，他们由天子亲授，见敕牌如见天子，使者凭此牌可以调动驿马，畅通无阻，风驰电掣般传递皇帝的命令。这里介绍的铜符牌就是“敕燃马牌”，青铜质地，分上、下两片，两片之间形成空腔，上端附扁方形提钮。一片铜牌内面刻回曲花卉纹，上方双线阴刻西夏文“敕”字；另一片下沿也有一个西夏文“敕”字，内面刻有四个西夏文字，译作“敕燃马牌”，意思是“敕令驿马昼夜疾驰”，两片可以相互扣合成一个完整的符牌。除图中这副敕牌外，西安市文物管理处也收藏有一枚，其形状、文字、花纹与此牌基本相同，只是直径略小，西夏文字笔画也略有差异。“敕燃马牌”或即“信牌”，西夏文辞书《文海》中汉译为“信牌”的西夏文是由“面”和“信”两个西夏字的各一部分组成的，意即见面相信，注释为“此者官语执者，诸人所信名显用，迅速紧急之燃马上用，故名信牌也。”与俄藏黑水城文献中发现的西夏文《敕牌赞歌》相印证，说明此种符牌就是西夏王朝传递紧急文书、命令的信牌。

2. “防守待命”牌。现传世6枚，均为圆形，直径5厘米左右，正反面皆有文字，正面是西夏文“防守待命”四字，背面为佩戴者西夏文名，是西夏军营中守御者的信物标志，或是防守军人的名牌。

3. “内宿待命”牌。传世多枚，一般为长方铲形，长约5厘米，宽约4厘米，上有穿，可悬佩，正面文字多为西夏文“内宿待命”四字，背面为西夏人名或“番号”，也有形制较大者。中国国家博物馆藏有一件长9.5厘米，宽6厘米的铜牌，正反面皆有“宫门后寝待命”六字。从字面意思上看，“内宿待命”牌和“宫门后寝待命”牌都是宫内宿卫人员身份的证明。

除上述三种外，还有其它西夏符牌传世，如故宫博物院所藏马蹄形铜牌，高7.6厘米，底边5.5厘米，一面无字，一面刻有四个西夏文。国家博物馆所藏长方形铜牌，两面分别刻有西夏文“限置依”和“苏铁黑”字样；另有一圆形铜牌，直径8.8厘米，纽长2厘米、宽1.5厘米，一面有五个西夏文，有穿可佩带。对这些符牌的性质和用途也有待进一步研究。

符牌是重要的身份凭证，因此西夏特别重视对符牌的管理。根据西夏法律的记载，朝廷的符牌都藏在宫中，

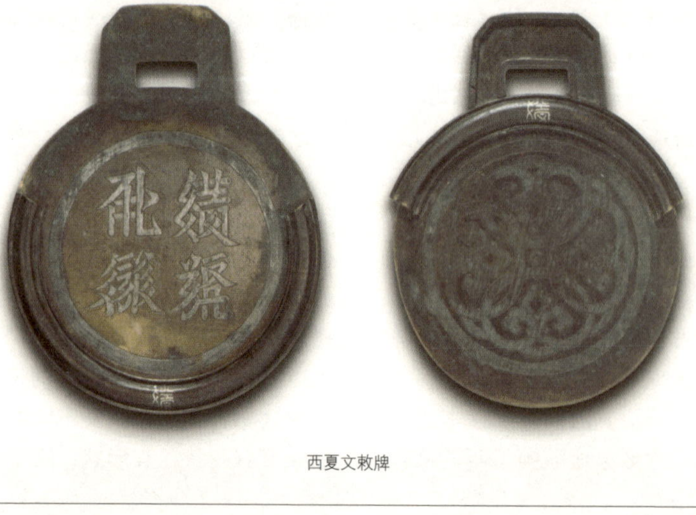

西夏文敕牌

有专人看护，收藏地不能随便打听和接近；朝廷发给地方的符牌除了要登记造册外，还要由地方最高长官亲自保管；规定了地方政府和各级衙门机构签发符牌的基本原则，即非官事不发，非急事不发；地方擅自签发符牌者要被绞死，任何丢失、损坏符牌的行为，都要严格治罪。

为了防止伪造符牌，保证国家政令传递的安全，符牌多具有防伪措施，除了制作工艺保密、上书各种敕令文字、严惩伪造外，一般采用合符制度，重要符牌由两半组成，一半授予军事首领，一半由朝廷保管收藏，两半能合在一起符牌才起作用，与《敕牌赞歌》中所唱的“形状方圆日月合”相契。特别是调动兵马时，任何一方调动兵马都要合符，朝廷使者送发兵文书时要当众与地方军事首领的符牌合符，地方才出兵。地方请求朝廷出兵，也要奏报朝廷派使者下来合符，然后才能出兵。

神秘的西夏文字

西夏文字是西夏仿照汉字创立的，用于书写党项族语言。西夏文字的创立历史上有多种说法，较为流行的说法是公元1036年，由当时的大夏国主李元昊命大臣野利仁荣费时3年创制而成，又称蕃书或蕃文。

西夏文乍一看与汉字相似，因为它是模仿汉字的构字方法、借用汉字的基本笔画重新创制的，用点、横、竖、撇、拐、钩等组成。但西夏文字笔画繁冗，多斜笔，无竖钩。单纯字较少，由两个字甚至三四个字合成一字者居多数。其中大多数是会意合成字和音意合成字，类似汉字的会意字和形声字，一些译音字由其反切上下字的各一部分组成，类似拼音字；象形字和指事字极少。书体有楷、行、草、篆，分别用于雕刻、手写和金石。

西夏文字的创制是西夏统治者元昊意在强化民族意识，摆脱宋、辽控制，独自建国称帝的一项措施。西夏文字创制后即被元昊下令尊为西夏“国字”进行推广，广泛用于书写各种文书诰牒。西夏被蒙古攻灭后，西夏文仍在继续使用，直到明朝中叶，还有人将西夏文刻于经幢，此时距创造文字之时已历时约500多年，此后西夏文字逐渐失传。（陈克双）

56

南北宋之交的四大名将
《中兴四将图》

*

陈克双

传南宋·刘松年绘　绢本设色
纵26、横90.4厘米

这幅图画的是南宋中兴四将——刘光世、韩世忠、张俊、岳飞的全身立像，相传为南宋绍熙年间画院待诏刘松年所绘。图中南宋将领的形象，比例准确，姿态自然，衣饰线描劲健流美，人物各具个性特点；侍者的年龄和相貌各异，但都身姿挺健，表情恭谨而机敏，颇有军士风度。四将画像旁原有朱文榜题，已擦去。现存清代乾隆帝墨笔楷书重题，依次是“刘鄜王光世”、“韩蕲王世忠”、“张循王俊”、“岳鄂王飞”。张、岳像之间上部有清乾隆四十九年（1784年）御题七言律诗一首。幅末“刘松年画”款被擦去，余痕可见。拖尾有明人俞贞木于洪武二十二年（1389年）所题长跋一则。本幅及拖尾有项元汴、项德新父子钤印十余方，乾隆八玺钤全，又有嘉庆、宣统印玺。此卷经多书记录，是一件流传有序的绘画，也是南宋人物肖像画中的佳作。

中兴，就是中道复兴的意思，一般王朝衰微或者经过变乱后再次出现兴旺，就叫中兴，历史上著名的中兴有东汉的“光武中兴”，唐代的“元和中兴”等。北宋被金攻灭后，康王赵构南渡建立了南宋。南宋建立之初，金兵多次南下，宋朝军民进行了顽强抵抗，遏制了金兵南侵，最终双方订立和议，以淮河至大散关（今陕西宝鸡西南）一线为界，形成了宋金长期对峙的局面，历史上就把这一局势称为宋室的“中兴”。

宋室南渡之后，朝中将领以张俊、韩世忠、刘光世、岳飞战功最为卓著，他们在抵抗金兵，保证南宋政权的建立与巩固过程中起过重大作用，被誉为“中兴四将”，这幅《中兴四将图》图中，自右向左依次为刘光世、韩世忠、张俊、岳飞。

《中兴四将图》

刘光世（1089—1142年），字平叔，保安军（治今陕西志丹）人，将门世家出身。据史书记载，刘光世对高宗赵构的最大功劳可能就是参与镇压苗、刘兵变。在对抗金军方面，刘光世一贯畏惧金军，一有诏令让他到前线，他就设法退避。由于他治军不严，不少流寇、叛军反而投靠他，他的部队成为当时人数最多的军队之一，由于南宋政权尚未巩固，高宗不得不依靠他的军事力量，同时为了防止他的部属溃散后成为流寇或投奔伪齐傀儡政权，高宗还不断对其加官晋爵。绍兴八年（1138年）冬，宋金达成第一次议和，宋高宗赐刘光世“和众辅国”功臣号，张俊也被赐功臣号，与之前已赐功臣号的韩世忠，成为南宋初期仅有的三个赐功臣号及领三镇节度使的将领，这说明三人在当时地位的重要。由于刘光世名声不好和所领军队战斗力不强，另一种“中兴四将”的说法把他的名字换成了另一个南宋名将——刘锜，据《宋史》记载，“南渡后，（张）俊握兵最早，屡立战功，与韩世忠、刘锜、岳飞并为名将，世称张、韩、刘、岳。”绍兴十二年（1142年），刘光世去世，死后先后被追封安城郡王、鄜王。

韩世忠（1089—1151年），字良臣，今陕西延安（一说绥德）人。18岁就应募入乡兵。北宋末年方腊起义，韩世忠曾率人擒获方腊。北宋朝廷被金人攻灭后，康王赵构到达济州（今山东巨野），随行的大臣们劝赵构即位，重建宋室。韩世忠也率部到济州加入拥戴赵构为帝的行列。此后，由于韩世忠部将击退侵犯南京应天府（今河南商丘）的金军，韩世忠亲自扈从康王赵构到达南京即帝位，因此韩世忠的部队成为宋高宗赖以起家的基本军事力量之一。在此后的抗金战斗中，韩世忠逐渐升为高级将领。建炎四年

《中兴四将图》中的岳飞和侍者

（1230 年），金军主帅宗弼率金兵进攻建康，韩世忠利用长江天堑以八千人抵挡十万金兵，与金军相持于黄天荡（今南京东北）达四十八日，这就是历史上著名的黄天荡之战。绍兴和议前夕，由于韩世忠坚持反对秦桧向金乞和的政策，因此自动请求罢官闲退。在岳飞被秦桧以“莫须有”的罪名杀害后，韩世忠曾责问秦桧：“‘莫须有’三字，何以服天下乎？”他临终前对岳飞被奸相秦桧害死之事仍然念念不忘，后被追封为蕲王。

张俊（1086—1156 年），字伯英，成纪（今甘肃天水）人。他 16 岁时是乡兵的一名弓箭手，北宋末年在多次平叛和抗金战斗中，逐渐成长成为军官。高宗即位后，张俊任御营前军统制，是高宗依靠的主力部队之一，多次帮助高宗镇压兵变和起义军，逐渐成为高级将领。南宋初年，金军不断大举南下，高宗时常仓皇出逃。张俊多次率部将顽强抵御，功绩卓著。绍兴和议前，张俊与韩世忠升枢密使、岳飞升枢密副使，张俊知道宋高宗、秦桧想收兵权，于是首先主动交出兵权，并协助秦桧推行乞和政策，又与秦桧合谋制造了岳飞谋反的冤狱。张俊死后被追封为循王。

岳飞（1103—1142 年），字鹏举，相州汤阴（今河南汤阴县）人。北宋末入行伍，相传岳母曾在他后背上刺“尽忠报国”四字以激励他报效朝廷。南宋初岳飞经过大大小小的战役，逐渐成为独当一面的大将。他是“中兴四将”中最年轻、资历最浅、最晚建节的高级将领。岳飞指挥郾城、朱仙镇大捷后，宋军逐渐掌握战争主动权，一路追击金军，而正当岳飞大获全胜，宋朝原首都开封收复在即，投降派的宋高宗、秦桧却要岳飞班师回朝。据说金军主帅宗弼在给秦桧的信中要求必须杀岳飞然后才能议和。这个条件可能真有其事，也可能是秦桧编造，借以促使宋高宗下决心杀岳飞。结果一代名将最终以“莫须有”的罪名被赐死于大理寺狱，年仅 39 岁，死后被追谥为武穆，追封鄂王。岳飞以其卓越的军事才能和“尽忠报国”的爱国气节，成为中国历代传诵、家喻户晓的民族英雄。

57

皇帝出行的大场面
《大驾卤簿图》

*

陈克双

元 绢本设色
纵51.4、横1481厘米

展开这幅画卷，很多观众都会被画中规模盛大的仪仗阵容所震撼，感到这肯定是哪家皇帝出行时的画面。没错，这幅画绘得正是宋代皇帝出行时的卤簿场景。卤簿之称早在汉代就开始出现。按照东汉蔡邕《独断》和应劭《汉官仪》的说法，“天子出，车驾次第”称作“卤簿”。为什么起这么个名字呢？据宋人叶梦得《石林燕语》记载，卤簿的“卤”在古代是“橹”的通假字，意思是“大盾”、“甲盾”，从盾的防御功能引申为保护帝王车驾的卫队之意。卤簿的“簿”是册簿的意思，意为把这些防卫以及车驾次第记录书写在簿籍上。所以“卤簿”合称，意思就是皇帝出行时“车驾次第”和保卫的规模、数量、等级的制度规定。皇帝如果要出行，一般都要按照卤簿制度的规定来排列车驾和随从人员的顺序。自汉以后的魏、晋、唐、宋、元、明、清历朝都有各自的卤簿制度，但具体的规模和仪式则不尽相同。

这幅图表现的是宋代皇帝出行时的仪仗。画卷卷首有“大驾卤簿图书”六字，下注“中道”二字，表明所画的是卤簿的中道场景。图前有别录一篇，篇名为《大驾卤簿中道官吏人物名数篇》，篇尾有“延祐五年八月□日翰林国史院编修官臣曾巽申纂进”款识。图后有《大驾卤簿中道官吏人物品制详目》一篇，一一记录画中官吏人物的品级、数目，详目后部文字已残缺不全。这幅图用工笔描绘大驾卤簿仪仗，人与物比例极小，但造型准确，笔势刚健。画幅中有分段说明题记，记载兵官品级、名数并有考证，应该是供排列卤簿时作为对照用的。画幅首下部钤“石渠宝笈”、“御书房鉴藏宝”二印，幅中钤“乾隆御览之宝”、“嘉庆御览之宝”、“宣统御览之宝”三印，幅末钤“宣统鉴赏”、“无逸斋精鉴赏”三印，说明这幅画曾被清代皇帝收藏鉴赏过。

关于这幅图的作者，有研究者根据画中题记和元虞《道园学古录》记载，认为是元代延祐年间的翰林国史院编修曾巽申所作，而他又是在宋朝宋绶的《卤簿图记》基础上完成的。关于宋绶编纂《卤簿图记》，还有这样一段故事：

宋仁宗天圣五年（1027年）十一月癸丑，又到了三年一次南郊祀天的

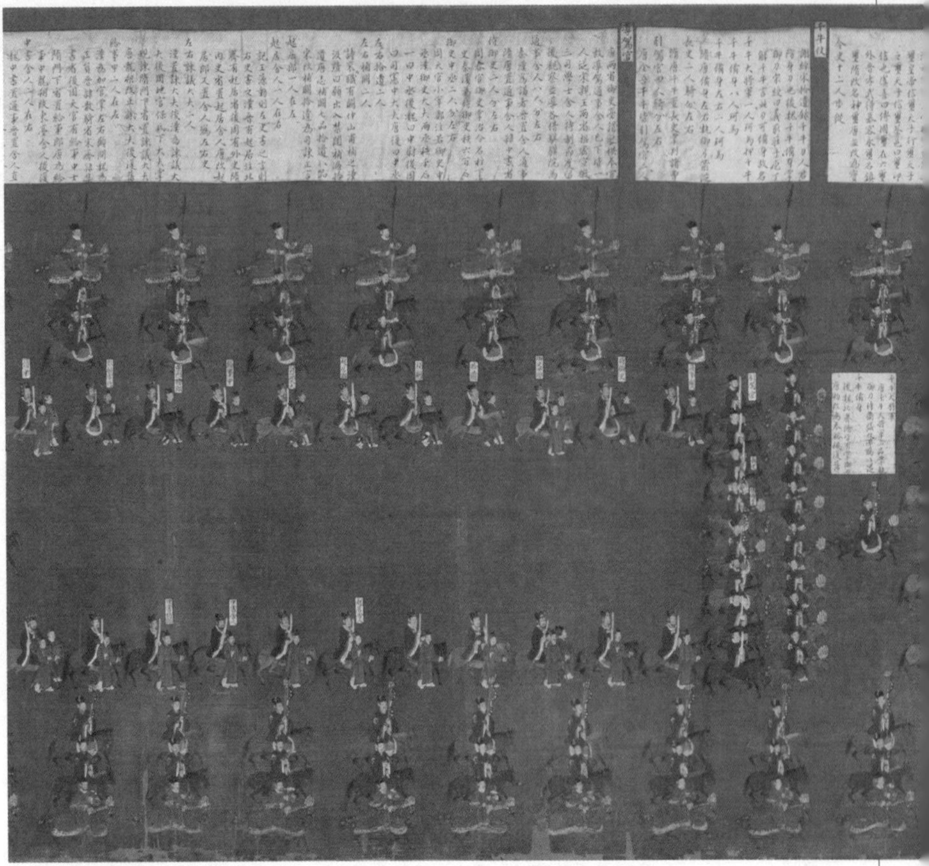

日子，仁宗皇帝乘坐玉辂，亲率规模庞大的祭祀队伍浩浩荡荡地向南郊进发，只见仪仗队伍中车驾齐整、阵仗鲜亮、旌旗飘扬、鼓乐齐鸣，皇帝心里十分舒畅。但无奈卤簿里用的各种仪仗花样繁多，且十分复杂，历代卤簿制度又各不相同，一些前代的卤簿仪仗到了宋代，当时人已经不知道叫什么名字了，或者知道名字也不明白具体用途，仁宗皇帝也是如此。于是他不时向身边陪乘的翰林学士宋绶询问各色仪仗的典故，宋绶不仅博学多才，同时又是这次南郊的礼仪使，所以他对答如流，而且一一辨明各色器物的用途，皇帝听得不住点头，命宋绶日后编撰一部《卤簿图记》呈上以备查阅。宋绶领命回家后编定了《卤簿图记》十卷，呈给仁宗皇帝，得到了仁宗嘉奖，仁宗还将这部《卤簿图记》作为以后皇帝出行排列卤簿的典

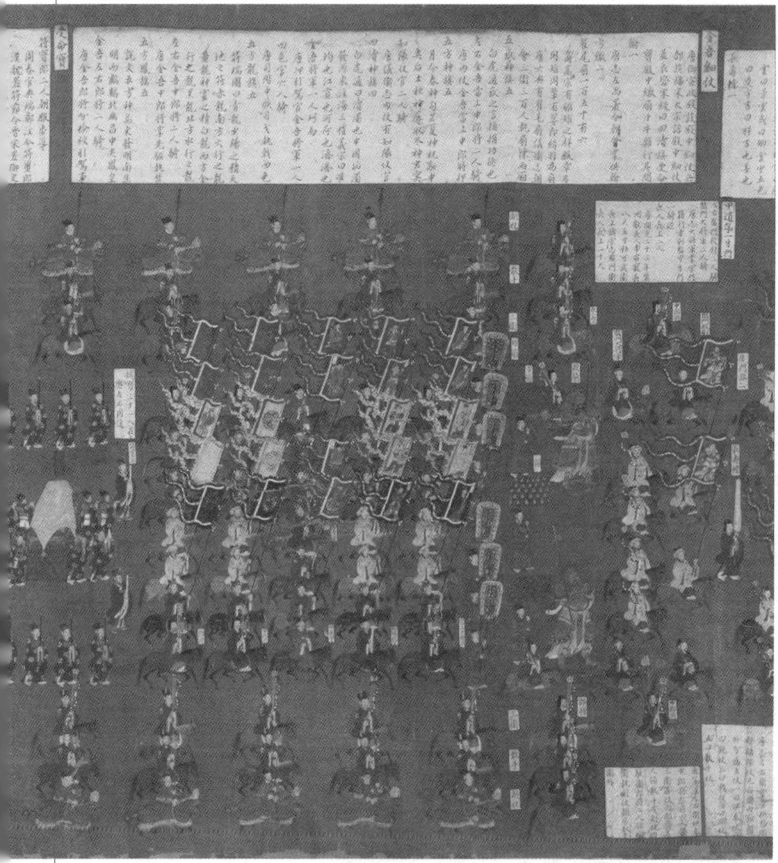

《大驾卤簿图》（局部）

章规范。

在宋代，按照皇帝出行活动重要性的不同，卤簿规格也分为不同等级，有大驾、法驾、小驾、黄麾仗四等。其中大驾卤簿用于最重要的场合——郊祀、籍田、荐献玉清昭应景灵宫等典礼。郊祀、籍田是皇帝祭祀天地的大礼，用来祈求保佑江山永固、社稷安康、五谷丰登。荐献玉清昭应景灵宫则是去祭祀供奉在那里的玉皇、赵氏先祖等神明和祖宗。这些都是当时统治者认为最重要的典礼。皇帝出席这些典礼的时候，为了表明对神灵和祖先的虔诚，同时也为了显示皇帝至高无上的权威和严格的等级制度，大驾卤簿的仪仗规模十分庞大和复杂。史载“凡大驾（卤簿）总二万六十一人”，实际出行的人数或有出入。从这幅《大驾卤簿图书》中可见，宋代大驾卤簿不仅人数众多，而且仪仗中

《大驾卤簿图》（局部）

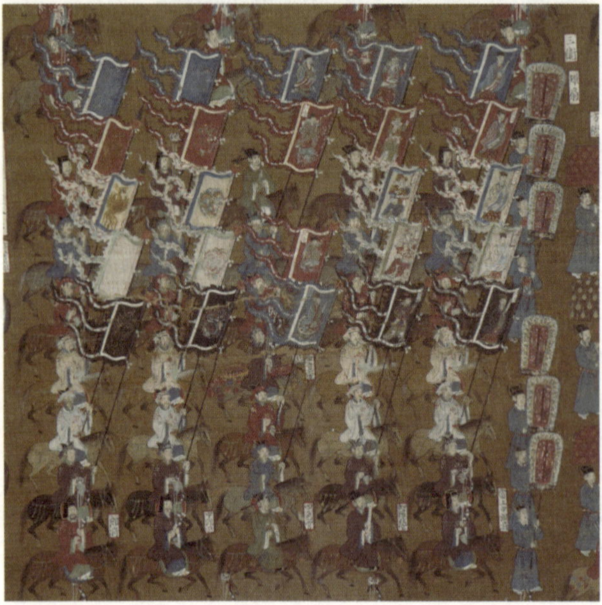

《大驾卤簿图》（局部）

的人员必须严格按照礼制规定来排列队形，谁在前，谁在后，谁在左，谁在右都有明文规定，他们的着装、手中执掌的各色旗帜、兵仗，都要按规定行事；甚至连他们骑乘的马匹的品种、毛色、装束都有规定。整个仪仗队的组成除了帝后车辇之外，还有文武官员、各色随从、禁军护卫、乐队及动物等。据统计，这幅图中共绘制人物5481个，辂、辇、舆等车辆共计35种58乘，马2873匹，牛36头，象6头，旌、旗、旃、纛90杆，乐器1701件，兵仗1548件，甲士494骑，各色仪仗497种。观看此图，我们不禁要慨叹当时帝王出行时壮观的场景。

58

精确的医用人体模型
针灸铜人

*

王俪阎

宋代原作，明代仿制

高 213 厘米

北宋天圣五年（1027 年）十月，太医王惟一奉仁宗之命，设计并铸造了两件供针灸学习、教学及表示人体经络、内脏解剖的仿真铜人模型，这是世界上最早的针灸用铜人模型，是医学史上的一个创举。由于铜人铸于天圣年间，故又称天圣铜人。为配合铜人的使用，王惟一还撰有《铜人腧穴针灸图经》三卷。展出的这一件是明正统八年（1443 年）仿制的。

针灸铜人由青铜铸成，大小仿真人，裸体，作站立姿势。口微张，露出一部分牙齿。左手手背朝前，拇指与中指指尖相触，构成圆圈，即所谓的“同射”；右手手掌朝前，手臂侧曲。双足并立。铜人体表分十二个部分，即前躯（包括脸、颈、胸、腹）；后颈；背腰；左侧肩；左侧前臂及手背；右臂侧前部；右臂肘；右臂后面部分；

针灸铜人

左侧腹及髌前部；左侧胳膊及小腿后面全部；右侧腹外侧部；右小腿及足背前面部分；前阴部。各个部分设有特制的插头，以便拆卸。铜人表面用黑色漆绘出经脉的连线，线上分布全身经穴，共674个。穴位旁，用错金技法标出穴位名称。每个经穴都与体腔内凿穿的小孔相通。铜人的体腔内为木雕的五脏六腑和骨骼。针灸铜人不仅在外形上相当细致地测定了人体各个部位的具体位置、相互间的比例关系；在构造方面也极为精致，例如发际的边缘、体表部位的骨骼隆起和凹凸、肌腱皮肤的皱褶等都表现得精确无误。而其体内木制的骨骼内脏更是细致入微，为极好的内脏解剖模型。需要用铜人作实习对象、寻找穴位时，就将铜人安装好，内灌水银，外涂黄蜡，将铜人体表的经脉穴位封得严严实实，令练习者无法辨识，只能凭着经验下针。如果针扎到了穴位，铜人体内的水银就会从相应的穴位中流出；如果没有扎准，针就会被挡在铜人体表。中国中医研究院在南京医学院仿制的针灸铜人身上进行了这种实验，结果证明，针灸铜人的确具有南宋·周密《齐东野语》所云“针入而汞出”的奇妙效果。

针灸铜人共铸造两个，一个放在当时的医官院内，供医生们实习针灸穴位，熟悉人体构造用。另一个安置在大相国寺的仁济殿，供往来人们参观。北宋政府将天圣铜人放置在相国寺是有用意的，大相国寺是北宋首都汴梁（今河南开封）的一座规模宏大的寺院。寺内不仅有佛殿僧房，还在院中辟有集市，每月开放五次，每次可以容纳两万人。将天圣铜人放置在这里，有利于宣传当时的医学知识，鼓励人们了解铜人用途，以便吸引更多的人投身医学事业。

针灸铜人铸就后，不但受到宋朝统治者的赞赏，更为后世重视和效仿。据传1128年宋金议和时，金人就把宋献出针灸铜人作为议和条件之一。元明清各代不仅太医院及地方医局纷纷铸造铜人供习医者实践，民间医生及药商也有不少进行仿造的。但后世所仿铸的铜人，虽然多种多样，却不像天圣铜人那样，是体表可以拆卸、体内有脏腑骨骼的高仿真人体模型了。

针灸铜人的珍稀奇妙，注定了它们命途多舛，颇多灾祸。在制成后百余年，第一次劫难就降临了。1126年“靖康之变”，北宋都城汴京为金攻占。混乱中，两具针灸铜人相继流落民间，16世纪时，一个铜人被发现，辗转流入朝鲜，被日本人加藤清正侦知，掠至日本。铜人入日一事在日本引起很大轰动，尤其受到日本医学界的关注，不久，饭村石宽等人按照这具铜人的原理造出了仿制品，即宽文铜人和小木人。宽文铜人于日本宽文二年（1662年）制成。它与针灸铜人相同之处是外表也用铜铸造，体内为木制的脏腑和骨骼，身上十二经脉由与该经脉相应的颜色标出，经穴部位由红色点记。不同之处是外表体貌改成日本人的样子，还用玻璃圆球嵌成眼珠，上镶毛制的眉毛。虽然它体表也被分成十几块，但这些部分被焊成一体，不能像针灸铜人那样可以开启拆卸。为弥补这一缺憾，加藤清正等将宽文铜人的体表凿成无数网状圆孔，以便透过这些小孔来观察铜人体内情况。由此可见，这具铜人只仿制出针灸铜人的表面特征，不知道它还有检测练习者工夫的内在机关、巧妙的应用原理。它们现在都收藏在东京国立博物馆。流入日本的这具铜人是否就是宋代的针灸铜人有不同观点，认为是宋针灸铜人的理由是：铜人外观形貌及局部体态特征与宋代雕塑、绘画等人物作品相似，有相同的时代风格。“全像以精铜为之，脏腑无一不具”与史料记载吻合；铜人身体各部分比例与王惟一《铜人腧穴针灸图经》所记的完全相符。铜人身体上的穴名与《铜人腧穴针灸图经》一致。据考查，我国古代制造的针灸铜人中，能自由开启、又具脏腑及骨骼模型的只有天圣铜人一种。认为铜人是明代仿制品主要理由是：1958年日本出版的《关于医学的古美术聚英》称：此像系明代铸造，室町时代由名医竹田昌庆从中国带回。

另一具针灸铜人在“靖康之变”后不久，辗转流入湖北襄阳，被京湖制置使赵方的儿子赵葵得到，献给南宋政府，后被南宋朝廷送给蒙古。入元后，这具铜人由于经历太多磨难，残破严重，皇帝遂敕命修复，并存放大都（今北京）三皇庙神机堂。明朝建立后，又将铜人由三皇庙迁入内府收藏。虽然铜人曾经元代修复，但依然“昏暗难辨”。

明政府在正统和嘉靖两朝先后重铸铜人供练习针灸的人使用，天圣铜人则被束之高阁。明末战乱迭起，这具天圣铜人从此下落不明。

明正统八年所铸的这件铜人虽然外形肖似，但仍与宋针灸铜人已有一定的差别。

针灸铜人对针灸学的发展有深远的影响，1987年后，根据文献记载，已经成功地复制成了数具具有宋针灸铜人功能的针灸铜人，分别放置在河南开封相国寺、南京医学院和中国中医研究院。

59

一代天骄
《成吉思汗像》

*

陈克双

明　绢本设色

纵58.3、横40.8厘米

国家博物馆展出的这幅画像，上绘一头戴毡帽、身穿右衽长袍的老年男子，从右上方写有的“太祖皇帝即成吉思罕讳帖木真”题字来看，画中人物正是大名鼎鼎的一代天骄成吉思汗。

成吉思汗生于公元1162年，名铁木真，属孛儿只斤氏，姓奇渥温，是蒙古乞颜部贵族后人。关于铁木真这个名字的来历还有这样一段故事：11、12世纪的蒙古草原上，分布着塔塔儿、克烈、乃蛮、汪古、蒙古等众多的部落，各部落过着逐水草而居的游牧生活，各有彼此的势力范围，各部落贵族为了争夺草原领地、财富、属民和报复彼此间的仇恨而进行着无休止的战争。铁木真的父亲也速该是蒙古部乞颜氏的首领，1162年，也速该在与塔塔儿人的作战中，俘获塔塔儿首领帖木真兀格等；恰逢其妻月伦兀真（兀真即汉语“夫人”）生下长子，为纪念这次胜利，也速该就把刚出生的儿子取名为铁木真。

在铁木真9岁左右的时候，他的父亲被仇敌塔塔儿人毒死，属下部众也四处流散，乞颜氏势力衰落，铁木真母子兄弟陷入了困境，而同属蒙古部的泰赤乌氏贵族又在此时乘机来袭，抓走了铁木真。草原贵族间为了夺权夺利，亲族相残，这种事在克烈、乃蛮、塔塔儿等部早已发生，现在在蒙古部内也出现了。铁木真认识到要抵抗泰赤乌氏的压迫，必须寻求更强大势力的庇护，他在泰赤乌氏一家属民的帮助下，成功逃出，并立即投靠父亲也速该的“安答”（意为结义兄弟）、克烈部首领脱里，尊之为父，表示臣属。从此开始了他积聚力量、收集旧部、统一蒙古的伟业。

1180至1184年间发生的一次战争标志着铁木真家族势力的重新崛起。当时三姓蔑儿乞人来抢走了铁木真的妻子、家人，铁木真请求与脱里和蒙古札只剌部首领札木合联盟，共同起兵攻打蔑儿乞人。这次战争胜利后，铁木真夺回了妻子和家人，同时掠夺了大批财物和属民，力量逐渐壮大起来，于是他脱离札木合联盟独立。以前的一些部属也纷纷重新来投靠，加上各家乞颜氏贵族前来靠拢，逐渐重新结合成乞颜氏贵族联盟，共同推举铁木真为首领。以铁木真为首的乞颜氏的强大引起了蒙古部中泰赤乌氏贵族的不满，当时蒙古部中，以泰赤乌氏号称最强，他们于是联合札木合，起兵三万进攻铁木真。铁木真虽然由于实力弱小，战争失利，但却由于厚待部民反而吸附了一些蒙古部族脱离泰赤乌氏，归附于他。

1196年，金朝皇帝命丞相率大军攻打背叛金朝的塔塔儿部，塔塔儿人溃败，向斡里札河（今蒙古东方省乌勒吉河）逃奔。铁木真得到消息后，立即向脱里报告，于是脱里率领克烈军，铁木真也征集蒙古部军队，以“为父祖复仇”的名义，进至斡里札河，攻破塔塔儿堡寨，俘获了他们的首领。金朝因为脱里和铁木真助征叛部有功，授予脱里“王罕”称号，授予铁木真“札兀惕忽里”（意为诸乣统领）官号。有了中原王朝的封号，大大提高了铁木真的威望和权力。

《成吉思汗像》

1200年，铁木真会同王罕进攻泰赤乌，在斡难河北取得大胜，杀其首领塔儿忽台。接着又随从王罕进兵呼伦贝尔草原，掠夺大量部民、牲畜。札木合害怕铁木真的强大，1201年，札木合纠集泰赤乌氏残部和呼伦贝尔诸部贵族，结成联盟，共推札木合为“古儿罕”（意为众汗之汗），计划攻打铁木真。铁木真得到报告，起兵迎敌，击溃札木合联盟。此后他与王罕联合，彻底攻灭塔塔儿部落，击败了乃蛮人的进攻。

铁木真和克烈部王罕的蜜月期并没有太长，此前铁木真一直依附于强大的克烈部来壮大自己的势力，随着铁木真的势力日益壮大，引起王罕及其子亦剌合鲜昆的疑忌，札木合等蒙古部贵族也力劝王罕除掉他。王罕发兵来攻时，铁木真慌忙应战，因寡不敌众，以惨败结束，军队撤退整顿时仅剩4600余骑，处境极为艰难，饿了只能射野马为食，渴了只能打河里的浑水来饮。铁木真败后忍辱负重、伺机反攻，而王罕却在获胜后，日益骄傲轻敌。后来札木合等密谋杀害王罕，王罕逃奔乃蛮。铁木真探知王罕营帐所在，率军偷袭，经过三天三夜激战，击溃其主力，王罕狼狈西逃入乃蛮部境，被乃蛮边将所杀，克烈部众尽被铁木真所并。

强大的克烈部都被铁木真攻灭，这震惊了另一大部落——乃蛮部的首领太阳罕，1204年，太阳罕联合札木合等一批蒙古、克烈败散的贵族以及蔑儿乞部等准备攻打铁木真，但这个联盟军纪涣散，内部矛盾重重，战争结果是太阳罕被擒，乃蛮部被征服，札木合也被铁木真处死，蔑儿乞部随后也被征服。

至此，铁木真完成了统一蒙古高原的大业。1206年春，在斡难河源头举行了一个蒙古高原所有部落贵族和首领参加的大会，大家认为现在蒙古高原上所有首领都被他征服，所有领土都归他治下，他应该是普天之下的可汗，所以将"成吉思汗"这个称号献给了铁木真。"成吉思"是"强有力的，强健的"意思，"成吉思汗"就是说他是"众汗之中最强有力者"。成吉思汗以本部落名称为国号，建立了"大蒙古国"。从此，统一在大蒙古国治下的漠北各部百姓，尽管各有自己原来的部落氏族名称，都以"蒙古"为总名，逐渐融合为一个统一的民族共同体，这就是蒙古族。

大蒙古国的统治核心是以成吉思汗和他的亲属们为成员的"黄金家族"，国家实行军民合一的千户制度，设立"怯薛"机构和"大断事官"，颁布《大扎撒》（命令、法令）作为治国法典。

以成吉思汗家族为首的蒙古统治阶级，把掠夺和征服视为最光荣的事业，史载成吉思汗"深沉有大略，用兵如神"，蒙古军在他指挥下一方面进攻西夏和金，一方面西征，用了三年时间攻灭了当时伊斯兰世界最强大的国家花剌子模。成吉思汗成为当时世界上最有权势的君主。1227年，成吉思汗因伤病逝于攻打西夏的战争中。忽必烈建立元朝后，将成吉思汗追尊为元太祖。

60

花丛中的童子，沉睡水下 600 余年
磁州窑婴戏图罐

*

耿东升

元
高 30.6、口径 18.5、腹径 30.8 厘米
辽宁绥中海域出土

辽宁绥中扼守关内外咽喉，是中国东北的西大门，为山海关关外第一县，濒临渤海。1991 年，渔民在绥中县三道岗海域拖网捕鱼时，打捞出一批白釉龙凤纹罐、白釉鱼藻纹盆等瓷器，经文物部门鉴定为元代磁州窑产品，随后引起国家文物部门的关注。中国历史博物馆派人来到绥中展开水下考古调查发掘，1991—1997 年进行了水下调查及打捞。绥中的这艘沉船长约 25 米，宽约 5 米载，载重量在 100 吨左右，打捞出 1200 余件瓷器，主要为磁州窑系的产品，以白地褐花瓷器为主。还有铁锅、铁勺日用器，及犁铧等农耕工具。绥中沉船的调查发掘，为了解宋元时期磁州窑瓷器生产和销售，研究我国古代北方海上交通史、造船史提供了重要的文物资料。1993 年，绥中元代沉船水下考古被列为当年中国十大考古发现之一。

磁州窑是古代北方最大的民窑，窑址在今河北磁县，磁县宋代属磁州，故名。磁州窑创烧于北宋中期，迅即兴盛，南宋、辽金元继续烧制。清人许之衡《饮流斋说瓷》记有："磁窑，出磁州，宋时所建。……器有白釉，有黑釉，有白釉黑花不等，大率仿定居多，但无泪痕，亦有划花凸花者，白釉者俨同牛乳色，黑釉中多有铁绣花，黑花之色与贴残之膏药无异。"磁州窑以生产白釉黑彩瓷器著称于世，黑白对比，强烈鲜明，创造性地将中国绘画的技法，巧妙而生动地绘制在瓷器上，开创了我国瓷器绘画装饰的新途径，同时也为宋代以后彩绘瓷器发展奠定了基础。磁州窑产品多是日常生活的盘、碗、罐、瓶、盆、盒之类，装饰题材丰富。磁州窑制品具有浓郁的乡土气息和市井风情，并以潇洒粗犷的画风来表现当时的民风，为百姓所喜闻乐见，形成了磁州窑独特的艺术风格。元代磁州窑除继承宋金时期传统品种外，大型器物的生产也增多，产品趋向厚重，器形圆浑硕大，纹饰主要有龙凤纹、芦雁纹、鱼藻纹、动物纹、人物纹等。人物纹中的婴戏图最具特色，有很强的艺术感染力。婴戏纹是磁州窑典型装饰题材之一。描写儿童生活的画面很多，有戏莲、池塘赶鸭，打陀螺等，画面活泼自然，笔法简练，神情意态栩栩如生，把童

磁州窑婴戏图罐

子的烂漫纯真巧妙传神地表现出来，富有浓厚的生活气息，可使人们回味幼时的童趣。

这件白地黑花婴戏图罐，腹部画有两个手攀花枝、嬉戏玩耍的孩童，栩栩如生。画意格调清新，笔法舒畅流利。为元代磁州窑代表作。

沉船运载的商品除瓷器外，还有铁器。磁州窑产地河北磁县，在宋元时期是全国主要的冶铁产地之一，这批铁器与瓷器产自同一地区。通过对铁器科学鉴定，认为这批铁器质量高超，表明元朝时期中国冶铁技术在世界处于领先地位，也反映了宋元时期科技的发达。

据专家考证：中国古代海上贸易通道有两条，一条是南海航线的海上丝绸陶瓷之路。一条是北方的海上贸易通道，是由渤海湾及东部沿海港口出发，驶往朝鲜半岛及日本列岛的，被称为“北方海上丝绸之路”。绥中三道岗元代满载货物的沉船是在“北方海上丝绸之路”的航线上遇险沉没的。

水下文化遗产是印证历史的重要实物资料。中国水下考古开展于1987年，20年来中国水下考古队伍不断发展壮大，在中国海域行了大量卓有成效的调查和发掘工作，重要的水下考古工作有绥中三道岗元代沉船、“碗礁1号”清代沉船、和“南海1号”宋代沉船等。这些沉船中以出土瓷器数量最多，反映了古代陶瓷生产的繁荣，及海外贸易的发达。

61

追寻三宝太监下西洋的足迹

郑和铜钟

*

苏生文

明

通高 83、口径 49 厘米

福建南平征集

这口铜钟是郑和第七次下西洋前为祈求出海航行平安而铸。钟呈褐绿色，覆釜形，葵口；蒲牢为连体双龙，钟肩表面浮印十二组云气如意纹，腹中部饰以云水波浪纹。主纹饰上部环绕一周八卦纹，共五组，其中第二、四组各铸有“国泰民安”和“风调雨顺”铭文；下部有一圈铭文：“大明宣德六年岁次辛亥仲夏吉日，太监郑和、王景弘等同官军人等，发心铸造铜钟一口，永远长生供养，祈保西洋回往平安吉祥如意者。”

从技术层面分析，该铜钟的钟体是用泥范铸造，而钟钮用的是失蜡法。钟体和钟钮分别铸成后，再结合为一体，结合处十分完整。这是因为钟体的外观有明显的横范缝和纵范缝，说明它是采用不同的分范方式，组成不同的范块，然后再把范块拼合而成。钟体的纹饰和文字大都为突起的阳纹，阳纹纹饰或文字笔画多呈尖角状突起，表面不如钟体光滑。这是因为在用泥范法铸阳纹或文字时，在钟的光滑泥范表面上刻出凹陷的纹饰，凹陷的纹沟有一定坡度，加工较难，所以呈现出尖角状或表面很不光滑的情况。而钟钮的纹饰十分细腻，可以推断是采用失蜡法铸造。该钟代表了当时冶铸

郑和铜钟

工业所能达到的最高水平，同时也为明末《天工开物》所描述的铜钟铸造技术提供了实物依据（尽管铜钟的铸造时间与《天工开物》的写作时间相距约二百年，但铸造技术应该相差不多）。

郑和为什么要铸造这口铜钟？原来，郑和每次下西洋前，他率领的庞大舰队一般都要在福建长乐五虎门一带集结，做好出发前的各种准备工作，等候东北季风来临再扬帆出海。在等候季风期间，郑和在副手福建人王景弘的陪同下到福建各地的寺庙行香布施。永乐十年（1412年），郑和第四次下西洋之前，曾奏准在长乐南山建天妃宫，并修葺天妃宫旁的南山塔寺。宣德六年最后一次下西洋前，郑和重修了天妃宫和南山塔寺，并在天妃宫勒石立碑，这就是著名的《天妃灵应之记》碑。据碑文可知，在重修天妃宫的同时，郑和“又发心施财，鼎建三清宝殿一所于宫之左，雕妆圣像，灿然一新，钟鼓供仪，靡不具备，佥谓如是庶足以尽恭事天地神明之心。众愿如斯，咸乐趋事，殿庑宏丽，不日成之。画栋连云，如翚如翼，且有青松翠竹掩映左右，神安人悦，诚胜境也。”从“钟鼓供仪，靡不具备”可知，郑和在建三清宝殿时，曾铸钟设鼓供在殿内，以保佑航行的平安。据民间传说，郑和每次在海上遇险，都得到神灵的保佑而得以平安无事。

三清宝殿毁于明崇祯十三年（1640年），后由长乐知县夏允彝和乡绅马思裕重修。清乾隆二年（1737年）该殿又再次倒塌，再也没有重修。殿内的铜钟也移作他用。据回忆，该钟在抗战前曾作为长乐吴航小学的校钟。抗战期间，为了避免珍贵文物落入日寇手中，便转移到比较偏僻的福建内地南平。抗战胜利后，没有把钟取回。1981年，铜钟在南平的一个废品回收站里被发现，后入藏中国国家博物馆。

郑和（1371—1435年），云南晋宁（今属昆明）人，回族，本姓马，小名三宝。从永乐三年（1405年）起，他前后七次奉命率领庞大的“宝船”队出使西洋（指中国南海以西海域）。第一次是从永乐三年至五年（1405—1407年），第二次为永乐五年至七年（1407—1409年），第三次是永乐七年至九年（1409—1411年），第四次出使为永乐十一年至十三年（1413—1415年），第五次出使为永乐十五年至十七年（1417—1419年），第六次是永乐十九年至二十年（1421—1422年），第七次为宣德六年至八年（1431—1433年）。每次出航，郑和统领的军士、水手多达2万余人，分乘大小海船200余艘。据文献记载，船队中最大的“宝船”（旗舰）有9桅12帆，长125余米、宽50余米，可容1000人。船队使用的航海技术很先进，曾先后到达占城（今越南南部）、真腊（今柬埔寨）、暹罗（今泰国）、满剌加（今马六甲）、彭亨（今属马来西亚）、苏门答腊、旧港（今印度尼西亚苏门答腊岛东南巨港一带）、爪哇、阿鲁（今印度尼西亚苏门答腊岛日里河流域）、锡兰山（今斯里兰卡）、溜山洋（今马尔代夫）、榜葛剌（今孟加拉）、南浡里（在今苏门答腊岛北部）、忽鲁谟斯（今伊朗波斯湾口）、祖法儿（今阿曼的佐法儿一带）、阿丹（今亚丁湾北岸一带）、比剌（今莫桑比克）、木骨都束（今索马里的摩加迪沙一带）、麻林（今肯尼亚马林迪）和天方（今麦加，属沙特阿拉伯）等三十多个国家和地区。其规模之大、航程之远、技术之精，实为世界航海史上之壮举。郑和船队所到之处，均以瓷器、丝绸、金银、钢铁等换取当地的香料及其他珍奇宝货，扩大了中国与亚、非各国的经济、文化往来。

由于有关郑和下西洋的档案在成化年间就已经被毁（一说可能毁于明末清初的战乱），正史的记载又语焉不详，所以随同郑和出使的马欢所著的《瀛涯胜览》、费信所著的《星槎胜览》、巩珍所著的《西洋番国志》以及后来收入茅元仪的《武备志》的《郑和航海图》（并称“三书一图”）等就成了研究郑和下西洋最主要的原始资料。而郑和铜钟等郑和遗物的发现，也对郑和的研究起到一定的拾遗补缺的作用。

天妃灵应之记碑

天妃灵应之记碑俗称“郑和碑”，是与郑和铜钟齐名的郑和下西洋遗物。

宣德六年（1431年），郑和船队最后一次下西洋。出发之前，郑和重修了位于福建长乐的天妃宫，并在天妃宫立下了此碑。碑高162厘米，宽78厘米，厚16厘米，碑额篆书“天妃灵应之记”六个大字，碑正文楷书31行，共1177字，详细记述了明永乐三年（1405年）至永乐十九年（1421年）郑和率船队六下西洋的缘由、规模、时间、所到国家以及“荷朝廷威福之致，尤赖天妃之神护佑之德”而化险为夷的情况，记录了在长乐修建庙宇、雕饰圣像、铸造铜钟（即郑和铜钟）诸事，并祈求本次下西洋也能同前几次一样得到神明（天妃）的助佑。原碑藏长乐郑和史迹陈列馆，是研究郑和下西洋的珍贵的文献碑刻。

（苏生文）

62

皇帝过元宵节
《宪宗元宵行乐图》

*

苏生文

明　绢本设色
纵37、横624厘米

此图原名“新年元宵景图”，描绘明宪宗成化皇帝（1465—1487年在位）在皇宫里庆贺元宵的情景。卷首署“成化二十一年仲冬吉日”，并钤“丰年赏玩之宝”朱文方印，可能是宫廷画师根据实际情况而加工创作的，图卷里的明宪宗很可能就是他的真像。

画面由四大部分组成。第一部分着重描绘宪宗观看燃放烟花爆竹的场面。宪宗端坐在台座上的黄色围帐里，双手拄膝，上身微微前倾，正饶有兴趣地观看宫人在燃放烟花爆竹。两边有宫女拱手侍立，御膳房的人正捧着点心走上左手边的台阶，两个手持鹤灯和马灯的女童，正走下另一边台阶。御座下方的平地上放置着一个装满爆竹的大箱子，一小黄门正从箱子中取爆竹。前面几个小黄门正在燃放，胆小的童子双手捂耳，作害怕状。

图卷的第二部分，宪宗离开暖融融的火炉烤着的御座，站在室外观看模拟的市井交易。两个扮演货郎的人已经将货架摆在地上，货架上摆满了琳琅满目的小商品。一位“货郎”手持拨浪鼓，正在招徕“顾客”挑选商品，另一位则正向童子兜售玩具。另两位“货郎”，分别肩挑、手推着货担向这边走来。

《宪宗元宵行乐图》（局部）

图卷的第三部分没有宪宗在场，展示的是一场化妆表演。这一部分依表现内容又分成三个相对独立的小组，每组以一面竖旗隔开。第一组打头的是一个手擎竖旗的男子，旗子上写着“天（下）太（平）”。接着是一位手持宝剑的男子，扮成张天师的模样，表演的是张天师驱邪。那位肩扛大笔的人，可能是民间传说中的“鬼判”。挥舞衣袖、翩翩起舞的，表演的或是“跳魁星”。而那位袒胸露腹的大和尚，应该就是“耍僧人”中的主角。以上都是民间在喜庆节日里经常表演的戏目，现在也搬到宫里来了。第二组表现的主题是“风（调）雨（顺）”。四位乘着坐骑的英雄，各持兵器，正打得不可开交，表演的内容可能是“三英战吕布”。下面一组为表演的是“胡人献宝”，一胡人牵着一头狮子（人扮），三胡人或举、或扛、或捧着珊瑚和象牙，前来进贡，另一人捧手鼓边敲边舞。最后一组表演的内容为“庆赏元宵节”，五人乐队在前引导，分别弹（吹）奏着筝、拍板、琵琶、竽、管，一官员打扮的人手持着加官（冠）画像，由钟馗殿后，三小鬼相陪。

第三部分描绘的是宪宗观赏魔术杂技表演的场景。身着便服的宪宗坐在殿前围帐中，殿上张灯结彩，一派豪华景象。殿前台阶上跪着一人好似在禀告节目，御前一小童作指点状，可能正将宪宗的口谕远远地传达给他。离御座最近的节目是对手顶与变戏法，底座演员恭敬地面向皇上吹奏乐曲，一位小演员正站在底座演员的头上，作平衡技巧。一幻术师正在表演幻术“筒子”，表演者即将从空空如也的筒子里变出物品。接下来是三组杂技节目：一组是“钻圈”节目，表演者身着短裤，赤裸着上身和双足，一人正在地上做倒立动作，作钻圈前的准备；一人正腾身跃起，即将穿越桌上

《宪宗元宵行乐图》（局部）

《宪宗元宵行乐图》（局部）

《宪宗元宵行乐图》（局部）

的大圈；一人看来是已经完成动作，顺便为同伴作保护。一组为“重蹬技”表演：一人仰卧桌上，双足蹬着一个沉重的车轮，车轮急速转动，一位小演员正站在车轮上保持平衡。一组称“蹬娃娃”，仰卧在桌上的成年演员急速地移动双足，正把一个小演员蹬向空中，边上的助演者正注视着表演者的每一个动作，以保护演员的安全。离宪宗稍远的表演节目叫“蹬竿”，表演者躺在桌上，足蹬长竿，从容吹笛，竿顶的演员正在挥舞着三角小旗。每一组均有小乐队伴奏，以掌握表演的节奏，并增添热闹的节日气氛。

《宪宗元宵行乐图》构图严谨，笔法细腻，画面上的宫廷院落巍峨壮观，各种人物的情态、动作细致入微，繁而不杂，多而不乱，是一幅写实性的行乐图，也是一幅明代民俗画的代表作，是研究明代节日文化、传统技艺以及宫廷生活的重要资料。对研究明朝的衣饰、宫廷的建筑等也有重要的参考价值。

明宪宗朱见深是明朝的第八位皇帝，明英宗朱祁镇之子。在他三岁的时候，父皇在“土木之变”中被瓦剌掳走，叔父朱祁钰继位当上了皇帝（景泰）。朱见深被立为太子。但是，当朱祁钰牢固地控制了政权后，就改立自己的儿子朱见济为太子，废朱见深为沂王。朱见济 11 岁时，朱祁镇发动了“夺门之变”，重新夺回了帝位，朱见深又成了太子，并于 18 岁那年继承了父亲的皇位，当上了皇帝（年号成化）。成化皇帝在位期间，平庸无能、生活奢靡，喜欢追求新奇刺激。他宠爱一位比自己大 17 岁的宫女万氏，立万氏为贵妃，每天与她饮酒享乐，不思朝政。同历史上许多无能却又有艺术品位的皇帝一样，他也是一位喜爱艺术且有一定品味的皇帝，不惜工本让景德镇御器厂烧制精美的斗彩瓷器。他喜爱绘画，亲自创作并流传下来的《一团和气图》和《岁朝佳兆图》，与清代宫廷画家丁观鹏画的《无量寿佛图》，被民间并称为“吉祥三宝”，很符合普通百姓的人生理想，深受欢迎。他还喜欢让画师将他的生活都描绘出来。这幅图画可能是自已亲自监督宫廷画师画成的。另有一件相似风格的画作《宪宗调禽图》，也珍藏在中国国家博物馆。

63

斗彩佳器，成窑上品
婴戏图杯

*

耿东升

明
高4.9、口径6厘米

明朝成化时期的御器厂瓷器烧造日益兴盛，《明史·食货志》记载：“成化间，遣中官之浮梁景德镇，烧造御用瓷器，最多且久，费不赀”。成窑瓷器烧造品种繁多，有斗彩、青花、色釉瓷等品种，其斗彩瓷最负盛名。斗彩是明清时期景德镇烧造的瓷器品种之一。斗彩瓷制作先用青花钴料在瓷坯上双勾画出图案纹样，然后入窑，用1200℃的高温烧制后，取出在釉上填入彩料，再入窑用900℃的低温烘烤而成。以釉下青花和釉上彩绘相结合的彩瓷，明代文献中称为“青花间装五彩”。明人沈德符《万历野获编》记载：“本朝窑器，用白地青花间装五色，为古今之冠，如宣窑品最贵，近日又贵成窑，出宣窑之上”。清雍正年间的《南窑笔记》记：“成、正、嘉、万俱有斗彩、五彩、填彩三种，先于坯上用青料画花鸟半体，复入彩料，凑其全体，名曰斗彩”。

明代成化时期的斗彩质量高超，备受世人称赞。明·王士性《广志绎》记有：“本朝以宣、成二窑为佳。宣窑以青花胜，成窑以五彩……宣窑五彩，堆垛深厚，而成窑用色浅淡，颇成画意，故宣不及成。然二窑皆当时殿中画院人遗画也”。明·谷应泰《博物要览》有：“成窑上品，无过五彩”之说。清·蓝浦《景德镇陶录》记有“成化厂窑烧造者，土腻埴质尚薄，以五彩为上”。明人或清人在著书立说时将明成化斗彩瓷器统称为“五彩”。邵蛰民撰《增补古今瓷器源流考》记“成窑以五彩为上，其画彩高轶前后，以画手高，彩料精也”。

成化斗彩最为名贵，堪称陶瓷艺术的瑰宝。成化斗彩瓷在明万历朝已身价倍增，非常昂贵，视为瑰宝。明代沈德符《万历野获编》记：“至于窑器最贵成化，次则宣德。杯琖之属，

婴戏图杯

初不过数金，……顷来京师，则成窑酒杯每对博银百金，予为吐舌不能下。”《明神宗实录》也有“神宗（万历）时尚食，御前有成化彩鸡缸杯一双，值钱十万”的记载。

成化斗彩造型多玲珑秀奇，胎釉细润晶莹，彩料色调柔和，绘画淡雅幽婉，以其轻盈秀雅的艺术风格而著称。成化斗彩器较小，有“成化无大器”之说。多为杯、高足杯、碗、盖罐等小件器，尤以鸡缸杯、婴戏杯、葡萄杯、“天”字罐等最为著名。最大的碗口径约为23厘米，高足杯高度约为8厘米，盘的口径约为16—18厘米，罐的高度约为8—13厘米，杯的口径约为7—8.5厘米。杯有缸杯、莲子杯、铃铛杯和高足杯四种形制。

成化斗彩是瓷器发展史上的巅峰之作，与成化皇帝的品位与喜好密不可分。成化皇帝宠爱的万贵妃喜欢小件器物，成化斗彩器是宫中帝妃的玩赏品。成化瓷无大器也与当时的酿酒业的发展有关，此时饮酒品茗之风盛行，明成化时，蒸馏酒已开始流行，饮酒从低度、大碗的米酒，转向度数高、用小杯饮用的蒸馏酒。社会需要也是促成成化杯形制较小的原因之一。

此器饰婴戏图，一组为放风筝，一童奔跑拉拽风筝，一童在旁观望；另一组三童作斗草游戏。外底双方框内青花书“大明成化年制”六字双行楷书款。斗草、放风筝是古代孩童传统游戏，晋人宋懔《荆梦岁时记》记有童嬉的节令游戏，寒食，有打毛球，鞦千之戏；五月五，有斗草之戏，岁前有藏彄之戏。唐代路德延《孩儿诗》通篇记孩童的各式游戏，“斗草当春径，争毬出晚田。柳傍庯独坐，花底困横眠”。所绘顽童形神皆备，纯朴率真，童趣洋溢，富有浓厚的生活情趣。

婴戏图是中国瓷器上装饰纹样之一，明清时期流行，其内容多样，人数也不尽相同，小童天真烂漫，姿态各异，雅趣可爱，表现得淋漓尽致，画面洋溢着自然活泼的情趣，欢愉之态跃然而出。明清时期以郊外婴戏和庭园婴戏最为常见，或放风筝、骑木马、或扑蝶、或蹴球等，应是受到明代中期人物风俗画盛行的影响。

此器轻灵秀巧，胎薄体轻，釉质肥腴，施彩明快艳丽，色彩缤纷，绘制精细，为成化斗彩器中的精品，尽展成化斗彩轻盈秀雅的艺术风格。成化斗彩瓷器所取得的高超艺术成就，深得后世敬仰。后人把成化斗彩视为拱璧，尤其珍重。此杯在明代嘉靖、万历和清代康熙、雍正、乾隆时屡有仿作。

64

明军抗击倭寇的历史画卷
《抗倭图》

*

苏生文

明　绢本设色
纵31·1、横572·7厘米

这是一幅反映明军抗倭的历史画。原画伤残比较厉害，画卷最前端一部分已经佚失，但主题部分保存比较完整。

图卷分成六个部分。第一部分描绘海面隐约出现了几艘满载着倭寇的倭船，先头倭船已经近岸，数名倭寇正聚在船头议事。第二部分画倭寇登陆后，所到之处抢劫杀人，放火烧房，村中百姓扶老携幼，纷纷逃避。第三部分主要描绘避祸的百姓背井离乡、流离失所的惨状。第四部分是画卷的中心，描绘明朝水师在水面上与倭寇激战的场面。波涛汹涌的水面上，明朝水师的二只兵船和倭寇的二只倭船激战正酣，交战双方主要以长枪和弓箭互相对决，明军的其中一只战船还装备了火炮，一士兵作点火燃放状。几个倭寇纷纷落水，败相已现。岸边旌旗飘扬，刀枪林立，一队队打着“设伏猛烈天兵”、“火照奇兵右伏”、“威武神捷天兵”旗号的伏兵似在呐喊助威。第五部分为明军报捷场面：有两只已经得胜班师的战船，船上捆绑着几个被俘虏的赤身裸体的倭寇；还有一队得胜的陆兵，也押解着同样赤身裸体的俘虏；一座拱桥的两端各有一位持旗的骑兵飞奔来报。最后一部分的主角是几位身着红色官服的文武官员，表情严肃，周边簇拥着全副武装的军士，队伍中的旗帜上依稀可见“浙直文武官僚”、“苏松水陆官兵”等字样。这些官员可能是这场战事的指挥者、地方官和朝廷派来的督军，是前来准备受降的。画卷的终点是一座守备森严的城池，城头旗帜上可见“障江”、“重地”字样。

倭寇是困扰明朝的一大祸患，所谓“北虏南倭”。元朝时倭寇就已经存在，最初掠夺朝鲜半岛，后蔓延到中国沿岸。明永乐年间，中日两国实行“勘合贸易”，在此后的大约一百年的时间里，倭患大为减轻。但到了明嘉靖年间，由于实行严厉的海禁，驱使一批靠海上贸易为生的中国海商集团铤而走险，与倭寇合流，亦商亦盗，兼行劫掠，倭患复炽。为了消除倭患，明廷多次派重兵前往沿海地区剿倭，此期间涌现了俞大猷、戚继光等抗倭名将。这幅《抗倭图卷》所描绘的画面上有一只倭船，上面竖立着一面写着“日本弘治一年”字样的幡旗。日本弘治一年为明嘉靖三十四年（1555

《抗倭图》（局部）

年），对照文献，可推测此图卷描绘的是当年发生于浙江王江泾的一场抗倭战斗，史称“王江泾大捷”。

原来，明嘉靖三十三年（1554年），浙江一带倭患愈演愈烈，竟有20000多倭寇（包括“从倭者”）盘踞在柘林川沙洼，并且不断有新的倭寇加入其中，严重威胁到中国海疆的安全。当时任南京兵部尚书的张经临危受命，奉命总督江南、江北、浙江、山东、福建、湖广诸军，统一指挥，便宜行事。张经积极选将练兵，准备直捣盘踞在柘林川沙洼的倭寇，但又考虑到官兵在此之前屡遭败绩，难以单独胜任抗倭的重任，决定调集两广一带能征惯战的“狼土兵”（少数民族士兵）来浙参战（张经曾总督两广军务，用过“狼土兵”）。这时，权臣严嵩的死党赵文华，以祭海为名，前来督军，并屡屡催促张经出兵。张经以永顺、保靖两地的“狼土兵”未到，尚无胜算为由，按兵不动。赵文华竟秘密向嘉靖诬告张经“糜饷殃民，畏贼失机”。嘉靖征求严嵩的意见，严嵩不仅替赵文华说话，而且还暗示张经与倭寇有勾结（张为福建人，“从倭”的海商以福建籍的居多），遭倭寇侵扰的苏州、松江一带的人早就怨恨张经了。嘉靖

《抗倭图》（局部）

大怒，下诏逮捕张经。

就在赵文华写密信诬告张经的时候，永顺、保靖的土兵赶到，当天就取得了石塘湾之捷。不久，倭寇进攻浙江嘉兴，张经派参将卢镗率领保靖兵，俞大猷率永顺兵，汤克宽率水师，在嘉兴王江泾打了一个非常漂亮的大会战，歼倭 1980 人。这是抗倭以来明军取得的最大的一次胜利。但嘉靖听信严嵩的谎言，竟然将王江泾大捷的功劳归功于赵文华和胡宗宪，反而诬陷张经冒功。最后，张经被斩，“天下冤之”。

有意思的是，日本东京大学史料编纂所也藏有一卷尺寸几乎相同、画面相似度极高的画卷，名为《倭寇图卷》。有学者推测这两幅画卷可能是 17 世纪左右由中国的同一家工艺坊创作出来的作品，作者可能是同一个人或是同一个创作集体，或许《倭寇图卷》是《抗倭图卷》的临本也未可知。也有学者认为，画作可能是被倭寇屡屡袭扰的长江下游流域“吴派”文人画画家的作品。也可能是被派遣前往抗击倭寇的朝廷高官为强调胜利的功绩，让吴地画家描绘成画的。从绘画技巧上看，此图布局十分巧妙，刻画也比较精细，是一件历史性和艺术性俱佳的画作。

《抗倭图》（局部）

65

硕大精美的酒具
青花龙纹长瓶

*

耿东升

明
高72.5、口径10、足径20.5厘米
北京昌平出土

明十三陵是明朝皇帝的墓葬群，位于北京市昌平县境内燕山山脉天寿山南麓，有13位明朝皇帝葬于此地。明皇陵建筑群均依山为陵，规模宏大、气势磅礴。整个陵区的总面积超过120平方公里，比当时明朝的都城——北京城的面积还要大。

定陵是明神宗朱翊钧万历皇帝和他的两位皇后的合葬墓。定陵在万历十二年（1584年）开工，万历十八年完成（1590年），耗银800万两。陵墓建成时万历皇帝只有28岁，直到1620年才正式启用。定陵是十三陵中最大的三座陵园之一。它的地面建筑共18万平方米。定陵为全国重点文物保护单位。2003年，包括定陵在内的整个十三陵都被联合国教科文组织列入世界遗产名录。

新中国成立后，为进行历史科学研究，有计划地试掘了定陵。定陵是目前十三陵中唯一被发掘的地下宫殿。其中出土文物3000余件，除少量祭祀用的礼器，绝大多数都是万历皇帝和他的两个皇后生前的生活用品。出土物中有金碧辉煌的金银器，金器有数百件，以金冠、金酒注、金爵杯尤为精美。万历皇帝的金丝翼善冠，皇后凤冠4顶，用黄金、翡翠、珍珠和宝石编织而成，堪称稀世珍宝。绚丽多彩的丝织品，各种袍料、匹料和服饰用品达600多件。还有细腻光润的玉器，玲珑精细的首饰，如冰似玉的16件御用瓷器等。瓷器有青花穿花龙纹长瓶、青花穿花龙纹缸、三彩堆贴蟠螭纹炉等。定陵中出土文物为我们研究明代历史提供了极为可贵的实物资料，也让人感受到明朝发达的社会经济和手工艺取得的惊人成就。

长达四十八年之久的明万历朝，在中国陶瓷发展史上有重要地位。《明史·食货志》记载："采造之事，大约靡于英宗，继以宪武，至世宗、神宗而极。"万历朝生产瓷器较多，据《大明会典》记载，仅万历十年（1582年）江西就烧造各样瓷器96600余件，多为青花、五彩器。青花是明清瓷器重要品种之一，由于各时期使用的钴料不同，风格各异，各领风骚。明万历时青花瓷器品种丰富多样，纹饰精美，装饰纹样以龙凤纹为主，也有花鸟、草虫、人物、瑞兽纹等。

这件长瓶通体绘青花纹饰，器身为穿花龙纹，肩部青花横书“大明万历年制”六字楷书款。器盖为穿花龙纹和莲瓣纹。龙纹长瓶高大规整，青花色泽蓝中泛紫，绘制笔法奔放活泼，线条粗犷，纹饰缜密，是万历青花器的代表作。

所饰“穿花龙”也称为“花间龙”或“串花龙”，即在龙纹之外配置各种花卉，龙体盘踞在缠枝莲中，气势雄伟。五代越窑始见龙穿蔓草纹的青釉器，穿莲龙纹出现在明代永乐宣德瓷器上，清代更加流行，寓有“江山万代，延绵不断”之意。

长瓶的造型为小口，短颈，丰肩，瘦底，圈足的一种瓶式，从唐代开始出现，有白釉制品。宋元时期，因其瓶体修长称为“经瓶”，明清两代较为流行，成为传统器物造型之一，且品种多样。清末民国时期许之衡《饮流斋说瓷》记：“梅瓶口细而项短，肩极宽博，至胫稍狭，折于足则微束，口径之小仅与梅之瘦骨相称，故名梅瓶也。宋瓶雅好作此式，元明暨清初历代皆有斯制。”宋代器身修长秀丽，元代器型雄伟，明清时较为肥矮丰硕。

长瓶是储酒用的。河北省宣化县辽天庆六年（1116年）张世卿墓的壁画中，桌上摆放着三只带盖的长瓶，是用于盛酒的容器。宋、金时期的长瓶有的书“清沽美酒”和“醉乡酒海”等字样，更加明确了它的用途。长瓶作为随葬器使用，依考古资料，有江西瑞昌南宋淳祐十年（1251年）墓出土一对磁州窑长瓶，置放在死者头部附近。浙江省遂昌县文管会所藏1979年在浙江省松阳庆元元年（1195年）墓葬出土的南宋龙泉窑带盖长瓶，1958年江苏南京宋墓出土影青刻花长瓶等。明代的长瓶，有一部分是出自明代皇亲国戚和郡王、公主的墓葬中。

青花龙纹长瓶

如1957年南京正统八年驸马都尉宋琥和安成公主合葬墓出土的洪武釉里红松竹梅纹长瓶。1950年南京永乐十四年黔宁王沐英墓出土元代青花萧何月下追韩信图长瓶。1972年山东邹县洪武二十二年鲁王朱檀墓出土元代青白瓷刻龙纹长瓶。此后，广西桂林明靖江王墓群陆续出土大量的明代青花长瓶。其中靖江安肃王墓出土的青花携琴访友图长瓶，上绘高士骑于马上，仆人所挑担子一边是食盒，一头是一件装着酒的长瓶。这个“瓶中瓶”，也说明长瓶在明代是酒具。靖江温裕王朱履焘墓出土青花双龙图带盖长瓶，瓶中还有浸泡乳鼠的白酒，这种乳鼠酒为滋补药酒，对研究当地酒文化可谓弥足珍贵。考古资料表明，明代皇室贵族墓常随葬长瓶，这些墓葬都有一至四件长瓶出土，是以长瓶作为丧葬制度等级的体现。

定陵中共出土瓷器16件，其中有八件是青花长瓶，放置在帝、后棺椁之四周，把盛酒的长瓶排列在棺椁旁，应有其特殊意义，“酒”与“久”，“青”与“清”，“瓶”与“平”谐音，象征“四方清平，四平八稳”，有天长地久、江山太平之寓意，预示着大明江山子孙万代，绵延旺盛。

酒瓶与梅瓶

这种瓷瓶用于贮酒，瓶上的题刻亦足为证。除本篇所举“清沽美酒”诸例外，如安徽六安出土的此种瓶上有“内酒”二字；白沙1号宋墓壁画中之持此种瓶者身侧榜书“昼上崔大郎酒”；锦州博物馆所藏者书“三杯和万事，一醉解千愁”；内蒙古察右前旗出土者刻有“葡萄美酒”四字；西安曲江池出土者题有“风吹十里透瓶香”诗句。山东邹县明·朱檀墓出土的这种瓷瓶里盛的也是酒。而宋人在书斋中插梅花则多用胆瓶。如王十朋《元宾赠红梅数枝》诗中说“胆瓶分赠两三枝”，以之与韩淲“诗案自应留笔研，书窗谁不对梅瓶”之句相比照，则后一处所称“梅瓶”应指插有梅花的胆瓶。明·袁宏道《瓶史》说“书斋插花，瓶宜短小”，他认为胆瓶、纸槌瓶、鹅颈瓶等之“形制短小者，方入清供”。本篇介绍的瓷瓶高逾70厘米，显然不宜插梅花。在古人的雕刻绘画中，从未见过以长瓶插梅花者。甚至首次提出“梅瓶”之名的《饮流斋说瓷》中也认为，此名乃“市人象形臆造”；故“梅瓶”一名似不宜继续沿用。

（孙　机）

66

一位有名无实的皇太后

孝靖太后凤冠

*

苏生文

明

高27、口径23·7厘米

北京昌平出土

1957年10月20日下午，北京明定陵地宫的最后一扇石门被开启，考古工作人员发现了摆在地宫里的三具棺木，分别属于万历皇帝、孝端皇后和后来被万历的孙子天启皇帝追封为皇太后的孝靖太后。其中万历和孝端的棺木保存较好，孝靖的因为是迁葬来的，已腐朽不堪。经过清理，地宫里的29个随葬储物箱里共出土了2648件精美的文物，包括纺织品、衣物、金器、银器、铜器、锡器、瓷器、琉璃器、玉器、石器、漆器、木器、首饰、宝石、珍珠、冠、带、佩饰、钱币、武器等，其中大部分都堪称稀世之宝，全面直观地反映了明中后期高度发达的物质文化水平。特别是丝织工艺、金属制作工艺等可谓是登峰造极，无与伦比。其中的四个储物箱内各有一个六角形的朱漆囊匣，匣内各装着一顶凤冠，出土时漆匣已朽，凤冠珠翠散乱，考古工作者根据原物修复成三龙二凤、十二龙九凤、九龙九凤和六龙三凤的凤冠各一顶，其中属于孝靖的九龙九凤冠入藏中国国家博物馆。根据《明史·舆服志》，洪武三年定："（皇后）受册、谒庙、朝会，服礼服。其冠圆匡，冒以翡翠，上饰九龙四凤，大花十二树，小花数如之。两博鬓十二钿。"永乐

孝靖太后凤冠

三年定制："其冠饰翠龙九，金凤四，中一龙衔大珠一，上有翠盖，下垂珠结，余皆口衔珠滴，珠翠云四十片，大珠花、小珠花数如旧。三博鬓，饰以金龙、翠云，皆垂珠滴。翠口圈一副，上饰珠宝钿花十二，翠钿如其数。托里金口圈一副。珠翠面花五事。珠排环一对。"而出土实物与定制均不符。由此可知万历时冠服制度已有所变化。

孝靖太后的这件凤冠，是用漆竹扎成帽胎，面料以丝帛制成，前部饰有九条金龙，口衔珠滴，下有八只点翠金凤，后部也有一金凤，共九龙九凤。金凤凤首朝下，口衔珠滴。珠滴可以在走动的时候，象步摇那样随步摇晃。翠凤下有三排以红蓝宝石为中心的珠宝钿，其间点缀着翠兰花叶，冠檐底部有翠口圈，上嵌宝石珠花，后侧下部左右各饰点翠地嵌金龙珠滴三博鬓，博鬓上嵌镂空金龙、珠花璎珞，似金龙奔腾在翠云之上，翠凤展翅翱翔于珠宝花丛之中，金翠交辉，富丽堂皇。此冠共嵌未经加工的天然红宝石百余粒，珍珠5000余颗，造型庄重，制作精美，采用的工艺有花丝、点翠、镶嵌、穿系等。

花丝即用金做原材料，拔成细丝后，用堆、垒、编、织等方法，将花丝成型，加以烧焊，编结成龙的形状。点翠是将金、银片按花形制作成一个底托，再用金丝沿着图案花形的边缘焊个槽，在中间部位涂上胶水，再把从翠鸟的羽毛镶嵌在座上，形成精美的图案。图案上镶嵌珍珠、翡翠等珠宝玉石。翠鸟的羽毛光泽感好，再配上金边，显得富丽堂皇，且永不褪色。这件凤冠的点翠难度相当大，不仅点翠的面积大（有翠凤、翠云、翠叶、翠花），而且形状复杂。尤其是翠凤，均作展翅飞翔状，凤尾展开，羽毛舒展，富灵动感。镶嵌即用金片裁成条状，作出与宝石形状相似的"托"，托两侧焊两爪抱住宝石，必要时用蜡粘住。穿系是将一颗颗珍珠全部穿孔后，按一定的排列顺序或图案将它们穿系起来。

这件凤冠的主人孝靖太后王氏原是万历后宫的宫人，万历皇帝私幸怀孕。按惯例，宫中有人被皇帝宠幸，就会得到赏赐，由文书房内侍记明年月日及所赐之物，备日后验证。但当时万历皇帝对此事极其避讳，所以左右人等都不敢提及此事。后来此事被万历生母李太后知道了，劝说万历将王氏被封为恭妃。不久后，王氏生皇长子朱常洛，即后来的泰昌皇帝（光宗）。皇长子虽已出世，但其母王氏的封号并没有改变，仍为恭妃。母子二人同居景阳宫，终年见不到万历。而万历宠幸的郑贵妃却因生皇子朱常洵晋封为"皇贵妃"，与万历整日形影不离。万历意欲废长（朱常洛）立幼（朱常洵），但遭到部分朝臣的激烈反对，引发了"国本"之争。无奈，万历只得于万历二十九年（1601年）册立长子朱常洛为皇太子，并封朱常洵为福王作为补偿。王氏虽贵为皇太子的母亲，但恭妃的封号依然如故。母子二人也各移别宫，难以相见，还不如以前。

万历三十四年（1606年），皇太子朱常洛喜得长子朱由校，也就是万历的皇太孙。尽管这样，万历皇帝还是不肯将恭妃晋级。朝中大臣实在看不下去了，纷纷劝谏万历提升恭妃的地位。万历这才很不情愿地将王氏封为皇贵妃。但王氏境遇并没有得到改善。万历三十九年（1611年）王氏病重，朱常洛好不容易争取万历的同意，前往探视。却见王氏所在的宫门是上了锁的。朱常洛找到钥匙，将锁打开，才见到了生身之母。此时王氏眼睛已经哭瞎，看不见儿子了，只能用手抚摸着儿子的衣角，一边流泪一边说："我儿已经这么大了，我死也无恨了。"不久后，王氏病逝。万历本欲将她薄葬了事，经大臣劝谏，才以"皇贵妃"礼葬东井的平冈地。

万历皇帝驾崩后，朱常洛继位，是为泰昌皇帝。泰昌皇帝本想追封生母为皇太后的，无奈命短，当皇帝还不到一个月就因吃"红丸"去世了，这些想法还来不及实施。其子朱由校继位，即天启皇帝。天启皇帝终于完成了乃翁的意愿，追封王氏为"孝靖皇太后"，并将她迁葬到定陵，与万历、孝端合葬一处。我们现在所见的凤冠当为迁葬时补进去的。

万历朝发生的『国本』之争

万历朝曾发生了一次"国本"之争。"太子者，国之根本也。"在封建社会，皇位继承人的选择是否得当，往往关系到一个朝代的存亡兴废。在明代万历朝，就发生了轰动朝野的"国本"之争。朱常洛是万历皇帝的长子，按照正统习惯，长子当立为太子。但是，朱常洛是地位很低的宫女王氏（即后来的孝靖太后）所生，万历有意将皇位传于宠妃郑贵妃所生的朱常洵。朝野上下也分成两个派别，为了各自的利益（有的是为了某种信念）各支持一人，互相攻击，给国家的稳定留下了严重的隐患。直到万历二十九年（1601年），万历皇帝才在内外的压力下正式册立朱常洛为太子，同时封朱常洵为福王，群情稍安。但是，在万历皇帝的包庇下，朱常洵被封为福王后并没有按照规定离京就藩，仍然威胁着太子的地位。此后，朝臣又为福王就藩之事不断地向万历皇帝施加压力。直到万历四十二年（1614年），福王才不得不离开京城到封地赴任，"国本"之争告一段落。

（苏生文）

67

明代北京市容

《皇都积胜图》

＊

苏生文

明　绢本设色
纵32、横2182.6厘米

这是一幅反映明代中后期北京商业繁荣的历史画。卷首标有篆书《皇都积胜图》，图名左下侧署楷书“怡怡堂主人”，卷后有明代礼部侍郎翁正春于万历己酉（1609年）所作的跋文：“侍御惟良史公得一缥素，题曰皇都积胜，持以示予，命为纪之。”“侍御惟良史公”，指生活于嘉靖、万历年间，曾做过监察御史的山西人史学迁，“惟良”是他的字，“怡怡堂”则是他的堂号。据此可知史学迁是该图卷的题名者并是已知最早的持有者，但画的作者不详。

画卷从北京南郊的乡村开始，几个行人和一辆独轮车相伴北去，前面有两个公人押解着一辆八骡大车行进，两匹快马从车旁掠过。前面出现了一个集镇（可能是长辛店），临街有两三处酒店，三五客商正在打尖吃饭。出了集镇，只见前面有四个骑马挎刀的镖师正护送着四副插着黄旗的大箱笼。周围是男耕女织的乡村图景。

画面继续展开，雄伟的卢沟桥已经遥遥在望，桥上柱头的狮子隐约可辨。桥面上走来一队人马，簇拥着一顶大轿。另一队人马相向而行，主角是一位骑在马上的衣冠华贵、手执折扇的贵人，前面有人扬鞭喝道，后面跟着十几名带刀的护卫。

过了桥，就是比较繁华的宛平县城了，街道两旁出现了旅店、货栈、银炉房等。一般县城里必不可少的庙宇和衙署，这里也有。一群看客正在围观男女艺人表演。出了城，依然是

一片乡村景象，但行人明显增多，有挽车的、挑担的、赶羊的、牧鹅的，一队队驴驮子驮载着的各式货物赶往京城。

再往前，就到了北京城外的关厢了。大路上，四只迈着稳健的步子的大象各驮着一名驯象人，几名校卫跟在后面，可能是赶去参加皇家庆典的。行人之中，出现了一个怀抱弦子的卖艺女和讨饭的小乞丐，显得与周边的气氛不大和谐。

再前面，城楼高耸，墙垣俨然，雄伟的北京城就在眼前。进入广宁门（广安门），但见房屋栉比，街巷纵横，行人车马，熙来攘往。立着冲天招牌的店铺一个接着一个，酒楼茶肆点缀其间。骆驼队过处，只见一行进宝的“番臣”，正指挥着抬夫抬着关在笼子里的准备进贡给朝廷的奇珍异兽——一只狮子和一只老虎。

从五牌楼至正阳门，再从正阳门至大明门，是画面的高潮部分。这一带布棚高张，夹道纵横，从珠宝古董、绸缎皮货、字画笔砚到衣裳布匹、刀剪陶瓷、纸花玩物，应有尽有。街道上车马行人熙熙攘攘，茶楼酒肆店铺林立，招幌牌匾随处可见，马戏、小唱吸引着无数看客围观。正阳门两侧的两座小庙也画了出来，东面是观音庵，有位妇人正手持香束去拈香；西

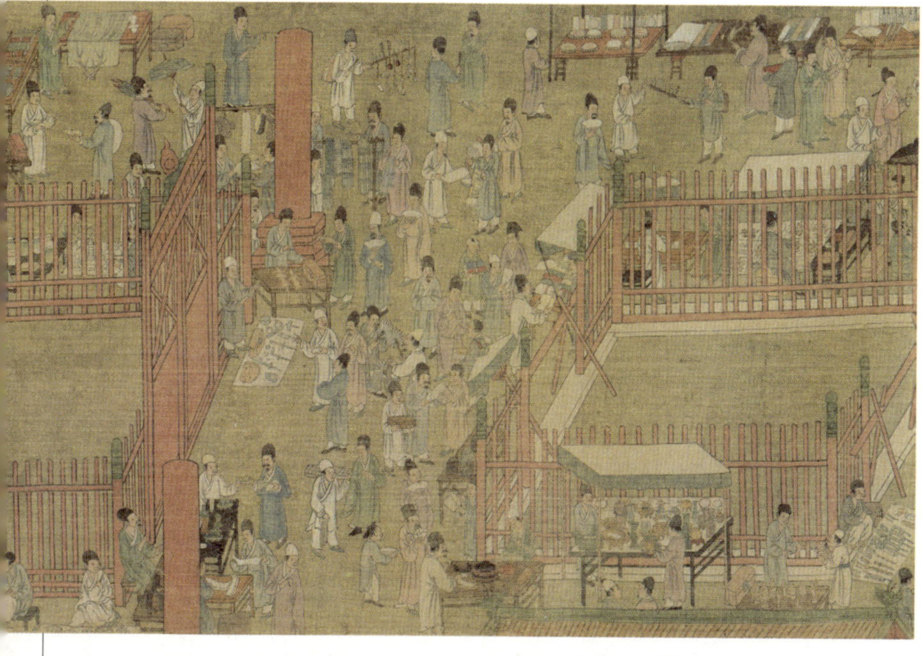

《皇都积胜图》（局部）

《皇都积胜图》（局部）

边就是有名的关帝庙。

进了大明门，那片喧嚣嘈杂渐渐低沉了下去，雄伟的承天门（天安门）巍然屹立，重檐金顶，高耸入云。高大的盘龙华表矗立两边。中间即是雕栏玉砌的金水桥，清波粼粼从桥下流过。“天街”之上，几位外国使臣牵着狮子，捧着象牙珊瑚，由五六个内侍陪伴着，正在观赏皇城的胜景。

前面就是紫禁城了。高大的宫墙内，金碧交辉，层连不断。五凤楼（午门）、奉先殿（太和殿）半隐半现，楼阁台榭，高下相间。整个的紫禁城笼罩在一片神秘的云雾之中。再往远处，“万岁山”（景山）依稀可见。画面的最远处，是半隐半现于层峦叠嶂之中的居庸关和长城。全卷终。

北京“左环沧海，右拥太行，南襟河济，北枕居庸”，地理位置十分重要。金元时期，随着民族的融合，北京地区逐渐成为中国政治的中心，金和元先后在这里建立都城。明朝建立后，朱元璋将他的第四个儿子朱棣封为燕王，王府设在北京。1399—1402年，朱棣发动“靖难之役”，从他的侄子建文帝手中夺取了皇位，当上了皇帝。由于北京是朱棣的“龙兴之地”，也是他的根据地之所在，加上防备蒙元残存势力的需要，他决定将都城从南京迁至北京。经过十几年的精心营建，一座规模宏大、在当时首屈一指的大都市——北京，在元大都的基础上改建而成。永乐十九年（1421 年），朱棣正式迁都北京。从此，明朝的政治中心从南京转移到了北京。嘉靖年间，又在内城南面增建了外城。图卷里已有外城，可知其创作年代不早于嘉靖。

明朝迁都北京后，北京既是皇宫所在地，又是军、政、检等机关集中的地方，依此而生的消费性人口数量非常庞大，城市商业也随之繁荣。因此，北京不仅是明朝的政治中心，而且也是商业中心。当然，商业空间布局和政治空间布局的分工也是很明确的。大体上说，承天门内皇城是宫禁之地，自然没有任何商业活动（而在清代的很长时间里皇城内却有少许的商业活动）；大明门至承天门之间为行政中心，分布着吏、户、礼、兵、刑、工六部的衙署，当然也基本上没有什么商业活动；而从大明门到正阳门之间的“朝前市”以及向南的延长线则是明代北京最主要的商业中心之一。这里店铺林立、人如潮涌、热闹非凡，正如图卷所描绘的那样。这里之所以成为商业中心，有几个原因：一是迁都北京后，漕运终点改到北京城东南角的大通桥桥下，离正阳门很近；第二，六部的衙署均设置在大明门至承天门之间的东西两侧，衙门官员和一般办事人员均存在大量的消费需求，外省官吏进京述职、办事所需的馈赠物品也可就近筹措；第三，明初迁都北京时“召商居货”，令进京的南方工匠和商人进驻正阳门外大街左右的廊房，促使其地商业发展起来；第四，从卢沟桥往广宁门（广安门），过虎坊桥，走斜街（今李铁拐斜街）到达正阳门，历来就是河北、河南、山西、陕西和西北各地商人进京的必经之路，这一带自然百货辐辏，商贾云集。入清以后，由于清朝统治者将汉人全部迁往外城，内城不许开设店铺，因此，《皇都积胜图》里描绘的最繁华的“朝前市”就不复存在了。

《皇都积胜图》（局部）

68

明代南京市容
《南都繁会图》

*

苏生文

明　绢本设色
纵44、横350厘米

这是描绘明代中后期南京城市繁荣的画卷。卷首署《明人画南都繁会景物图卷》，原是“常熟翁氏旧藏”，为曾任清帝帝师的翁同龢家族的藏品，今藏中国国家博物馆。卷尾署“实父仇英制”，但从绘画技法看，并非仇英所作。

画卷所显示的方向为右南左北。开首是一片沟渠交错、阡陌纵横的旷野地带。是时正值江南早春，成荫的绿树相间着盛开的桃花。在通向市区的大道上，一骑快马正在飞奔，可能是传递公文的驿卒。四个轿夫抬着一顶乘坐着红衣官员的大轿，正向市区奔去。再往前就到了最热闹的区域了，这里街巷纵横，店铺林立，标牌广告林林总总，车马行人摩肩接踵，可能表现的是南京著名的商业区——长干里。从春秋战国开始，长干里一带就已经是南京人口最密集的地区。明太祖建都南京后，长干里出现了两个专业大集市：以经营粮食和其他农副产品为主的“米行大市”和以经营竹木薪炭为主的“来宾集市”。横贯而过的秦淮河通过疏浚后，可“通行舟楫”，成为向城内驳运漕粮的主要通道。明成祖迁都北京后，长干里的这些功能并没有削弱。这在图卷上有清晰地展现：秦淮河岸边“牛行”、“猪行”、“羊行”、“驴行”、“鸡鸭行”等幌子

《南都繁会图》（局部）

招牌随处可见，河中运粮船、龙舟、渔船往来穿梭……显得十分繁忙。

到了画卷所表现的明代中后期，随着商品经济的发展，长干里一带越发繁荣，百货云集、商民杂处。不仅有“西北两口皮货”、“立记川广杂货”、“福广海味发客”、“京式靴鞋店”、“川广云贵德森字号”、“南北果品”等国内商品，而且“东西两洋货物俱全”。这里的“西洋”是否指的是欧洲，我们还不敢断定，因为，在明人的眼里，“西洋”也可以指印度洋，正如“郑和下西洋”所指的“西洋”那样。但画面中出现了一位戴眼镜的老人，则使我们很难否定中欧之间已经存在贸易的事实（尽管也可能是间接贸易）；因为眼镜

《南都繁会图》（局部）

是欧洲人发明的。“东洋货物”指的是日本货，应当是没有疑义的。与此相印证的是，画卷还出现了一个名为“走海倭子进宝”的民间文艺表演，有几位艺人扮演日本商人来中国进贡宝物，表现了中日朝贡贸易的史实。

长干里一带不仅是商业中心，而且也是个金融中心。图卷上出现了“钱庄”、“万源号通商银铺”、“兑换金珠”、“当”等招幌招牌，生动地印证了这一点。

画卷中央的一座灯棚的门楣上写着“鳌山”两个大字，向人们透露出该画所表现的时间是正月元宵节。因为明太祖建都南京后，为了招徕天下富商，繁荣经济，曾下令在皇宫外高

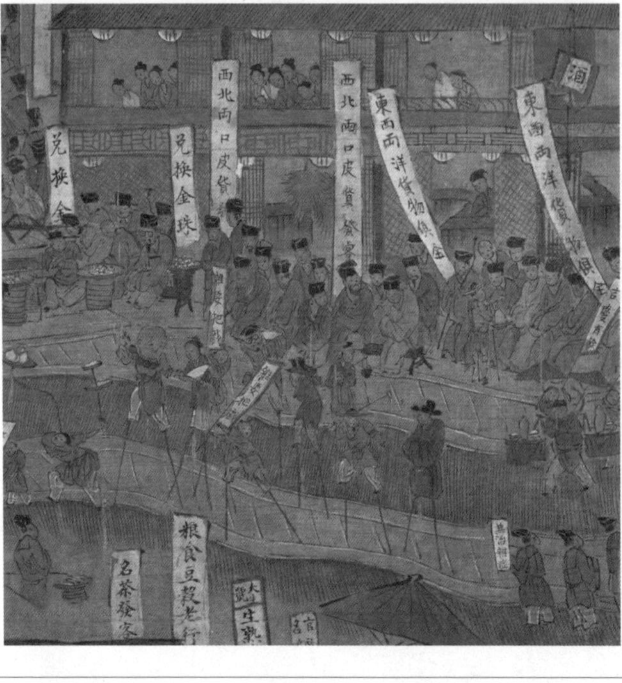

《南都繁会图》（局部）

架鳌山（传说中的神山，一说鳌山为制高点，取独占鳌头之意），在元宵节放灯十日，供百姓观赏。这一传统看来延续了下来。

从画卷中，我们可以对元宵节南京市民的文艺活动有一个比较深刻的印象。画卷中人物最为集中的地方是戏台前面。戏台搭在街道的中央，分前台和后台，前台上有一位艺人正在唱戏，演出的节目似为《天官赐福》（道教奉天、地、水三神，亦叫三官，天官即其中之一。每逢元宵节，天官下降赐福消灾，明代传奇常常以这类题材作为开场戏），后台有一位艺人正在化妆，似扮演孙悟空的角色。男性观众正站在街上观赏，而女性观众则坐在上面遮有布幔的女台上，所谓“上头闺阁下宾朋”，即指此而言，可见当时还是很讲究“男女之大防”的。街道周围的店铺酒楼里也挤满了看客。有一队高跷队正从山上逶迤而来，连绵数里，打头的一组已走在闹市的中心，有四人正在表演取材于《三国演义》里的故事《三英战吕布》，手持青龙偃月刀的关羽、执丈八长矛的张飞正与执方天画戟的吕布战得难解难分，刘备手持双股剑也在旁边助战。接下来的一组表演可能是取材于《西游记》的《安天会》。后面一组高举着一面红色大旗，上写“水浒”两个大字，手举刀、枪、剑、戟的梁山好汉，正向着闹市走来。此外，还有舞狮表演、武术表演、“杂要把戏”（杂技）等节目，其中“京人把戏”表演的是一组高难度的动作，两个壮汉共同顶着一个长梯，梯上一演员正倒立翻腾，旁边有鼓乐伴奏。

出了闹市区，出现了一座衙署，粉墙瓦舍中露出两面高悬的大旗，迎风飘扬。衙前两边，一排仪仗斜靠墙上，一个皂隶坐在旁边。衙前一对石狮子，显现出官府的威严。衙门半开着，两个送公文的人正往里走去。过了衙署，仍有店铺数间，行人熙来往攘。但很快，“大小文武官员下马”的石碑就出现在眼前，它警告着人们前面就是皇城禁地了。热闹嘈杂之声音就此沉寂了下去，金碧辉煌、高低起伏，层连不断的楼阁台榭，在云雾缭绕中半隐半现。内廷的门前，手持武器的近卫亲军肃立左右，一片片的云彩，遮住了人们的视线。整个图卷就此结束。

南京是“六朝古都”，明成祖迁都北京后，南京虽然不再是首都，但仍称“行在”，设有与中央一样的行政机构（尽管没有实权），两京并存。因此，南京仍是明朝重要的政治中心。南京及其周围地区，农业、丝棉纺织业发达、水陆交通方便，依托着“财赋甲天下”的江南，是明朝的经济中心。而且，南京作为六朝古都，人文积淀深厚，文化底蕴充足，理所当然也是明朝的文化中心之一。这幅写实风格的绘画作品，为我们提供了关于明代南京之丰富的历史信息。

69

螺钿妆成翡翠光

“千里”款黑漆螺钿执壶

*

苏生文

明

高35、口宽6.3厘米

这件执壶黑漆锡胎，方形，带盖，壶嘴高耸，显得有几分傲气；壶柄直角内折，嵌以薄而发光的小圆螺钿片及凹入成六瓣小朵花卉纹的锦纹；盖子的四周作描金缠枝花卉纹，盖上的小柄作一朵嵌彩色螺钿的多瓣圆形花朵，十分精妙。壶身造型修长挺拔，嵌以很薄的云母、红玛瑙、珊瑚、绿松石、螺钿等“百宝”，组成色泽美妙的花鸟蝴蝶图案，图案随着照射光线角度的变化而变化，发出各种各样的光彩。壶身图案被有心地分成上下两截。上截的梅花，刻画生动，看上去生机勃勃；下截的这只鸟，悠然自得，既有几分心满意足，又有几分不屑一顾的神态，别具情趣。该壶结构严谨、画面优美，不仅体现了作者精湛的技艺水平，而且也显示出了他的智慧、个性、文化素养以及创造性的思维。壶底圈足内作嵌螺钿方框形印，篆书“千里”二字，笔法粗犷，可能是明末著名髹饰工艺师江千里所作，为传世“千里”款作品中的上乘之作。

江千里，字秋水，生卒年不详，大约生活在明末清初，扬州（一说嘉兴）人。王士祯《池北偶谈》、朱琰《陶说》、郑师许《漆器考》、邓之诚《骨董琐记》中均作姜千里。江千里制作的漆器多标有“千里”二字，但后来也可能演变成一个品牌，并非皆是江千里亲手所做。据清嘉庆重修的《扬州府志》记载：“康熙初维扬有士人查二瞻工平远山水及米家画，人得寸纸尺缣以为重。又有江秋水者，以螺钿器皿最精工巧细，席间无不用之。时有一联云：‘杯盘处处江秋水，卷轴家家查二瞻’。”意思是说风雅之士都喜欢在家里摆放着江千里制作的螺钿漆器，厅堂上挂着查二瞻的山水画。查二瞻即新安派名画家、书法家和诗人查士标，二瞻是他的字。查士标与孙逸、汪之瑞、弘仁并称为“新安四家”。查士标的山水画以笔墨疏简、风神萧散、气韵荒寒而著称，名重天下。将一位漆匠制作的杯盘与名画家的画相提并论，这在中国工艺史上很少有，江千里的地位可见非同一般。据说，与江千里同时代的刘应宾寓居扬州时，一天夜里突然梦见江千里制的嵌螺钿漆器，诗兴大发，当即作诗赞道：“螺钿妆成翡翠光，紫霞秋澈婺州香。形神具美真通泰，假寐仍期到梦乡。”

清代著名的诗人、散文家和法学家阮葵生在他的传世名作《茶余客话》中说江千里“名闻朝野，信今后传无疑也”。从流传到今天的江千里款嵌螺钿作品来看，阮葵生的眼光还是很不错的。江千里的螺钿漆器，与差不多同时代的名家名作如时大彬的紫砂壶、陆子冈的玉器、张鸣岐的手炉等，均享有盛名。从某种意义上也可说明，江千里生活的晚明时代，匠人的地位已经大为提升，当时已经具备比较明确的名牌意识。

明代的漆器制造业非常发达。明初在宫内的内官监设立了油漆作，专门制作御用的漆器。御用监也有专人负责造办漆器。内府供用库特设的丁字库，贮藏有大量的生漆等原材料，以备提用。永乐至宣德年间又开设了果园厂，从全国调用著名的漆工到这里制作漆器。民营的油漆作坊分布也很广，北京、扬州、苏州、嘉兴、新安（今属黄山市）、新绛、大理等都是重要的漆器产地。明代漆器品种已很齐全，主要有一色漆器、罩漆、描漆、描金、堆漆、填漆、雕填、螺钿、犀皮、剔红、款彩、戗金、百宝嵌等，其中嘉兴和新安的剔红、苏州和北京的描金、新绛的雕填和剔犀、云南大理的雕漆等，都名重一时，具有很高的艺术水平。江千里的家乡（或长期居住地）扬州，漆器的制作技术更是发展到了鼎盛（一直延续到清代），这里漆器作坊林立，品种繁多，规模庞大。从原料销售、生产制作到经营销售，形成了一套完整的产销体系。旧扬州仅以漆器命名的街巷就有“漆货巷”、“罗甸（螺钿）巷”、“大描金巷”、“小描金巷”等十余条。著名的漆器工艺品种有剔红（雕漆）、百宝镶嵌、螺钿镶嵌、八宝灰、波罗漆、刻漆、堆漆、戗金等。在漆器制作技术高度发展的基础上，明末新安人黄成总结

“千里”款黑漆螺钿执壶

前人和他自己的经验，写成了著名的漆艺专著《髹饰录》（成书于天启年间）。该书分《乾》、《坤》两集，《乾》集讲工具、原料及操作禁忌等；《坤》集讲髹饰品种、分类、技法及制作程序等。该著作为揉饰工艺提供了比较合理的分类体系，同时也为品种繁多的漆器定名提供了比较可靠的依据。《髹饰录》是中国、也是世界上现存最早的漆艺专著。

经典的髹饰工艺著作——《髹饰录》

《髹饰录》是中国古代唯一传世的髹饰工艺经典著作。作者黄成，安徽新安人，明末漆器制作名家。他在总结前人和自己的经验的基础上撰成此书，较全面地叙述了髹饰工艺的各个方面。明天启五年（1625年），《髹饰录》经嘉兴漆艺师杨明逐条加注，并撰写了序言，使内容更加翔实。

《髹饰录》分乾、坤两集，共18章，186条。乾集主要叙述制作漆器的原料、工具和设备，以及漆工容易犯的毛病及原因；坤集主要叙述漆器的分类和每一类的不同品种，以及漆器的制作、装饰和修复方法等。全书叙述纷繁，且所讲漆器不限于明代，往往上溯古法，描述唐宋或更早的制作，因而也是研究漆器史的重要文献。古代漆器有不少制法失传，有的只知其名甚至连名称也前所未闻，此书为后人提供了可靠的资料。书中的分类也较为合理，可以由纲及目地查到所属的各个品种，为中国繁多的漆器形制及工艺方法建立了一套命名与分类的标准。

《髹饰录》虽然价值很高，但行文隐晦难懂，内容上也有不少遗漏。20世纪50—80年代，著名文物专家王世襄参照历史文献、考古发现和传世漆器对之进行分析研究，并请教了现代漆工匠师，撰写出《髹饰录解说》一书，语言通俗易懂，内容深入浅出，并附有实物图片、漆工术语索引和漆器门类表，极为实用。

（苏生文）

70

清代最尊贵的青玉印
“皇帝之宝”玉印

*

王俪阎

清
边长16.1厘米

这件清代的“皇帝之宝”青玉印是清朝皇帝颁发诏书时钤盖的一方印章。印面方形，宽缘，印文“皇帝之宝”为满、汉二体文，文字粗大凝重，气派十足。印钮雕成盘龙状，龙大头粗身，四爪健壮，极具特色。

清朝初年，皇帝用以发布诏书、敕谕时钤用的印章多达三十九方，乾隆皇帝登基后，经精心挑选，钦定包括这件皇帝之宝玉印在内的二十五方留在皇宫御用，存放交泰殿，由内监管理。余下那些，送盛京（今辽宁沈阳）故宫，藏凤凰楼上。

印，也称为玺，作为身份、等级的象征以及行使权利的凭证由来已久，目前有实物证明的，能追溯到战国时期。从楚人卞和发现的美玉琢磨而成“传国玺”的传说故事中，不难发现玺印在古人心目中的地位。

印章的称谓几经变化。秦以前，印章多称为玺，玺、印之称并没有高低贵贱之分，随便什么人的印章，都可以叫作玺。秦始皇统一六国后，为了显示他的尊贵，在制定各项规章制度时，改变了战国以来官私印章都可以称为玺的传统，规定只有皇帝、皇后的印才能称玺，用玉雕制，其余一律叫印。与此同时，他诏令篆刻“皇帝之玺”、“皇帝信玺”、“皇帝行玺”、“天子之玺”、“天子信玺”、“天子行玺”六印，即后世所说的“乘舆六玺”，作为皇帝处理日常政务时使用的印章。汉朝时，玺或印的称谓要求不很严格，诸侯王、王太后的印都可以称玺。皇帝御用印称玺的规制一直延续到唐初，直到武则天掌权时，才有所更改。武则天认为“玺”与“死”音近，就将皇帝御用之玺改称御用之宝，掌管御玺的“符玺郎”更名为“符宝郎”。以“宝”为御玺之称，从此开始并沿袭下来。唐中宗时，一度把“宝”改回到“玺”。辽、明、清也偶用“玺”的称谓，如辽朝皇帝的“通天万岁之玺”，但称“宝”占了主流。

清朝皇帝用的二十五宝的大小、形制、质地、用途各异。根据《清史稿·舆服志》的记载，乾隆钦定的二十五宝有玉、金、檀香木几种材质，印钮有盘龙、蹲龙、交龙几种形态。盘龙的包括：以章皇序的白玉“大清受命之宝”；以章奉告的碧玉“皇帝奉天之宝”；以章继绳的金“大清嗣天子之宝”；以布诏敕的青玉“皇帝之宝”；以肃法驾的檀香木“皇帝之宝”；以祀百神的白玉“天子之宝”；以荐徽号的白玉“皇帝尊亲之宝”；以展示盟的白玉“皇帝亲亲之宝”；蹲龙的包括：以颁赐赉的碧玉“皇帝行宝”；交龙的包括：以征戎伍的白玉“皇帝信宝”；以册“外蛮”的碧玉“天子行宝”；以命殊方的青玉“天子信宝”；以饬觐吏的白玉“敬天勤民之宝”；以谕臣僚的青玉“制诰之宝”；以钤诰敕的碧玉“敕命之宝”；以扬国宪的碧玉“垂训之宝”；以奖忠良的青玉“命德之宝”；以重文教的墨玉“钦文之宝”；以崇古训的碧玉“表章经史之宝”；以从省方的青玉“巡狩天下之宝”；以张征伐的青玉“讨罪安民之宝”；以整戎行的墨玉“制驭六师之宝”；以诰国外的青玉“敕正万邦之宝”；以诰四方的青玉“敕正万民之宝”；以谨封识的墨玉“广运之宝”。二十五宝为皇帝处理国家政事所用，尺寸很大，最大的“广运之宝”边长达到19.6厘米，就是最小的“皇帝尊亲之宝”，边长也有6.8厘米，是一般印章的几倍。

二十五宝印文多采用满汉两种文字书就，其中前四宝满文在左，用本字，汉字在右，用篆书，余下的满、汉文都为篆体。

二十五宝各有用途，但使用最多的是檀香木的“皇帝之宝”。皇帝即位、大婚、册封皇后、发布进士金榜时所钤均为此印。用檀香木作御印材质，为清代独有。对此，乾隆皇帝在御制《国朝传宝记》中作了如下解释：“君人者在德不在宝。宝虽重，一器耳。等明威，征信守，与车旗章服何异？德之不足，则山河之险，土宇之富，拱手而授之他人，未有徒恃此区区尺璧，足以自固者。……故宝器非宝，宝于有德。”

二十五宝于乾隆十一年（1746年）选定。自秦始皇制定“乘舆六玺”，到唐初，各朝基本沿袭其规制，南宋时，御玺数量开始明显增多，但在御玺最多的明代，也只有二十四方，中国古代很讲究好事成双，为什么乾隆皇帝选二十五宝以供御用呢？最初人们认为，选用“二十五”这个数，可

“皇帝之宝”玉印

“皇帝之宝”玉印印文

能是据《周易》典故。《周易·大衍》：有“天数二十有五”之说，“二十五”是个吉祥数，选二十五宝，是预示清王朝能传至二十五世。后来又有人从乾隆皇帝作了太上皇后作的《匣衍记》中，考证出二十五宝用的是“姬周故事”典故。所谓“姬周故事”，指的是周平王迁都洛阳，开东周二十五代王业的一段历史。东周是中国历史上经历时间最长、世代最多的王朝。谙熟历史的乾隆皇帝知道“自古以来，未有一家恒享昊命而不变者”的道理，明白总有一天，大清帝国也会和已往朝代一样走向没落、直至灭亡。他当然希望这一天来得越晚越好。“二十五宝”的选定，就是这种思想的体现。他鉴于历史上最长久的东周也不过二十五代，东周在迁都一事上又与清朝略有相近，就以东周世袭代数选“二十五”为国宝定数，寓意并企冀清王朝也能像东周那样延续到二十五代。可惜他的希望还是过高了，从顺治帝定都北京到溥仪退位，总共不过十代。

乾隆皇帝使用的印章

乾隆皇帝使用过很多印章，有金、玉、木、象牙、石、铜等各种材质，粗略统计已达千余方，乾隆印章大略可分为名章和闲章两大类，名章主要有人名、地名、鉴赏印以及收藏印等。闲章的印文，有引经据典的，也有摘引他自己的诗文的。1790年，乾隆皇帝80大寿时，镌刻和阗玉宝玺以作纪念，印文“八徵耄念之宝”是乾隆皇帝亲自审定的，“八徵耄念”取自《尚书》九畴中第八“念用庶徵”，乾隆解释为：“一日未息肩，万民恒在怀。庶徵之八，可不念乎？念庶徵即所以念万民。”钦定“八徵耄念之宝”后，乾隆意犹未尽，另镌刻一方“自强不息”，并对此作了如下解释：“予既镌‘八徵耄念之宝’，复副以‘自强不息’。”“自强不息”的印章是乾隆皇帝一生最为重视的印章，据统计，以此印文、用各种不同的质料和字体篆刻的印章有四十五方之多。（王俪阎）

71

清朝盛世，皇帝壮游
《乾隆南巡图》

*

苏生文

清・徐扬绘　纸本设色
共 12 卷，纵 68.6、总长 15417.8 厘米

这组画是描绘乾隆十六年（1751年）乾隆皇帝第一次南巡的情景。

本年年初，乾隆皇帝奉皇太后南巡，从北京出发，经德州，过运河，渡黄河，然后乘御舟沿运河南下，从瓜洲横渡长江，经镇江、无锡、苏州、嘉兴、杭州，最远到达绍兴而回。来回行程 5800 余里，历时 112 天。一路上，爱写诗的乾隆皇帝总共写了 520 余首御制诗，最终从中选出十二首，本着“以御制诗意为图”的原则，令徐扬分卷描绘，每首一卷，每卷独立，又依一定的历史顺序排序。每卷均抄录乾隆御制诗一首。图卷以中国画的写实手法和独具的艺术特色，将诗、书、画三者结合起来，描绘了乾隆下江南期间省方问俗、察吏安民、巡视河工、检阅师旅、祭祀禹庙和游览湖山名胜的情景。图卷人物众多，山川形势，城池车船、各行各业，林林总总，为我们提供了丰富而生动的历史信息。

第一卷以“御制辛未孟春奉皇太后南巡启跸京师近体言志”为题，描绘乾隆十六年正月十三日，乾隆皇帝奉太后从乾清门启銮，经大清门出正阳门，沿西河沿大街西行，转出广宁（安）门，过宛平县拱极城、卢沟桥、长新（辛）店，止于良乡黄新庄行宫，展示了气派非凡的大驾卤簿仪仗，金碧辉煌的皇宫、雄伟高大的城垣，以及前门一带繁荣的商业景象。

第二卷以“御制过德州作”为题，重点描绘乾隆皇帝乘轿从山东德州附近的一座浮桥过运河的情景，并展现了刚修整一新的德州城。二月初四日，南巡队伍经红花埠入江苏，驻徐州府宿迁县叶家庄大营。

第三卷表现的正是乾隆皇帝在淮安府清河县(今属江苏淮安市淮阴区，当时黄河流经此地)徐家渡大营起行，经杨家庄，在孙家码头坐船渡黄河至对岸的彭家码头的情景。

第四卷以“御制恭依皇祖览黄淮诗韵”为本，描绘二月初八日乾隆皇帝渡过黄河后，当日和次日视察黄河、淮河、运河和洪泽湖四个水系汇合处的险要工程的场景，其中“清黄交汇”（淮河水清、黄河水黄）的胜景以及惠济、通济、福兴三闸的波涛汹涌之状给人留下了深刻的印象。二月十三日，御舟过高邮，十四日至扬州。十六日，从瓜洲横渡长江，驻跸金山寺。

二月十七日，乾隆皇帝自金山放船至焦山游览，诗兴大发，写下了“自金山放船至焦山用苏轼韵”，第五卷描绘正是乾隆皇帝从金山乘船到焦山，一路游览长江胜景的场景。二月二十日，游无锡寄畅园，御舟驻跸北望亭。

第六卷描绘的主题是“驻跸姑苏”，描绘乾隆皇帝在苏州胥门外舍舟登岸，经胥门进入苏州城（当晚驻跸苏州织造署行宫），重点展现苏州阊门至胥门一带的繁华景象。

第七卷表现的主题为“入浙江境”，描绘御舟在江苏吴江县和浙江秀水县的交界处进入浙江境，止于嘉兴南湖烟雨楼。

第八卷据“御制三月朔日车驾至杭州驻跸之作”而成，重点描绘杭州的繁华街市以及南巡队伍游览西湖苏堤的情景。

三月初七日，南巡队伍到达此行的终点站绍兴，初八日祭大禹庙，游兰亭。第九卷即据“御制谒大禹庙恭依皇祖元韵”，画面起于绍兴府城，出东门，穿过街市和乡村，止于会稽山麓的大禹庙。三月初九日回杭州。

三月十四日，御舟沿运河北返，经苏州、无锡，二十四日到达江宁（南京）。二十五日祭明太祖陵，大阅江宁驻防八旗满汉军和绿营兵。第十卷描绘的即为江宁阅兵场景。

三月二十九日，御舟至京口，祭长江，驻跸金山江天寺行宫。三十日自金山渡长江，经扬州、高邮、界首、宝应、山阴，于四月初四日到达清河

《乾隆南巡图》（局部）

《乾隆南巡图》（局部）

县直隶厂。初六日再次视察河工。初七日，北渡黄河，初九日到达宿迁县顺河集。第十一卷表现的主题是“顺河集离舟登陆”，描绘乾隆皇帝在顺河集离舟登陆，乘马北归，着重描写该地的乡村景色。顺河集是南来北往的水陆换乘码头，再往前就是红花埠了。过了红花埠，入山东境。四月十九日至泰安府岱庙瞻礼。五月初四日回到北京。

最后一卷为“回銮紫禁城”，重点描绘从端门到午门的这一段路程。卷尾为徐扬写于乾隆四十一年夏五月的跋。

徐扬，字云亭，江苏苏州人。乾隆皇帝第一次下江南时途经苏州，徐扬以自作画册进贡，受到乾隆赏识，随后被选拔到宫中供职。从乾隆二十九年（1764年）起，徐扬奉乾隆皇帝之命绘制《乾隆南巡图》，用了六年时间绘制了一套十二卷的绢本《乾隆南巡图》。乾隆三十六年（1771年），又再次受命重新绘制《乾隆南巡图》，前后花了五年时间创作了第二套纸本设色的《乾隆南巡图》。如今，绢本的《乾隆南巡图》已经散佚，不再完整了，现分别藏在海内外各个博物馆中。目前已知，其中第九、第十二卷藏故宫博物院，第三卷藏法国尼斯市魁黑博物馆，第四卷藏美国纽约大都会艺术博物馆，第十卷藏法国巴黎吉美博物馆，另有一卷收藏在法国某私人手中。而这套纸本设色的《乾隆南巡图》十二卷，则完整地收藏在中国国家博物馆内。另有两件《乾隆南巡图》的画稿也保存在中国国家博物馆。徐扬的传世名作还有《盛世滋生图》（又名《姑苏繁华图》，现藏辽宁省博物馆）和《南巡纪道图》（又名《王道荡平图》，现藏北京保利艺术博物馆）等。

72

平定叛乱，维护统一

《平定准噶尔图》

*

苏生文

清・钱维城绘　纸本设色
纵 41、横 808 厘米

这是描绘乾隆二十年（1755 年）清军平定准噶尔部达瓦齐叛乱的历史画卷。画中钤有乾隆“三希堂精鉴玺”、“宜子孙”等图章，为乾隆年间钱维城所绘。

准噶尔是厄鲁特蒙古四大部（杜尔伯特部、准噶尔部、土尔扈特部和和硕特部）之一，明末清初游牧于巴尔喀什湖以东、天山以北的伊犁河流域，并逐步强大起来，统辖了厄鲁特诸部。康熙、雍正年间，准噶尔首领噶尔丹、策妄阿拉布坦和噶尔丹策零断续与清廷发生战争，均以前者的失败而告终。双方罢兵暂和。乾隆十年（1745 年），噶尔丹策零去世后，准噶尔部上层为争夺汗位发生了内讧，再次陷入战乱之中。达瓦齐在阿睦尔撒纳的帮助下夺得了汗位，但在得到汗位后又与阿睦尔撒纳不和，双方互相攻伐，结果阿睦尔撒纳率所部两万人归顺清廷。在此之前，“三车凌”等部也因不满达瓦齐的统治而“接踵内附”。乾隆皇帝在完全掌握了准噶尔内讧和达瓦齐众叛亲离的情况后，决心乘势出兵伊犁，完成他的祖父康熙皇帝和父亲雍正皇帝的“筹办未竟之绪”。

《平定准噶尔图》（局部）

乾隆二十年（1755 年）二月，清军兵分两路向伊犁进军：北路以班第为定北将军，从乌里雅苏台出发；西路以永常为定西将军，在巴里坤集结后出发；相约于伊犁东北 30 里的博罗塔拉河会师。《平定准噶尔图卷》反映的正是这次战事的全过程。

图卷共分十段，每段都有说明性的标题。图卷开始的标题是“哈密我兵过时恰逢时雨”，描绘西路大军行经哈密的情景，并把进军途中遇到难得的及时雨的信息也包含在图卷里了。由于准噶尔各部已经早就厌恶了长期的战乱，渴望和平安宁局面的来临，清军所到之处，“各部大者数千户，小者数百户，携酪酮，献羊马，络绎道左。行师数千里，无一人抗颜行者”。当大军经“阔石岭”，进入集结地“巴里坤”时，已有零星的当地部众携羊来降。

西路大军翻越地势险峻的“博克大”，进入“轮台”，画面上出现了在田间劳作的农民，表现大军过处，人们正常的生活秩序没有遭受破坏。大军继续西行，出“阳关”（非河西走廊的阳关），经“塔尔奇”，就到了两路大军会师的“伊犁河”。“伊犁河”这一段是整个图卷的最高潮，场面最大、人数最多；相互庆贺的两路大军的官兵、“渐次来归”的伊犁附近各族人民、放下武器的准噶尔部众欢聚在一起，连同马匹、营帐等，组成一个热闹的场面。画面进入“大营”，又有“来降者 7000 余众”。

《平定准噶尔图》（局部）

大军压境，达瓦齐众叛亲离，只得率亲兵万人，退走于伊犁河西北 180 里的格登山，企图负隅顽抗。大军渡过伊犁河，向格登山进发。一天晚上，被派到格登山侦察敌情的阿玉锡等二十五位勇士突袭达瓦齐大营，将达瓦齐军冲溃。达瓦齐率残部越天山奔南疆，其余7000多人不战自降。“格登山阿玉锡率二十五人斫营”反映的正是这一奇袭。

最后一段，是“霍集斯伯克献达瓦齐”，描绘回部首领霍集斯应定北将军班第之邀，将投奔自己的达瓦齐擒获，解送清军大营。画面是将达瓦齐押运上路的情景：在群山环绕之中，数十人组成的押解队伍，由二马前导，押解着被五花大绑的达瓦齐等人上路。全卷终。达瓦齐被解送北京后，乾隆皇帝对他采取了宽大的方针，将其封为亲王，还配以宗室之女，留在北京当侍卫，直至去世。

同样描绘这场战争场面的还有丁观鹏《平定伊犁回部战图》的第四幅《伊犁受降》和第五幅《格登鄂拉斫营》以及西洋画家郎世宁、王致诚、艾启蒙、安德义等绘制、并送至法国制成铜版画的《平定准部回部战图》十六幅中的两幅：《平定伊犁受降》、《格登鄂拉斫营》（此外还有反映此后几年清军平定阿睦尔撒纳叛乱以及大、小和卓木叛乱的十四幅：鄂垒扎拉图之战、库陇癸之战、和落霍澌之捷、乌什酋长献城降、通古斯鲁克之战、黑水围解、呼尔满大捷、阿尔楚尔之战、伊西洱库尔淖尔之战、霍斯库鲁克之战、拔达山汉纳款、平定回部献俘、郊劳回部成功诸将士、凯宴成功诸将士）。另外，郎世宁的《阿玉锡持矛荡寇图》，刻画了勇士阿玉锡全身戎装，目光坚毅，正手持长矛，跃马杀入敌阵的形象，可视为《格登鄂拉斫营》的特写。

钱维城，字宗磐，江苏武进（今属常州）人。乾隆十年状元，授修撰，官至刑部侍郎，工诗文，擅长山水画。他的绘画远绍元四家即黄公望、倪瓒、吴镇、王蒙，近学清初四王即王时敏、王鉴、王翚、王原祁，而且还直接得到董邦达的指点。在钱维城的绘画中，带棱角的石形、双勾少皴的树干，以及中锋含蓄的细笔、淡墨勾皴的线条，都存有董邦达的笔意，但他更擅长缜密的用笔和青绿、赭石相间的设色，其中也显示出清初“四王”的流派风格。钱维城本不是职业画家，一次在随乾隆皇帝狩猎时，乾隆射中一只老虎，钱维城受命作“射虎图”，作品完成后受乾隆连连称赞，从此经常应诏创作。在《石渠宝笈》中，收录钱维城作品达160多幅，可见乾隆对钱维城的作品是怎样的赏识。《平定准噶尔图卷》当为钱维城奉诏之作。此卷图绘严整，设色明丽，山川人物布置有度。图中表现清军接受准噶尔部众归顺的场面，十分壮观，是一件以古法述写时事的军事题材画作，具有代表性。只不过他的时事画遵循固定的套路，图卷中的山石树木显然与新疆的地理环境不符，人物画更非其所长，不太合人体比例、体现不出个性，衣饰也不尽写实。

73

河清海晏，时和岁丰

霁蓝釉描金彩莲花纹双燕耳尊

*

耿东升

清

高 31.3、口径 25.1 厘米

此器外壁施霁蓝釉，以金彩绘缠枝牡丹纹，胫部饰浮雕状莲瓣纹，并施以粉彩。颈肩部堆贴对称展翅翱翔的白釉海燕形耳。外底以青料书“大清乾隆年制”六字三行篆书款。为乾隆时期的制品。

乾隆时期是清代封建社会发展的鼎盛期，瓷器生产空前繁荣。被誉为“有陶以来，未有今日之美备”。弘历皇帝嗜古成癖，御窑厂为迎合皇室标新立异的追求，器形屡有新创，奇巧之物，层出不穷。邵蛰民撰《增补古今瓷器源流考》评价有“其制作之巧妙，彩色之艳丽，可谓前无古人，后无来者”。烧造品种丰富，有彩瓷和色釉瓷等。

色釉瓷品种繁多，蓝釉为明清瓷器重要的色釉瓷之一。蓝釉釉中掺入 2% 钴料作着色剂，生坯施釉，在 1280℃—1300℃高温下烧成。元代景镇窑始烧高温蓝釉。明代蓝釉又称为“霁蓝”、“霁青”、“祭蓝”等，宣德时期蓝釉烧造工艺技术娴熟，釉面光润，釉质肥腴，色泽纯正如蓝宝石一样鲜丽，又称为“宝石蓝”。宣德蓝釉器有刻花或印花装饰。后人推宣德蓝釉为宣窑中的上品，清乾隆《南窑笔记》记有：“宣窑……又有霁红、霁青、甜白釉三种，尤为上品。”据《大明会典》载，自嘉靖九年（1530 年）起，四郊各陵瓷器皆用“圜丘青色”，即祭天用蓝釉器。宣德以后历代多有仿制，以清代康雍乾时期制品最好。有蓝釉描金彩器等。以金彩装饰瓷器始于宋代，其中尤以定窑金花瓷器最负盛名。宋代周密《辛酉杂识》载：“金花定器，用大蒜汁调金描画，然后入窑，永不复脱。”传世品有黑釉、酱釉金彩定器。元代景德镇始有金彩瓷器的烧制，清代达于极盛。

金彩所绘莲花，在佛教和佛教艺术中被奉为“佛门圣花”，是天地之灵物。宋人周敦颐《爱莲说》称：“予独爱莲之出汙泥而不染。”盛赞莲花清高的品格。莲花纹是瓷器上典型的装饰图案，自南朝至清代一直盛行不衰。明清瓷器上莲花纹多种多样，有缠枝、折枝、串枝等形式。缠枝花卉纹是瓷器装饰的典型纹样，因其结构连绵不断，寓有“生生不息”之意，缠枝纹又称为“万寿藤”，常与花卉、鸟兽、人物组合成装饰纹样，寓意吉祥。

粉彩是清代彩瓷品种之一，创烧于康熙年间，雍正、乾隆朝盛行，乾隆粉彩器则以色彩浓艳明丽，纹饰繁缛而闻名，尽显御用器的奢靡之风。许之衡《饮流斋说瓷》评价乾隆瓷器有“至乾隆则华缛极矣，精巧之至，几于鬼斧神工”的感叹。清代粉彩瓷器装饰图案常见山水人物、花草虫蝶纹等。此器所饰色地粉彩莲瓣纹，施彩柔丽，用笔工细，极富艺术感染力。

此器造型庄重，霁蓝釉釉质匀净光洁，色如宝石，历经300余年，金彩鲜艳如初，富丽堂皇，耀眼夺目。彩釉与堆贴技法相结合，各臻其妙，纹饰祥瑞，为乾隆宫廷精美的陈设用品。正如许之衡《饮流斋说瓷》所评：“雍正则逸丽而秀倩，若乾隆则繁密富丽之极而时露清气。”

传此尊原存于圆明园海晏堂。“海晏堂”之名取意出自唐·郑锡的《日中有王字赋》中“河清海晏，时和岁丰”之句。河指黄河，晏意为平静。《拾遗记》有“黄河千年一清”，中国古代有“黄河之水清则圣人出”，“海不扬波，知中国有圣人”之说。“河清海晏”意为黄河水清，沧海波平，形容天下太平。洪希文《朱千户自京归》称：“海晏河清予日望，与君同作太平人。”“河清海晏”也作“海晏河清”。瓶霁青色象征河清，燕谐音晏，其形象俊俏，飞舞轻盈，尾剪春风，象征吉祥。此尊寓意海晏河清，表达出四海承平的愿望。

圆明园位于北京西北郊，建于明朝。1709年，清康熙帝把该园赐给四子胤禛（后来的雍正帝），并赐名圆明园。历经雍正、乾隆、嘉庆、道光、咸丰五位皇帝150多年的经营，营造成为一座规模宏伟、景色秀丽的离宫，被誉为“万园之园”。乾隆皇帝说它：“实天宝地灵之区，帝王豫游之地，无以逾此。”圆明园不仅以园林著称，还珍藏了无数的无价之宝，有历史典

霁蓝釉描金彩莲花纹双燕耳尊

霁蓝釉尊上的燕形尊耳

籍、历代书画、金银珠宝、宋元瓷器等，堪称人类文化的宝库之一。海晏堂是圆明园一处欧式园林景观，也是西洋楼最大的宫殿。主建筑正门向西，阶前有一大型水池，池旁排列我国十二生肖人身兽首铜像，融东西方文化于一身。1860年英法联军火烧圆明园，是人类历史上史无前例的一场浩劫，是对人类文明的摧残。海晏河清尊历经劫难，保存完好，弥足珍贵。

颜色釉瓷

瓷器之美表现在其五彩缤纷的釉色，优美多姿的器物造型，精致奇巧的装饰手法和细腻华美的图案纹样。釉装饰是陶瓷传统装饰技法之一，在釉料中加入含量不同的铁、铜、钴、锰等金属着色剂，入窑烧制后，釉面呈现出不同颜色。颜色釉分为单色、杂色两种，单色釉是指单一的颜色，有青釉、黄釉、白釉、红釉、蓝釉、绿釉等；杂色釉是烧制过程中釉的相互交融变幻呈现的多种色彩，有窑变、虎皮斑、青金蓝、洒蓝、钧釉等。色釉虽然呈色不同，却具有独特的审美情趣与艺术风格。

颜色釉瓷烧造历史悠久，东汉时期始烧的青瓷，技术已相当成熟，并成为三国两晋南北朝的主要瓷器品种。唐代时期，南方如冰似玉的越窑青瓷和北方类银似雪的邢窑白瓷最为著名。宋代是中国瓷坛百花争艳、名品迭出的时代。烧制各具艺术特色的色釉瓷，有“汁水莹润如堆脂”的官窑青釉；仿自然界日起霞飞的钧窑窑变釉；布满“金丝铁线”的哥窑开片瓷；青翠欲滴的龙泉窑梅子青釉瓷等。颜色釉瓷是元、明、清三代景德镇制瓷业的主流产品，呈现出色彩斑斓、典雅绚丽的新局面。颜色釉瓷器深受宫廷的喜爱。

（耿东升）

74

把《聊斋》故事画活了，初衷只为博慈禧一粲

《聊斋图说》

*

苏生文

清　纸本设色
纵 52、横 38 厘米

这是根据清代小说家蒲松龄的《聊斋志异》再创作的彩绘画册。折叠式装裱，上下木夹板，封面裱以织锦，右上题签“聊斋图说”，其下小字楷书每册的次第编号。图册幅面相当于今 16 开页，左文字，右图画。图画与文字相对应。文字由两部分组成，上面是编绘者用大字题的诗，下面为缩编的《聊斋志异》故事。每篇故事由一页或数页图画组成，共收故事 420 个，绘图 725 幅。图册装潢富丽典雅，摹画人物、场景传神入微，表现出了高超的绘画水平。

图册的创作者不详。有研究者认为它是以晚清广百宋斋主人徐润策划石印的《详注聊斋志异图咏》为底本绘成，也可能是依《详注聊斋志异图咏》的原画稿进一步精练加工，敷色着彩而成。至于创作的年代，因《图说》第 24 册的一幅图画上有“光绪十九年”字样，可知为 1893 年前后的作品（全部完成创作可能需要很长时间）。

《图说》在选择《聊斋志异》故事时显然有所取舍。据考证是根据《聊斋志异》最早的刻本——清乾隆三十一年（1766 年）赵起杲刻本（因赵起杲著有《青柯亭诗集》，所以人称“青柯亭本”或“青柯亭刻本”，简称“青本”，共 16 卷，431 篇）而编绘。研究《聊斋志异》的人都知道，赵起杲为了避免文字狱，在刻书的时候就已经将那些涉及明清易代、满汉矛盾的敏感内容全部删去（有的则修改原文内容）。而《图说》则更退了一步，甚至将揭露官场黑暗和讽刺科举制度的内容也一并删去了。

作者创作《图说》的目的，据说是准备进献给慈禧太后的。1894 年是慈禧太后的六十寿辰。作为一位女性统治者，慈禧太后读书不多，见识有限，但平常也喜欢附庸风雅，画几笔画，写几个“福”字赏赐臣下。《聊斋志异》里有许多主角都是花妖狐魅，“多具人情，和易可亲，忘为异类”（鲁迅语）。创作者（或者出钱组织别人创作的人）之所以选择《聊斋志异》作为创作的题材，可能是摸透了慈禧太后的心理，认为此举定能博取她的欢喜，可谓用心良苦。

我们有理由相信，《图说》最终送到了慈禧太后的手里。因为《图说》是 1900 年八国联军入侵北京时被俄国

军队劫走的。而慈禧太后居住的中南海仪鸾殿正是处在俄军的“保护”之下。后来俄国和德国交换辖区，此地成为德军驻地，仪鸾殿成为八国联军统帅瓦德西的司令部。瓦德西在他写的《拳乱笔记》里说，仪鸾殿本来是贴上封条锁起来的，但他发现这些封、锁曾经被多次开启，开启后又封起来，里面的大部分贵重物品，“尤其是较大之件，皆被窃去”。《图说》很可能就是被俄军从仪鸾殿里劫走的。看来，《图说》的确是慈禧太后的心爱之物，平时就放在仪鸾殿的案上，随时欣赏把玩。

按说，仪鸾殿里贵重的东西多得是，而俄军却挑中了《图说》，很可能与此前《聊斋志异》在俄国已经有一定的知名度有关（侵华俄军中可能有“识货”的，尤其是译员）。俄国是最早注意、介绍和翻译《聊斋志异》的西方国家。俄著名汉学家瓦西里耶夫（中国文献称王西里或瓦习礼）在他编写的《中国文学史纲》（1880年版）里就称赞《聊斋志异》“在语言的优美性、叙述的紧凑型方面成就卓著”。

俄军劫走《图说》后，先是入藏符拉迪沃斯托克（海参崴）东方学院，十月革命后移交给当地的苏联科学院远东分院图书馆。1932年编写的《苏联科学院远东分院藏中国手抄本目录》第一次著录了这部装订精美的画册，此时已经仅存46册（第3—48

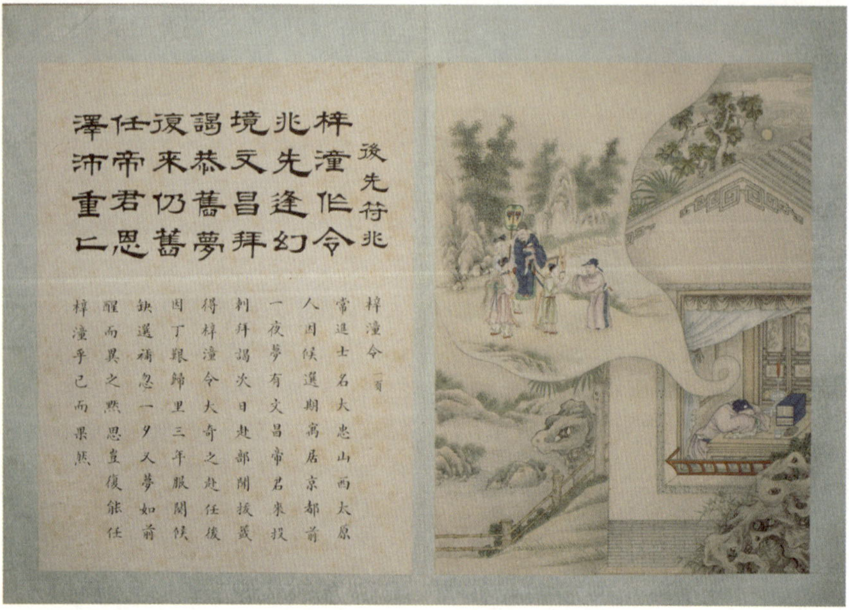

《聊斋图说》（局部）

册）。我们不大清楚是俄军从仪鸾殿里劫走时就只有 46 册，还是后来佚失的。大约 1935 年左右，这套《图说》连同俄军劫走的几本《永乐大典》转交给了列宁格勒东方研究所。1958 年苏联政府把《图说》46 册及《刘知远诸宫调》（1907—1908 年俄国探险队在黑水城发现，原藏列宁格勒图书馆）一同归还给中国，其中《图说》入藏中国国家博物馆。

《聊斋图说》（局部）

《聊斋志异》，简称《聊斋》，俗名《鬼狐传》，是蒲松龄的代表作。蒲松龄字留仙，一字剑臣，号柳泉居士，世称“聊斋先生”，山东省淄博人。出生书香世家，一生热衷科举，但应举屡试不中，以幕宾为生。他自幼喜欢民间文学，广泛搜集精怪鬼魅的奇闻异事，吸取创作营养，熔铸进自己的生活体验，差不多耗费毕生精力，创作出闻名遐迩的文学巨著《聊斋志异》。此书中的多数作品不仅仅是为了猎奇消遣，而是通过谈狐说鬼的手法，发泄作者自己的“孤愤”，寄托自己的理想，并具有一定的社会批判意识。《聊斋志异》的抄本和刻本很多，后来又发现了半部手稿本。如前所述，《图说》是根据“青本”而编绘的，现存的第 3 — 48 册的篇目可以和“青本”对应上。因此，“青本”里有的《考城隍》、《瞳人语》、《画壁》、《种梨》、《崂山道士》、《长清僧》、《狐嫁女》、《娇娜》、《妖术》、《青凤》（以上卷一）、《香玉》、《曾友于》（以上卷三）和《龙飞相公》（卷四）共计 13 篇可能就是已经遗失的《图说》第 1、2 册内的篇目。因每个图画均配有一篇（段）缩编的《聊斋志异》文字，并创作了一首诗对它进行评价，可以视为《聊斋志异》的缩编彩绘本兼“评本”，对于《聊斋志异》的研究，具有一定的意义。

75

大快人心事

林则徐等合奏《虎门销烟完竣折》

*

万 婷

清 纸本

纵 21.7、横（每折）10 厘米

19 世纪初，随着英、法、美等资本主义国家经济的迅速发展，迫切需要掠夺海外殖民地作为商品市场和原料供应地。地大物博、人口众多的中国便成为他们向东方侵略的目标之一。当时的中国是一个以自给自足的自然经济占统治地位的封建帝国，在封建社会内部孕育的资本主义萌芽发展很缓慢，对西方资本主义工业品的入侵有着顽强的抵御力。同时清政府的闭关政策在一定程度上限制了对外贸易，在中英正常贸易中，中国一直保持着出超地位。于是，英国资产阶级便把鸦片作为打开中国大门的重要手段。源源不断输入的鸦片，不仅在生理上、精神上毒害中国人民，而且使得中英两国的贸易地位完全改变，英国由原来的入超变为出超，中国却相反，白银大量外流，经济面临崩溃的边缘。面对鸦片泛滥所产生的严重危害，清廷朝野要求查禁的呼声日益高涨。

1838 年 6 月，鸿胪寺卿黄爵滋上书道光帝，针对当时烟毒泛滥的严重情况和许乃济提出驰禁主张所产生的消极影响，向道光皇帝上了一个主张严禁鸦片的奏折，这便是有名的《严塞漏卮以培国本折》。在这个奏折里，他指出鸦片的危害，分析过去禁烟未获实效的原因是官吏的贪赃枉法。他从国家财政收入支绌的严重困难出发，提出若要堵塞白银大量外流，“必先

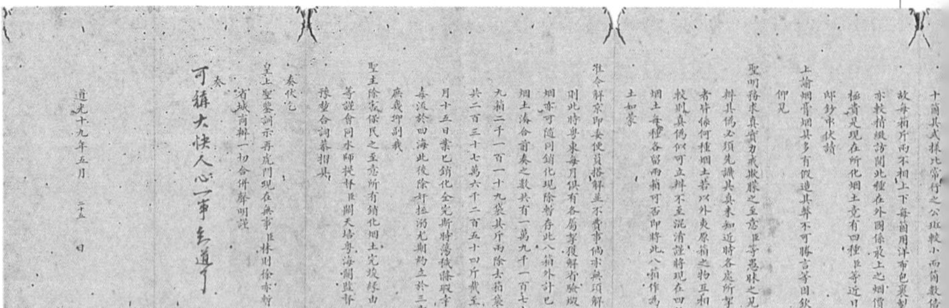

十箱其式樣比常行之公班較小而箱數倍之
故每箱斤兩不相上下每箱用洋布包裹製造
亦較精緻訪聞此種在外國係最上之烟價值
極貴見現在所化烟土竟有四種臣等近日於
邸抄中伏讀
上諭烟膏烟具多有假造其弊不可勝言等因欽此
仰見
聖明務求真實力戒欺矇之至意臣等愚昧之見欲
辨其偽必須先識其真未知近時各處所拏獲
者係何種烟土若以外夷原箱之物互相比
較則真偽似可立辨不至混淆謹將現在四種
烟土每種各留兩箱可否即將此八箱作為樣
土如蒙
准令解京即委便員搭解並不費事倘亦無須解送
則此時粵東每月俱有各屬拏獲解省驗燬之
烟亦可隨同銷化現除暫存此八箱外計已化
烟土統合前奏之數共有一萬九千一百七十
九箱二千一百一十九袋其斤兩除去箱袋實
共二百三十七萬六千二百五十四斤截至五
月十五日業已銷化全完斯時蕩滌瑕穢免
毒流於四海此後除打撈游尤期杜立於三章
庶幾仰副我
聖主除害保民之至意所有銷化烟土完竣緣由臣
等謹會同水師提督臣關天培粵海關監督臣
豫堃合詞恭摺具
奏伏乞
皇上聖鑒訓示再虎門現在無事臣林則徐亦暫回
省城商辦一切合併聲明謹
奏
可稱大快人心一事 知道了
道光十九年五月 二十五 日

林则徐、邓廷桢、怡良合奏《虎门销烟完竣折》

重治吸食”的主张，以抵制鸦片的输入。其中最重要的是提出以一年为限，若再吸食，必以死刑惩治。对于吸食鸦片的文武大小官员，如若逾限吸食，即是“以奉法之人，甘为犯法之事，应照常人加等，除本犯官治罪外，其子孙不准考试”。此外，他还提出了：邻里互相监督，五家一组，互相结保，对邻里吸鸦片而知情不举，包庇吸食，亦予治罪，对举报者则予奖励。

黄爵滋的建议在清廷引起了两种不同的反映。湖广总督林则徐对黄爵滋的建议大加赞许，并向道光帝指出：“当鸦片未盛行之时，吸食者不过害及其身，故杖徒已足蔽辜。迨流毒于天下，则为害甚巨，法当从严。若犹泄泄视之，是使数十年后，中原几无可以御敌之兵，且无可以充饷之银。”林则徐在两湖地区采取了严禁吸食鸦片的措施，把烟贩及鸦片吸食者一扫而空，成绩显著，成为禁烟派的著名代表人物。

另一派反对“重治吸食”禁烟办法的是以直隶总督琦善为代表，他宣扬“圣朝宽大，不事峻法严刑”，实际上是为贩卖鸦片的外国侵略者和包庇鸦片走私的清朝官吏开脱罪责。

道光帝认识到鸦片输入将造成军队瓦解、财源枯竭的严重威胁，便召林则徐入京，商谈禁烟事宜。1838年12月，道光帝任命湖广总督林则徐为钦差大臣，节制广东水师，赴广州查禁鸦片。

林则徐，字少穆，福建侯官（今福州）人，时任湖广总督。1839年3月，林则徐到达广州后，与两广总督邓廷桢、广东水师提督关天培等严拿烟贩，整顿水师，惩办不法官吏。他限令所有烟商三日内交出全部鸦片，并签“切结书”，声明以后不再贩卖鸦片，否则“一经查出，货尽没官，人即正法，情甘服罪”。外国烟商认为交出少量鸦片给林则徐交差便了事，于是采取拖延手法。林则徐非常气愤，下令派兵封锁十三行，并且断绝粮食供应，迫令烟商交出鸦片。义律得悉十三行

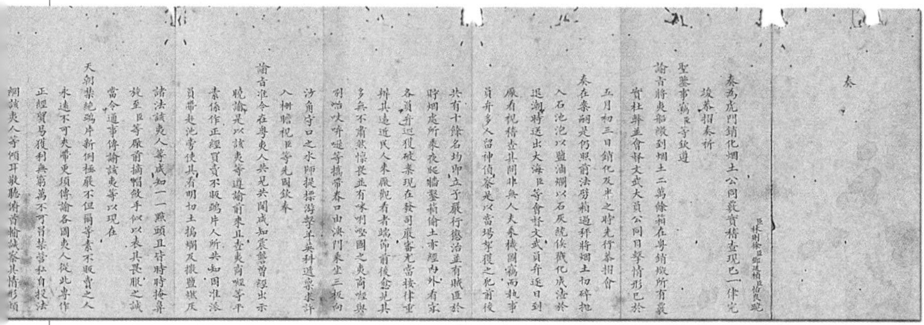
奏
臣林則徐臣鄧廷楨臣怡良跪
奏為虎門銷化烟土公同覈實稽查現已一律完
竣恭摺奏祈
聖鑒事竊臣等欽遵
諭旨將夷船繳到烟土二萬餘箱在粵銷燬所有覈
實杜弊並會督文武大員公同目擊情形已於
五月初三日銷化及半之時先行恭摺會
奏在案嗣是仍照前法劈箱過秤將烟土切碎拋
入石池泡以鹽滷爛以石灰就係銷化成渣於
退潮時送出大海臣等會督文武員弁逐日到
廠看視稽查其間非無人夫乘機圖竊而執事
員弁多人留神偵察是以當場拏獲之犯前後
共有十餘名均即立予嚴行懲治並有賊匪於
附烟廠所乘夜挖牆偷土亦經內外看守
各員弁迅獲破案現在發司嚴審尤當按律重
辦其遠近民人來廠觀看者端節前後絡繹其
多無不肅然懍畏並有咪唎堅國之夷商經與
別治吠啼啞等攜帶眷口由澳門乘坐三板向
沙角守口之水師提標游擊羊英科遞稟求許
入柵瞻視臣等先因欽奉
諭旨准令在粵夷人共見共聞咸知震讋曾經出示
曉諭是以該夷等遵諭前來且查夷商啞等平
素係作正經買賣不販鴉片人所共知因准該
員帶赴池旁使其看明切土搗爛及撒鹽燒灰
諸法該夷人等咸知一一點頭且皆時時掩鼻
就至臣等廠前摘帽斂手似以表其畏服之誠
當令通事傳諭該夷等以現在
天朝禁絕鴉片新例極嚴不但爾等素不販賣之人
永遠不可夾帶更須傳諭各國夷人從此專作
正經貿易獲利無窮萬不可冒禁營私自投法
網該夷人等傾耳敬聽俯首輸誠察其情形頗

被围困后，立即从澳门赶到十三行。他指使大鸦片贩子颠地逃跑，并阻止外商交出鸦片。为了打击义律的破坏行为，林则徐下令停止中英贸易，派兵监视洋馆，断绝广州与澳门之间的交通往来。义律看到阻挠缴烟的计划无法实现，便命令英商缴烟，保证烟价由英国政府赔偿，同时也劝告美商缴烟，声明烟价同样由英国政府给付。这样做显然是为英国政府发动战争制造借口。经过坚决的斗争，英美鸦片贩子被迫缴出鸦片，共计20000余箱、2376254斤。6月3日至25日，林则徐亲自监督，在虎门海滩将收缴英、美商人的鸦片当众销毁。

1839年7月5日（清道光十九年五月二十五日），林则徐会同两广总督邓廷桢、广东巡抚怡良上奏道光皇帝（旻宁）虎门销烟完竣事。在奏折中，报告了销烟的具体办法："劈箱过秤，将烟土切碎抛入石池，泡以盐卤，烂以石灰，统俟戳化成渣，于退潮时送出大海。"道光帝阅后，在折尾朱批"可称大快人心一事，知道了"。这是中国近代重大历史事件——虎门销烟的历史见证，反映了中国人民查禁鸦片、捍卫国家主权的坚强意志，也是中国近代史上极为珍贵的文献史料。此奏折原为清宫档案。清亡后，曾由章士钊收藏，后赠予我馆。

由弛禁到严禁

邓廷桢，江苏江宁（今南京）人，嘉庆进士，1826年（道光六年）任安徽巡抚，1835年升两广总督。1836年6月，许乃济奏请弛禁鸦片，邓廷桢开始甚表赞同，认为"弛禁通行，实于国计民生，均有裨益。"后目睹鸦片祸害严重，且受朱山尊、许球力主禁烟的影响，自1837年春开始主张由弛禁转为严禁。1839年初上奏道光帝，决心与钦差大臣林则徐"共矢血诚，俾祛大患"，并积极协助林则徐查禁鸦片走私，收缴鸦片，添置木排铁链，整顿海防，成为林则徐的亲密同僚。1840年1月，他调任闽浙总督，购洋炮、建炮台，招募练勇，出海巡缉。7月，英舰攻厦门时他率军抵抗，击退英舰。10月，受投降派诬害，他与林则徐同被革职，充军伊犁。1843年释回。次年初授甘肃布政使，1845年擢陕西巡抚，次年卒于任。

（刘建美）

76

太平军北伐直逼京畿

清政府绘制的《京师布防图》

*

王　南

清　纸本设色
纵 72.5、横 90.5 厘米

眼前这张图是清政府为了防范太平军的进攻而在京师布防的地图，它绘制于 1853 年，把我们带回到一个半世纪前硝烟弥漫的年代。

19 世纪的上半叶，正是我国封建社会走向衰落，清王朝日益腐败，国内阶级矛盾空前激化，西方列强加紧对我国侵略，中华民族面临严重危机的时期。中国的前途在哪里？中国向何处去？在国难当头的时节，以洪秀全为首的一批有识之士率先进行了挽救国家命运的行动，开启了近代中国人探索救国道路的先声，这就是 1851—1864 年的太平天国农民战争。

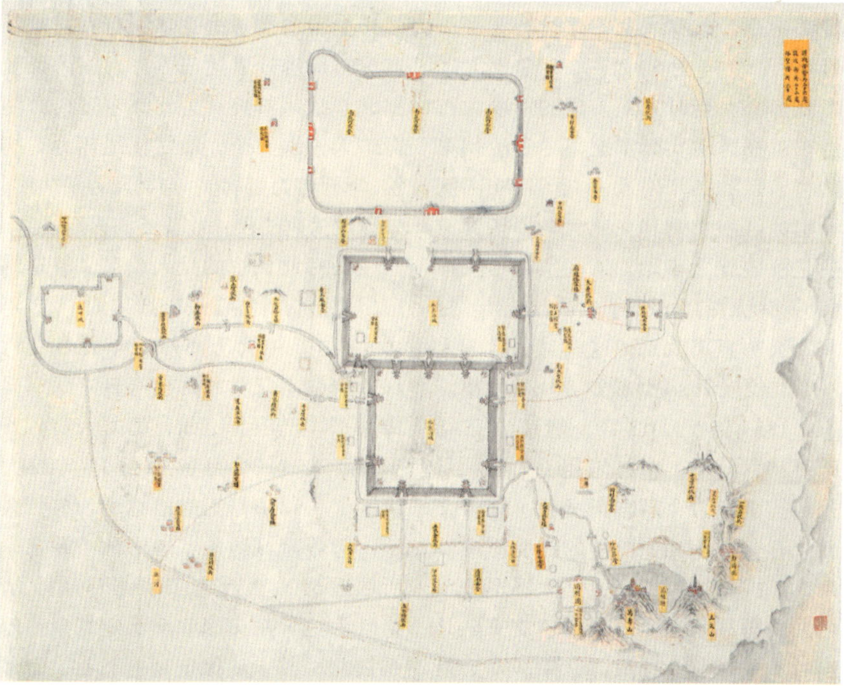

清政府绘制的《京师布防图》

1851年1月11日，洪秀全（称天王）和冯云山（后封南王）、杨秀清（后封东王）、肖朝贵（后封西王）、韦昌辉（后封北王）、石达开（后封翼王）等人揭竿而起，在广西桂平县金田村发动武装起义，建号太平天国，掀起了推翻腐朽清王朝的狂涛巨浪。这张布防图就是在这十多年的战事中产生的众多文物里的一件，虽然它不是太平军自身的物品，却从反面见证了当时的战争状况。

1853年3月19日（清咸丰三年二月初十日），太平军经过历时两年多的艰苦征战，占领了江苏南京，进而攻占镇江、扬州两座重要城市，并定都南京，改称天京。此时的太平军号称百万（实为50万），声势浩大，军威极盛。当时太平天国的军事大权由东王杨秀清实际掌握，尽管清朝军队在南京和扬州附近建立了旨在围困天京的江南大营和江北大营，杨秀清还是决定置之不顾，从而实行尽快推翻清朝统治的大政方针，决计派出“扫北”大军直捣北京，这就是著名的太平军北伐战争，应该说这是一着险棋。

1853年5月13日（清咸丰三年四月初六日），由林凤翔（天官副丞相）、李开芳（地官正丞相）和吉文元（春官副丞相）统帅的扫北军两万余人正式出征。此三人是太平军中著名的骁勇战将，所统领的这支军队是当时太平军所有作战部队中战斗力最强的，仅两广老战士就多达3000人，应该说是能征善战，这从该军前期的战绩中就能明显地看出。扫北军从5月13日分兵三路击溃清军防守部队山东兵和黑龙江马队起，到10月30日在天津西郊遭地方民团排枪伏击受挫，转而退守独流、静海等处为止，该军入安徽、经河南、渡黄河、过山西、进河北，攻城略地，攻守兼备，突破重重防线，击退围追堵截，威迫保定、进逼天津，转战、攻克数十城镇，京畿震动。所到之处，军纪严明，广受欢迎，民众踊跃参军。如此战绩，虽不能说是所向披靡，也可说是攻势凌厉，进军神速。正是这样的军事成果，迫使清廷在北京设巡防所，宣布戒严，咸丰皇帝也准备逃往热河行宫避难，官僚富绅逃迁者达三万户，正可说明扫北军战果辉煌。为此，东王杨秀清奏请天王洪秀全，加封林凤翔为靖胡侯，李开芳为定胡侯，吉文元为平胡侯，朱锡琨为剿胡侯，黄益芸为灭胡侯。

面对北伐军的强大攻势，清廷制定出的防御计划屡屡破产。而1853年10月10日（天历癸好三年九月初六日，清咸丰三年九月初八日）北京误传太平军已攻至定州，朝野大震。咸丰帝于次日任命惠亲王绵愉为奉命大将军、科尔沁郡王僧格林沁为参赞大臣，部署京城防务。僧格林沁并亲率所部近5000人赶赴京南涿州防堵，清将胜保也督军火速北上保定拦截。但是扫北军并未从保定直击北京，而是趁天起暴风之际东向连克献县、交河、泊头镇、沧州、青县，占静海，下独流，前锋达杨柳青。不过此时的扫北军经数月征战，已显人困马乏之态，且寒冬将至，部队缺衣少粮，弹药不继，于是驻军休整，等待援军，并做攻击北京的准备。而这一休整就是三个月，也是和清军相持的三个月。此时隆冬来袭，以南方兵士为主的北伐军面临严峻的考验。这三个月也是北伐军由胜转败的三个月，这支曾经英勇善战的军队开始走向败亡之路。自1854年2月5日（咸丰四年正月初八日），驻扎独流的太平军向静海集中，到1855年5月31日，北伐军的最后堡垒山东茌平冯官屯被清军攻陷止；北伐军一面和清军进行殊死的战斗，一面与无情的严冬作顽强的抗争，冻死者多于战死者。吉文元、林凤翔、李开芳等也先后战死、被俘、被害，而天京迟发的援军或被灭，或无功而返。但是，扫北军的征战，震撼了清廷的心脏地区，牵制了大量清兵，对南方太平军和北方人民的斗争均起了屏障作用。扫北军的失败主要是敌强己弱，加之太平天国的领导中枢犯了战略性错误，令扫北军陷于孤军深入、后继无援的艰难境地，而北方的寒冬则帮助清军毁了北伐军。清廷在京师所作的防范和部署虽然没有发挥什么作用，但其留下来的布防图却让今天的人们可以从中了解对阵双方在这场战争中的心态和所作所为。

太平军北伐为何一直打到天津？

从1853年5月开始，太平军一路北伐，所向披靡，10月到达天津，直逼京畿，威胁清政府统治。为何太平军在短短五个月的时间内能一直打到天津？学者认为以下几方面因素值得考虑：1. 北伐军自身的战斗力强悍，而拦截的清军大多不擅长野战，且战斗力低下，多半未与北伐军交手便望风而逃，很难阻击进攻的北伐军。加之，沿途许多清军城池为保全自己，避免因战败而被清廷追责，干脆采取闭门不战的态势。保全了自己，这也使得北伐军可以顺利通过。2. 北伐军到达天津之前，为保存实力主要是采取了流动作战的战术，避免碰硬（当然由于某些地方战略位置的特殊和后勤补充的需要，一些硬仗还是要打的），没有经历太多的大规模战斗。3. 北伐军所到之处，捻党、白莲教等反清组织亦闻风而起，很大程度上也牵制了大量的清军，对北伐军起到了一定的掩护作用。

（刘建美）

77

雄关百战，保我南疆
《清军扼守镇南关城全图》

*

侯春燕

绢本设色
纵 34.6、横 57.7 厘米

在震惊中外的镇南关(今友谊关)战役中，中国军队骁勇善战、以弱胜强，大大扭转了中法战争的局势。中国国家博物馆《复兴之路》基本陈列中的清军扼守广西镇南关城全图，形象地展示了镇南关战役期间的布防情形。它所承载的历史记忆历久弥新，宛若一首酣畅淋漓的史诗，永远激荡着中国人民的爱国主义情怀。

1883 年 12 月，法军向进驻越南山西的清军发起进攻，中法战争正式爆发。清军接连失利，一路溃败。1884 年 12 月，年近七旬的在籍宿将冯子材（号萃亭）奉命组建钦州萃军 18 营，誓师开赴广西前线。

在侦知法军企图进攻广西龙州后，冯子材“亲踏营地”，反复勘察，选定关前隘(今隘口南)地区为预设战场。关前隘位于镇南关通往龙州之官道的要冲，地势险要，易守难攻。西面有凤尾山，也叫西岭；东面有大、小青山，也称东岭。两山对峙，中间夹有 1 条宽二三里、长四五里的盆谷，南北大道经隘口穿盆谷而过。冯子材命令部队在关前隘筑起一道长达 1.5 公里、高过 2 米、宽逾 1 米的土石长墙，横跨东西两岭之间，墙外挖掘 1 米多深的堑壕；同时在东西两岭上构筑数座大型堡垒，占据主要山头，居高临下，控制着整个盆谷。小青山向南延伸到长墙以外，是主阵地的依托，又是长墙的屏障。大青山是关前隘地区的制高点，不仅可以坚守，而且可以屯兵，是主阵地侧后的屏障。凤尾山筑有大型堡垒，形成对主阵地右翼的保障。凤尾山向南延伸地势渐低，直至地平面处，叫龙门关，有向西斜出的偏道通往扣波，便于支援兵力机动，从而形成一个较为完整的山地防御体系。如此设防，中国军队进可攻，退可守，处于比较主动的地位。

在兵力部署上，冯子材率所部扼守长墙及两侧山岭险要，担任正面防御；右江镇总兵王孝祺军屯于冯军后半里许，以为犄角；广西提督苏元春军和镇南军统领陈嘉军，屯于关前隘之后 5 里处的幕府；副将蒋宗汉、记名提督方友升军屯于凭祥，在幕府后 30 里；广西巡抚潘鼎新军屯于海村，在幕府后 60 里；候补道魏纲军屯于艾瓦，在关西 100 里；前福建布政使王德榜军屯于油隘，专备钞截，兼防入关旁路，在关外东30里，形成了多梯次、大纵深的防御体系。

1885年3月23日晨，法军1000余人趁大雾偷偷闯入镇南关内。在炮火掩护下，经过几小时的激烈争夺，法军占领了小青山三座堡垒，并向长墙发起猛攻。清军奋力抵抗，协同作战，阻止了敌军前进。24日晨，法军分三路再次发起攻击，沿东岭、西岭、中路谷地猛扑关前隘。冯子材与各部统领相约："有退者，无论何将遇何军，皆诛之"（《钦差办理广东防务彭玉麟等奏折》）。当法军逼近长墙时，冯子材持刀大呼，率领儿子冯相荣、冯相华跃出长墙，冲入敌阵，全军士气也为之大振，在长墙前面的盆谷中展开一场激烈的肉搏战。在战斗中险些丧命的法军111团第2连指挥官威底埃上尉说："在我们的脚下，敌人从地上的一切缝隙出来，手执短戟，开始了可怖的混战。他们的人数比我们多十倍、二十倍。他们从我们的四周一齐跃出，所有官军和士兵都被围住、被俘虏"（加尔新：《在侵略东京时期》，《中国近代史资料丛刊·中法战争》（三），第531页）。经过一场激烈的战斗，中路法军111团第1营300余人大部被歼灭。下午3时，清军发起反攻，收复东岭三座堡垒。之后，王德榜军从法军右侧夹击占领

《清军扼守镇南关城全图》

东岭之敌；王孝祺军击退向西岭进攻之敌，并由西包抄敌后；冯子材率部从正面出击。法军三面被围，伤亡甚众，后援断绝，弹药将尽，全线溃退，丢下数百具尸体，狼狈逃回文渊（今同登）。冯子材挥军乘胜追出镇南关，深夜才收队回关。

为了继续扩大战果，不给敌军以喘息之机，3 月 26 日午刻，冯子材亲率萃军和总兵王孝祺勤军出关攻打文渊，并要求王德榜调拨楚军由小路抄袭法军右翼。清军分路四面环攻，法军倾巢齐出，奋力拒战，枪炮雨密。清营将士愈战愈勇，法军头目中弹落马，余众溃散，于是冯子材指挥大队涌入街里，复克文渊州，尔后又挥军分路追击，27 日到界牌，距谅山仅 15 里。

法军第二旅司令尼格里企图坚守谅山，待援军抵达后再行进犯镇南关。冯子材清醒地认识到，法军的精锐部队及武器辎重等大多聚集于谅山省城，总体气势尚未衰息，加之谅城为越南的据边要省，若不急先攻取，实难形成破竹之势。为此，在战术手段上，鉴于明攻更易损兵折将，冯子材力主明攻驱驴，暗取谅山。激战中，尼格里身负重伤，接替指挥的爱尔明加中校不得不下令向淇江南岸撤退，中国军队乘势冲进驱驴。谅山守敌在慌乱中砍断浮桥，未及过河之部分法军不得不泅水逃命，溺死者甚多。法军于 28 日深夜撤出谅山。29 日拂晓，清军徒涉淇江，胜利入城，谅山宣告克复。3 月 28 日晚 11 时 30 分，法远征军总司令波里也从河内致电法国政府报告说："我痛苦地报告你，尼格里将军受重伤，我军撤出谅山。中国军人数众多，声势浩大地涌出三个纵队，势不可挡地攻击我军在驱驴前面的阵地。爱尔明加中校，在这敌军数量的很大优势面前，又以弹药告尽，通知我，他不得不后退至谷松和屯梅。"这份电文，形象地道出了中国军队攻击之猛烈和法军失败之惨状。

事实上，从 1884 年 12 月底开始，中法双方就在为结束战争而在巴黎进行秘密谈判。至 1885 年 3 月中下旬，各项条款本已基本谈妥，但长期受法国大资产阶级称赞的茹费理政府心有不甘，企图通过战场上可能出现的有利局势迫使清政府出让更多权益，以致不顾前线军官反对，执意下令夺取广西边境重镇龙州。令茹费理始料不及的是，法军遭遇了镇南关、谅山一线全面溃败，他也从总理宝座上黯然下台。

78

八国联军占领北京城的证据
《京城各国暂分界址全图》

*

江 琳

纸本设色
纵 62.7、横 54 厘米

为镇压义和团运动，1900 年 6 月，英、美、法、俄、德、日、意、奥等国组成八国联军发动侵华战争。6 月 17 日八国联军攻占了大沽炮台。7 月 14 日攻陷天津。8 月 14 日凌晨，联军来到北京城外，向北京发起总攻。攻占北京城的战斗只持续了短短的两天时间，8 月 15 日，联军逐步攻占了北京各城门，随即与清兵和义和团在各处展开巷战。就在这一天，慈禧将珍妃投井溺毙，带着光绪仓皇逃奔怀来。8 月 16 日晚，联军基本上占领北京全城。此后，八国联军对北京城实施分区占领和统治长达近一年时间，直到 1901 年 8 月 8 日才完全撤出北京城。

八国联军占领北京城后，对北京实行分区占领，并对中国人民实行殖民统治。这幅《京城各国暂分界址全图》就是八国联军占领北京城的证据，它由八国联军绘制，原为故宫博物院藏品，1960 年 4 月入藏中国革命博物馆（现中国国家博物馆）。图中以黄、蓝、绿、红、米色及蛋青等颜色区分各国占领区域及各衙门公所，其中“各国公署英界黄色、法界蓝色、美界绿色、德界红色、义（意大利）界米色、日本蛋青色”。由于年代久远，这幅地图上的颜色仅依稀可辨，但各区域分界线还很清楚。其大体状况是：东四以北由日军占领，东四南大街以东由俄军占领，以西由意军占领。皇城东北由德军占领，皇城东部由日军占领，皇城东南由英军占领。西城由美军、法军、英军、意军占领。外城由英军、美军、德军占领。图中右上方的文字专门指明了各国对清政府衙署的占领分配，“大内及詹事府、顺天府具系日本所站（占）；吏、户、礼部、宗人府、太医院、钦天监具系俄站（占）；兵、工部、銮驾库、天坛系英站（占）据；其景山系法站（占）；先农坛系美站（占）；礼藩院系各国公署”。说明联军已完全接管了清政府的各个重要政治、经济、司法机关，甚至是皇家的居所也未能幸免。

由于各国军队进入北京城的时间不同及势力消长，其在北京的管辖范围不断变化。据《庚子记事》记载：1900 年 8 月底，各国的管辖范围曾为：“前门外大街以东归英国管；大街以西归美国管；前门内大清门以东，至东单牌楼，英国管；大清门以西，至西

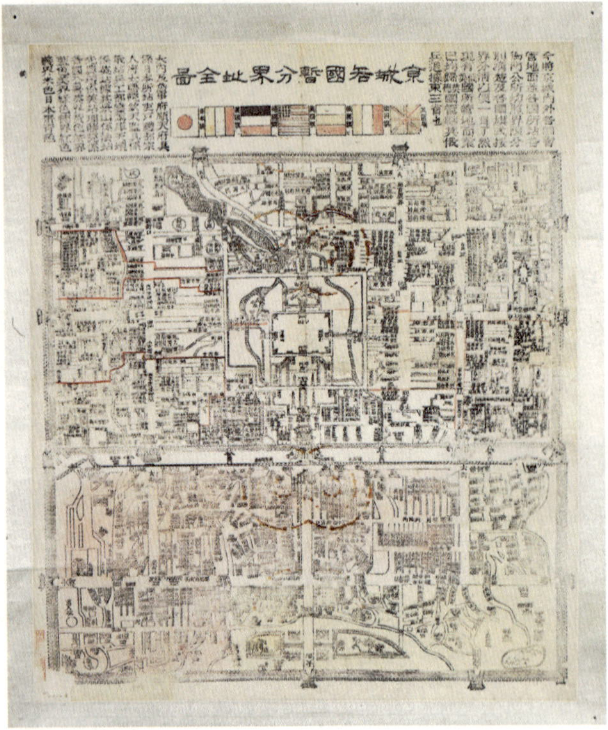

《京城各国暂分界址全图》

单牌楼，美国管；崇文门内以东法国管；宣武门以西英国管；东单牌楼至四牌楼俄国管；西单牌楼至四牌楼义国管；东华门外义国管；西华门外法国管；东四牌楼以北日本管；西四牌楼以北法国管。”但到 9 月初德军进入北京城之后，“前门外自崇文门以西，骡马市，三里河大街以北，直至彰仪门，均改归德国管辖。”10 月，管辖区又改为“东长安街以北，改归德国管辖；东华门以北，改归义国管辖”。

1900 年 10 月 17 日，八国联军总司令瓦德西进京后，设总司令部于中海西门内的仪鸾殿（今怀仁堂）。此时，驻京联军已超过三万。八国联军占领北京之后，给北京城带来了空前的浩劫。八国联军所到之处，烧杀淫掠，惨绝人寰。联军把西四北太平仓胡同的庄亲王府放火烧光，当场烧死 1800 人。法军路遇一队中国人，竟用机枪把人群逼进一条死胡同连续扫射 15 分钟，不留一人。日军抓捕中国人，施以各种酷刑。据时人记载，当时“洋人四出，挨门搜掠财物，奸污妇女，奸拐幼童，稍有抗拒即用刀砍枪击，历时殒命。捉拿男子驱使，百般毒打，稍不遂意，亦用枪击”。联军总司令瓦德西特许士兵公开抢劫三天，以后各国军队又抢劫多日。法军统帅佛尔雷一个人抢劫的珍贵财物就有 40 箱。法军还抢劫礼王府白银 200 万两。东四一带的商店被抢掠一空，著名的“四大恒”金号全部被抢。八国联军还抢走北京各衙署存款约 6000 万两白银，其中日军劫掠户部（今公安部院内）库存白银 2914856 两，并立即放火烧房，掩盖罪证。

八国联军还在北京城内耀武扬威，对中国主权肆意践踏。为威慑北京市民，联军发布了占领告示，称“遇有执持枪械华人，必定即行正法。若由某房放枪，即将该房焚毁。嗣后某国武官来索兵器，有者即刻交出，如有隐匿一经觉察，即将该房焚毁。倘华人有抢夺情事，亦必就地正法”。这些占领告示也收藏在中国国家博物馆，成为八国联军侵犯中国主权、占领北京城的又一铁证。1900 年 8 月 28 日，八国联军在皇宫组织阅兵，各国军队在天安门广场金水桥前集结列队通过天安门、端门，穿过皇宫，出神武门。依次有俄军、日军、英军、美军、法军、德军、意军、奥军等 3170 人，俄国军乐队吹奏各国国歌、乐曲。这是对中国的严重侮辱。

在八国联军占领北京期间，中国的珍贵文物遭到了空前的浩劫。皇宫和颐和园里珍藏多年的宝物被抢掠。俄军最高指挥官阿列科谢也夫将军等人把慈禧寝宫用黄金和宝石精制的数十件珍宝“洗劫一空”。仅嵩祝寺一处，丢失镀金铜佛 3000 余尊，锦绣制品 1400 件，铜器 4300 件。五龙亭以西，万佛楼的 10000 多尊金无量寿佛也被侵略者盗走。据内务府奏折，八国联军在劫掠清宫巨量珍玩外，还抢走不少秘籍。其中有《长白龙兴纪念》4 册、《历圣图像》4 轴、《历圣翰墨真迹》31 册等，以及宫外未见之各种古版善本图书 20 余种。再据李鸿章、荣禄奏折反映，皇史宬所存的 34 颗虎纽银印“全行失去”。其中，最让人痛心的就是《永乐大典》和《四库全书》被损毁抢劫，至今在伦敦、巴黎的博物馆、图书馆里还藏有部分当年被抢掠去的古籍。

八国联军在占据北京期间进行的疯狂掠夺，持续时间之长、涉及范围之广、参加劫掠者之众、销赃手段之多均为中外历史所罕见。这场浩劫致使北京城内的“典章文物”、“国宝奇珍，扫地遂尽”，其“巍然之橹楼，为联军击碎烧弃，已失数百年来巍奂之美观，旧迹留者，仅一二者”。就连八国联军总司令瓦德西也供认：“所有中国此次所受毁损及抢劫之损失，其详数将永远不能查出，但为数必极重大无疑”。

八国联军对于中国的侵略行动，以清政府与 11 个国家签订《辛丑条约》而告终。1901 年 9 月 7 日签订的《辛丑条约》规定：清政府赔款白银 4.5 亿两，分 39 年还清，本息合计 9.8 亿两；在北京设立“使馆区”，区内不许中国人居住；拆除大沽及大沽至北京沿线的炮台；准许各国派兵驻守从北京到山海关铁路沿线的十二个战略要地等。《辛丑条约》是中国近代史上赔款数目最庞大、主权丧失最严重的不平等条约。八国联军占领北京城后所犯下的累累罪行也成为中国人民心中挥之不去的历史伤痕。

79

从容赴死，慷慨悲歌

方声洞致父绝笔书

*

李 良

夫男儿在世，不能建功立业以强祖国，使同胞享幸福，奋斗而死，亦大乐也，且为祖国而死，亦义所应尔也。

这不是空洞的豪言壮语，它出自黄花岗起义中牺牲的方声洞烈士在起义前夕写给父亲的绝笔书，是用鲜血和生命写就的慷慨悲歌。

方声洞1886年出生于福建侯官（今福州）一个富足的家庭，祖父方振隆曾为福州布政司的幕僚，伯父方家澍曾任浙江秀水县令，父亲方家湜先协助方家澍处理政务，后到湖北汉口经营转运公司。方家湜因工作关系，时常往来各地，见多识广，也深刻认识到清朝政府的腐败无能。方家湜夫妇忠厚宽宏、勤俭朴素，他们教育子女不能骄奢淫逸，要经过艰苦磨炼才能成就大事。父母的言传身教深深影响着孩子们，方声洞虽出身于富商之家，却无富家子弟的纨绔习气，从小就生活检朴、慷慨任侠。方声洞兄弟姐妹共十一人，思想开明的父亲将他们都送进了新式学堂读书，并鼓励、资助他们继续到国外深造。1902年，16岁的方声洞继哥哥方声涛、姐姐方君瑛及两位嫂嫂之后赴日本留学。

在日本，方声洞先入东京成城陆军学校，后至千叶医学专门学校学习。1903年4月，为反对沙俄侵略我国东北，在日本的中国留学生成立拒俄义勇队，方声洞是其中的活跃者。1905年8月，中国同盟会在日本东京成立。方声洞和哥哥方声涛、姐姐方君瑛、妻子王颖及两个嫂嫂一家六人都加入了同盟会，是名副其实的“革命之家”，一时传为美谈。方声洞还被推为同盟会福建支部会长、中国留日学生总代表。

1910年11月，孙中山在马来亚槟城召集同盟会重要骨干会议，决定集合同盟会精英，在广州发动起义。方声洞等待已久的报效祖国的时刻终于到了，但组织却留他在日本继续从

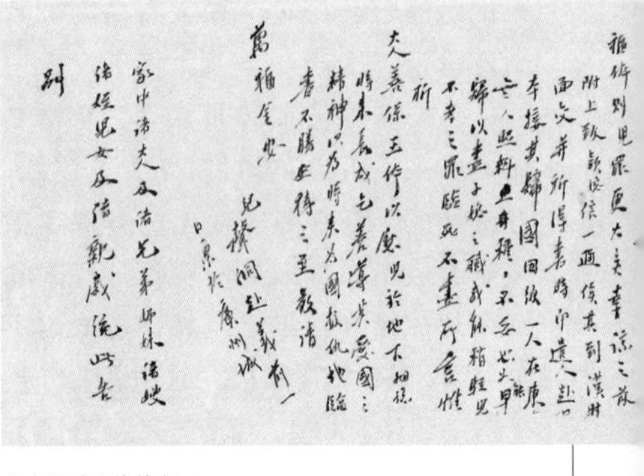

方声洞致父绝笔书

事革命工作。他激动地说："吾愿为国捐躯久矣。今有死所，奈何阻我去？况事败诸君尽死，我能独生耶？"经大家反复劝说，方声洞勉强同意留下，但时时心系广州的起义。

1911年3月中旬，方声洞接革命党人吴玉章来电，说起义即将发动，但军火不足，必须立刻秘密运送一批回国接济。方声洞即刻担此重任。方声洞与思想开明的父亲有深厚感情，在学习和革命活动之余，就定期给父亲写信，临走前，他写好了十几封信，让妻子陆续填好日期，给父亲寄去，以免老人担心。方声洞顺利完成了护送军火的任务，本来可就此返回日本，但他不顾亲朋好友的劝说，决意留下来参加起义。

方声洞于4月26日（旧历3月28日）抵达广州，准备第二天起义。这天晚上，已抱定赴死决心的方声洞给父亲和妻子写了绝笔书。其致父绝笔书全文如下：

父亲大人膝下：

跪禀者，此是儿最后亲笔之禀，此禀果到家者，则儿已不在人世者久矣。儿死不足惜，第此次之事，未曾禀告大人，实为大罪，故临死特将其就死之原因，为大人陈之。

窃自满洲入关以来，凌虐我汉人，无所不至。迄于今日，外患逼迫，瓜分之祸，已在目前，满洲政府犹不愿实心改良政治，以图强盛，仅以预备立宪之空名，炫惑内外之观听，必欲断送汉人之土地于外人，然后始大快于其心。是以满政府一日不去，中国一日不免于危亡。故欲保全国土，必自驱满始，此固人人所共知也。儿蓄此志已久，只以时机未至，故隐忍未发。迩者与海内外诸同志共谋起义，以扑满政府，以救祖国。祖国之存亡，在此一举。事败则中国不免于亡，四万万人皆死，不特儿一人；如事成则四万万人皆生，儿虽死亦乐也。只以大人爱儿切，故临死不敢不为禀告。

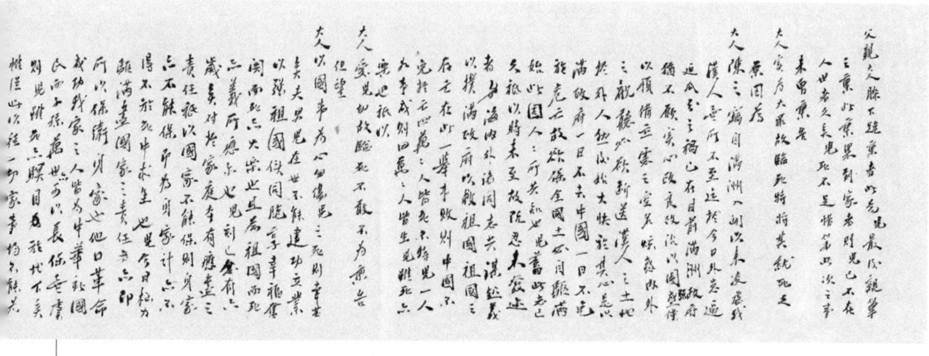
父親大人膝下跪稟者此是兒最后親筆
之稟此稟果到家者則兒已不在
人世者久矣兒死不足惜第此次之事
未曾稟告
大人實為大罪故臨死特將其就死之
原因為
大人陳之竊自滿洲入關以來淩虐我
漢人無所不至迄於今日外患逼
迫瓜分之禍已在目前滿洲政府
猶不願實心改良政治以圖強盛
以預備立憲之空名炫惑內外
之觀聽必欲斷送漢人之土地
於外人然後始大快於其心是以
滿政府一日不去中國一日不免
於危亡故欲保全國土必自驅滿
始此固人人所共知也兒蓄此志已
久祇以時未至故隱忍未發近
者與海內外諸同志共謀起義
以撲滿政府以救祖國祖國之
存亡在此一舉事敗則中國不
免於亡四萬萬人皆死不特兒一人
如事成則四萬萬人皆生兒雖死亦
樂也祇以
大人愛兒切故臨死不敢不為稟告
但望
大人以國事為心勿傷兒之死則幸甚
夫男兒在世不能建功立業
以強祖國使同胞享幸福奮
鬥而死亦大榮也且為祖國而死
亦義所應爾也兒刻已念有六
歲矣對於家庭本有應盡之
責任祇以國家不能保則身家
亦不能保即為身家計亦不
得不於死中求生也兒今日極力
驅滿盡國家之責任亦即
所以保衛身家也他日革命
成功我家之人皆為中華新國
民而子孫萬世亦得以長保無虞
則兒雖死亦瞑目於九泉矣惟
此以後一切家事均不能

但望大人以国事为心，勿伤儿之死，则幸甚矣。

夫男儿在世，不能建功立业以强祖国，使同胞享幸福，奋斗而死，亦大乐也；且为祖国而死，亦义所应尔也。儿刻已念（廿）有六岁矣，对于家庭本有应尽之责任，只以国家不能保，则身家亦不能保，即为身家计，亦不得不于死中求生也。儿今日竭力驱满，尽国家之责任者，亦即所谓保卫身家也。他日革命成功，我家之人皆为中华新国民，而子孙万世亦可以长保无虞，则儿虽死亦瞑目于地下矣。

惟从此以往，一切家事均不能为大人分忧，甚为抱憾。幸有涛兄及诸孙在，则儿或可稍安于地下也。惟祈大人得信后，切不可过于伤心，以碍福体，则儿罪更大矣。幸谅之。兹附上致颖媳信一通，俟其到汉时面交。并祈得书时即遣人赴日本接其归国。因彼一人在东，无人照料，种种不妥也。如能早归，以尽子媳之职，或能稍轻儿不孝之罪。临死不尽所言，惟祈大人善保玉体，以慰儿于地下。旭孙将来长成，乞善导其爱国之精神，以为将来报仇地（也）。临书不胜企祷之至。敬请

万福金安！

儿声洞赴义前一日禀于广州城

家中诸大人及诸兄弟姊妹、诸嫂、诸侄儿女及诸亲戚统此告别。

1911年4月27日下午，起义爆发。黄兴率方声洞、林文、林觉民、喻培伦等敢死队一百多人进攻总督府。敢死队勇不可当，很快攻入总督府，无奈张鸣岐已望风而逃。他们从总督府杀出来，到东辕门时，遇到了优势清兵的阻击。黄兴率方声洞等冲出东辕门，准备去协助喻培伦攻督练公所。到双门底时，迎面遇到赶来响应起义的巡防营。由于联络失误，巡防营未按事前约定臂缠白布，方声洞误以为敌，举枪猛击，防营也仓促还击。混战中方声洞身中数弹，血流遍体而死。事后黄兴向党内报告起义经过时，特别称赞方声洞“以如花之年，勇于赴战”。方声洞死时年仅25岁，其遗体安葬于广州黄花岗七十二烈士墓。

方声洞的父亲看到儿子的绝笔书，心痛如绞，四年后与世长辞。此后方声洞致父亲和妻子的绝笔书一直由其妻王颖保存，1959年捐给中国革命博物馆（今中国国家博物馆）。

80

封建统治终于落下帷幕
清宣统皇帝溥仪退位诏书

*

万 婷

1911年武昌起义后，各省闻风响应，纷纷宣布独立，清王朝的统治如大厦将倾。清政府无力控制局势，被迫起用赋闲在家的袁世凯为内阁总理大臣兼钦差大臣，掌握全部军政大权，以镇压革命。

随着革命形势的迅猛发展，帝国主义感到公开武装干涉中国革命已无济于事，于是就打着“中立”的幌子，暗中破坏革命。为了维护其在华的侵略权益，帝国主义急需物色一个既能扑灭革命又能替代清政府的人物，他们选中了袁世凯。袁世凯有了帝国主义的支持，更加有恃无恐。他一面利用“拥护共和”骗取资产阶级革命派的信任，一面又利用革命党人来逼迫清廷，让清帝退位。

1911年12月18日起，南方军政府派代表伍廷芳与袁世凯所派代表唐绍仪在上海开始南北和谈。伍廷芳代表革命军方面提出：清帝退位、选举总统、建立共和政府等条件，并表示只要承认共和，一切办法都可以商量，清帝退位可以给予优待。与此同时，英、美、德、俄、日、法等帝国主义对和谈施加压力，声称“中国的战争若持续下去，将有危于外人的利益与安全”，促使双方尽快达成协议。混入革命阵营的旧官僚和立宪派也试图把南方革命派引向拥袁的道路。由于帝国主义不断施压和革命派内部的意见纷争，孙中山被迫允诺：“如清帝实行退位，宣布共和，则临时政府决不食言，文即可正式宣布解职，以功以能首推袁氏。”袁世凯在得到承诺后遂加紧逼宫。在袁氏的授意下，不少省督和驻外官员纷纷电奏，要求清廷实行共和。

1912年1月26日，坚定的宗社党领袖良弼在回家途中被革命党人彭家珍炸死，使得王公贵族更加惶惶不安，他们在读到北洋文官武将的奏电后，知道大势已去，便纷纷逃离北京，跑到天津租界及大连、青岛等地。隆裕太后立即授予袁世凯一等公爵，想用这种方式让袁世凯保证大清不亡。但此时此刻，南方革命党许诺的大总统位子对袁世凯更具吸引力。他一口拒绝了荣典，并授意梁士诒、赵秉钧、胡惟德不时入宫恐吓隆裕太后。

1月29日和30日，清廷连开御前会议，决定“逊位”，同意接受共和政体以取得优待条件。2月3日，隆裕太后在无可奈何的情况下，下诏书令袁世凯研究退位优待条件。袁世凯于2月4日，将他改定的《大清皇

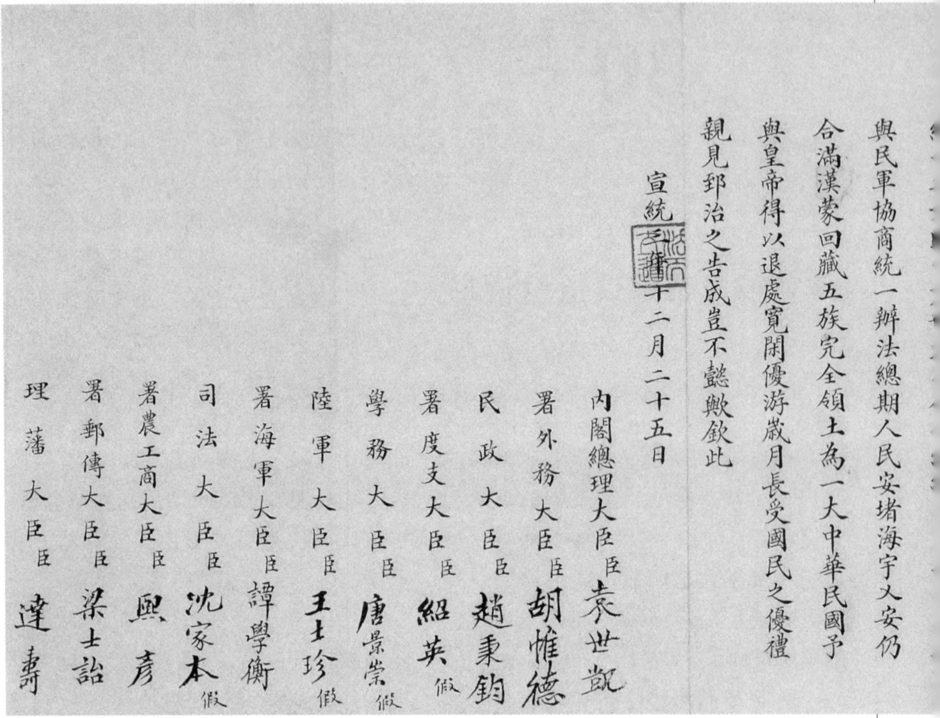
與民軍協商統一辦法總期人民安堵海宇乂安仍
合滿漢蒙回藏五族完全領土為一大中華民國予
與皇帝得以退處寬閑優游歲月長受國民之優禮
親見郅治之告成豈不懿歟欽此
宣統三年十二月二十五日
内閣總理大臣臣袁世凱
署外務大臣臣胡惟德
民政大臣臣趙秉鈞
署度支大臣臣紹英假
學務大臣臣唐景崇假
陸軍大臣臣王士珍假
署海軍大臣臣譚學衡
司法大臣臣沈家本假
署農工商大臣臣熙彥
署郵傳大臣臣梁士詒
理藩大臣臣達壽

帝优礼条件》电告伍廷芳，其第一款就是“大清皇帝尊号相承不替”。南京临时参议院经过讨论，将袁世凯送来的条件改称为《关于清帝逊位优待之条件》。

袁世凯与南京临时政府几经协商后，最后确定了八款优待条件，主要内容有：清帝辞位后，其尊号仍存不废，各国政府以优待外国君主之礼相待；皇室岁用四百万两由民国政府拨款；其宗庙陵寝永远奉祀；其原有私产，由民国政府特别保护；原禁卫军归民国陆军部编制，额数、俸饷照旧等等。这八款优待条件得到了隆裕太后认可。

1912年2月12日，隆裕皇太后在养心殿举行的朝仪上以宣统皇帝名义连下三道懿旨，宣布大清皇帝辞位，实行立宪共和国体。第一道懿旨后来被人们称为“退位诏书”。诏书中称：“今全国人民心理，多倾向共和。南中各省既倡义于前，北方诸将亦主张于后。人心所向，天命可知。予亦何忍因一姓之尊荣，拂兆民之好恶。是用外观大势，内审舆情，特率皇帝将统治权公诸全国，定为共和立宪国体。近慰海内厌乱望治之心，远协古圣天下为公之义。袁世凯前经资政院选举为总理大臣，当兹新旧代谢之际，宜有南

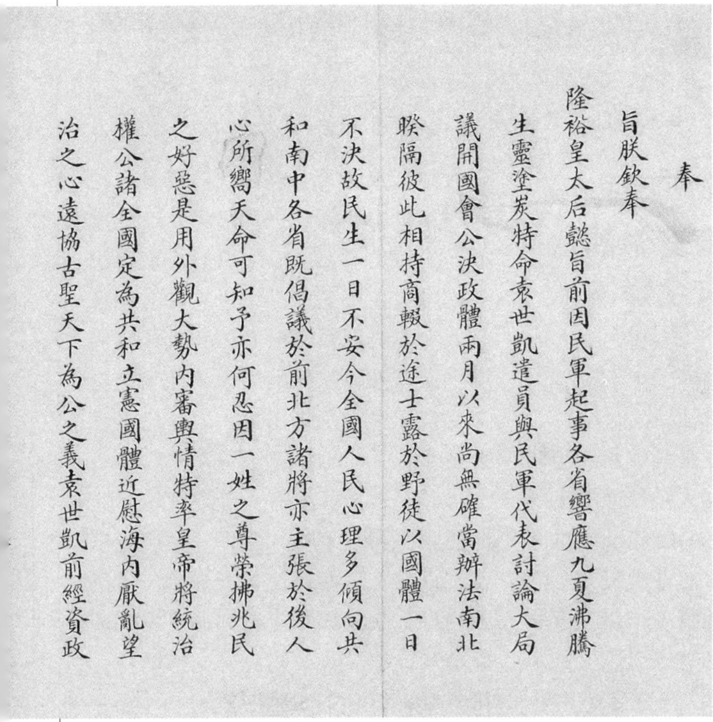
奉
旨朕欽奉
隆裕皇太后懿旨前因民軍起事各省響應九夏沸騰
生靈塗炭特命袁世凱遣員與民軍代表討論大局
議開國會公決政體兩月以來尚無確當辦法南北
睽隔彼此相持商輟於途士露於野徒以國體一日
不決故民生一日不安今全國人民心理多傾向共
和南中各省既倡議於前北方諸將亦主張於後人
心所嚮天命可知予亦何忍因一姓之尊榮拂兆民
之好惡是用外觀大勢內審輿情特率皇帝將統治
權公諸全國定為共和立憲國體近慰海內厭亂望
治之心遠協古聖天下為公之義袁世凱前經資政

清宣统皇帝溥仪退位诏书

北统一之方。即由袁世凯以全权组织临时共和政府，与民军协商统一办法。总期人民安堵，海宇乂安，仍合满、汉、蒙、回、藏五族完全领土为一大中华民国。予与皇帝得以退处宽闲，优游岁月，长受国民之优礼，亲见郅治之告成，岂不懿欤！钦此。”第二道懿旨劝谕臣民。第三道懿旨公布了《关于大清皇帝辞位之后优待条件》、《关于满族待遇之条件》、《关于满、蒙、回、藏各族待遇之条件》。这三道懿旨的颁布，标志着 268 年的大清王朝统治的覆灭，中国两千多年封建社会的结束。

退位诏书由张謇拟稿，经南京临时参议院讨论后，由袁世凯转交清廷公布。1912 年 2 月 13 日，孙中山按许诺辞职。15 日临时参议院选举袁世凯为临时大总统。袁氏窃取政权的阴谋终于得逞。

81

马克思主义的光芒照到中国

《共产党宣言》的第一个中文全译本

*

陈　莉

《共产党宣言》是马克思和恩格斯为世界上第一个工人阶级政党——共产主义者同盟撰写的纲领，1848年2月在英国伦敦用德文首次发表。它是全世界共产党人的第一个纲领性文件，它的发表标志着马克思主义的诞生。这部著作篇幅不大，只有三万多字，但在世界上的影响却是巨大的。由于它的问世以及由马克思、恩格斯所开创的世界社会主义运动的兴起，世界上产生了数以千计的共产党组织和社会主义组织，产生了一批社会主义国家，从根本上改变了资本主义一统天下的世界格局。《共产党宣言》的传播非常广泛，被翻译成二百多种文字，成为全世界共产党人和一切进步人士必读的著作。该书最早的中文全译本，是由我国著名语言学家陈望道先生翻译出来的，具有特殊的历史文献价值。

20世纪初叶，俄国十月革命的一声炮响，为处于半殖民地半封建社会深渊的中国送来了马克思列宁主义。1919年五四运动前后，马克思主义以其先进性、科学性和革命性吸引着中国的先进分子，而了解马克思主义的最好读物就是《共产党宣言》。梁启超、李大钊、张闻天、成舍我等都曾在他们的文章中摘译、引用过《共产党宣言》的片断；李汉俊、朱执信、胡汉民、戴季陶也在报刊上介绍过它的有关章节。为了能更系统地介绍和宣传马克思主义，陈独秀更是主张将此书的全文尽快用中文翻译出来，“这已是社会之急需，时代之召唤”。

此时，担任上海《星期评论》主编的戴季陶计划找人翻译《共产党宣言》，在《星期评论》上连载。《民国日报》主笔邵力子得知此事后，向戴季陶举荐了具有马克思主义学识，精通日文和英文的陈望道。

1919年底，陈望道回到故乡义乌分水塘村着手翻译《共产党宣言》。根据陈独秀通过李大钊从北京大学图书馆借出的《共产党宣言》英译本和戴季陶提供的《共产党宣言》日译本（原著为德文本），时年29岁的陈望道字斟句酌、夜以继日地翻译，力求每一句话、每一个词，都要译得准确、妥帖。

1920年4月下旬，经过五个月奋战，这部后来导致中国社会天翻地覆的译作终于完成，陈望道带着稿件来到上海，请李汉俊校阅，再转请陈独秀审定，准备第二天在《星期评论》上连载。不料该刊却因“言论问题”

遭到查封。

这个时候，陈独秀的《新青年》编辑部也刚迁到上海，应陈独秀之邀，陈望道参加了《新青年》编辑工作。当时陈独秀、沈雁冰、李达、李汉俊、陈望道、邵力子经常在一起讨论马克思主义和建党问题，于是便组织了“马克思主义研究会”。为了全面、系统地传播马克思主义理论，研究会希望出版陈望道翻译的《共产党宣言》，但苦于无经费。恰在这时，共产国际代表维经斯基和杨明斋经李大钊介绍来上海与陈独秀联系并商谈中国建党问题。维经斯基与陈独秀商议，资助研究会在上海拉斐德路（今复兴中路）成裕里 12 号建立名为“又新印刷所”的小印刷厂。1920 年 8 月，作为《社会主义研究小丛书》第一种，以上海社会主义研究社的名义出版了陈望道翻译的《共产党宣言》中文全译本，首印 1000 册。

该书刚一问世，便引起强烈反响，几天内销售一空。一些想买到该书的人还多方打听“社会主义研究社”的社址，因问的人多，不能一一答复，1920 年 9 月 30 日《民国日报·觉悟》还撰文专门介绍：“这本书底内容，《新青年》、《国民》、《晨报》都零零碎碎译出过几条或几节的。凡研究《资本论》这个学说系统的人，不能不看《共产党宣言》，所以望道先生费了平常译书的五倍工夫，把彼全文译了出来，经陈独秀、李汉俊两先生校对。”

1920 年出版的《共产党宣言》

这本书对当时传播马克思主义影响巨大。毛泽东 1936 年就曾对斯诺说过：“有三本书特别深刻地铭记在我心中，建立起我对马克思主义的信仰……其中一本书是《共产党宣言》，陈望道译，这是用中文出的第一本马克思主义的书……”

《共产党宣言》中文全译本以及其后出版的恩格斯《科学的社会主义》、列宁《国家与革命》等著作的中文译本有力地促进马克思主义的进一步传播及其同工人运动的结合，使在中国建立共产党的条件基本上具备了。

1921 年 7 月 23 日，中国共产党第一次全国代表大会在上海召开，最后一天的会议转移到浙江嘉兴南湖举行。党的一大正式宣告了中国共产党的成立，中国革命的面目从此焕然一新。

82

革命气节，大义凛然

中国共产主义先驱李大钊在狱中写的亲笔自述

*

刘艳波

李大钊，字守常，1889 年 10 月 29 日出生于河北省乐亭县。1927 年 4 月 28 日，惨遭奉系军阀张作霖杀害，终年 38 岁。李大钊“是中国共产主义运动的先驱，伟大的马克思主义者，杰出的无产阶级革命家，中国共产党的主要创始人之一”。

1907 年，李大钊考入天津北洋法政专门学校。1913 年东渡日本，入东京早稻田大学政治本科学习。动荡的年代，备尝艰辛的生活，使李大钊从小养成了忧国忧民的情怀和沉稳坚强的性格。1915 年日本帝国主义提出灭亡中国的“二十一条”后，李大钊积极参加留日学生的抗议斗争，他起草的《警告全国父老书》通电传遍全国，他因此成为著名的爱国志士。“铁肩担道义，妙手著文章”成为他一生精神风范的写照。

1916 年，李大钊“益感再造中国之不可缓”，从日本归国，开始寻求救国之道。他积极投身正在兴起的新文化运动，宣传民主和科学精神，成为新文化运动的一员主将。十月革命一声炮响，给中国送来了马克思列宁主义。李大钊以《新青年》和《每周评论》等为阵地，相继发表了《法俄革命之比较观》、《庶民的胜利》、《布尔什维主义的胜利》、《我的马克思主义观》等大量宣传十月革命和马克思列宁主义的著名文章和演说，讴歌十月革命的胜利，并积极领导和推动五四爱国运动的发展，成为中国共产主义的先驱、中国最早的马克思主义传播者。

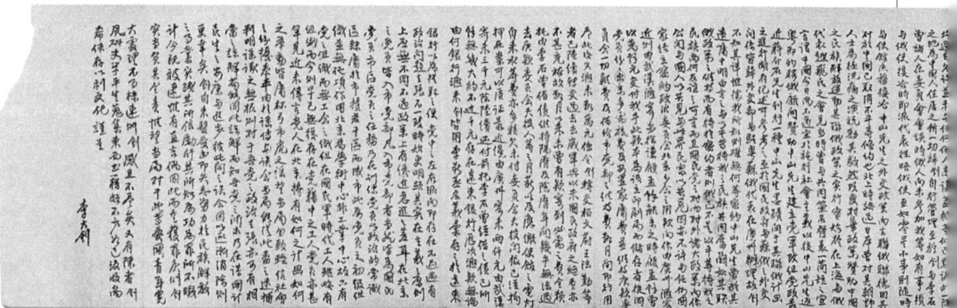

李大钊在狱中写的亲笔自述

1920年初，李大钊与陈独秀相约，在北京和上海分别活动，筹建中国共产党。同年3月，李大钊在北京大学组织了中国第一个马克思学说研究会，聚集了邓中夏、高君宇、张国焘、黄日葵、何孟雄、罗章龙等一批具有共产主义思想的青年知识分子；同时李大钊还在北京多次会见共产国际代表；同年秋，他又领导建立了北京的共产党早期组织和北京社会主义青年团。他与陈独秀遥相呼应，扩大宣传，发展组织，积极推动着全国范围的共产党组织的建立。“南陈北李，相约建党”，成为中国革命史上的一段佳话。

1921年7月，中国共产党第一次全国代表大会召开，宣告了中国共产党的成立，从此中国革命的面貌为之一新。李大钊和陈独秀成为中国共产党的主要创始人。此后，李大钊领导党在北方的全面工作，并任中国劳动组合书记部北方区分部主任。在党的三大和四大上，李大钊均当选为中央委员。

李大钊认为要拯救国家应“对外联合以平等待我之民族及被压迫之弱小民族，并列强本国内之多数民众，对内唤起国内之多数民众，共同团结于一个挽救全民族之政治纲领之下，以抵制列强之压迫，而达到建立一恢复民族自主、保护民众利益、发达国家产业之国家之目的”。1922年8月，他参加了中共中央在杭州西湖召开的研究国共两党合作问题的特别会议。李大钊赞同共产国际的指示，积极主张共产党员以个人身份加入国民党，帮助孙中山改组国民党。会后，李大钊到上海会见孙中山，共同讨论了“振兴国民党与振兴中国之问题”，并受孙中山委托与廖仲恺、鲍罗廷一起负责国民党改组工作。1924年1月，中国国民党第一次全国代表大会在广州召开，孙中山指定国民党元老胡汉民、汪精卫、林森、谢持和李大钊五人组成主席团，轮流担任大会主席，同时李大钊参加了大会宣言的起草工作，为建立国民革命统一战线、实现第一次国共合作作出巨大贡献。回到北京

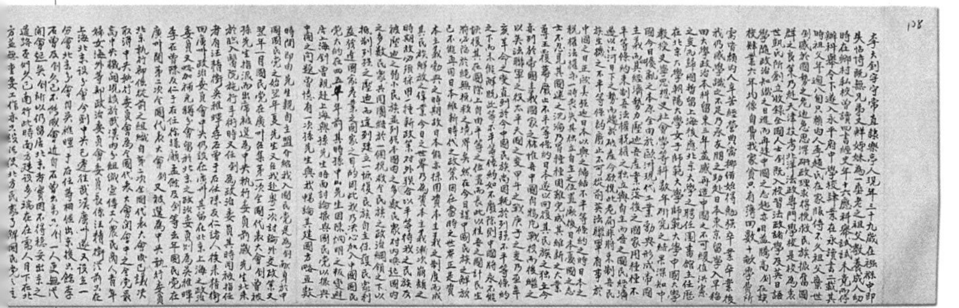

后，李大钊很快帮助建立起国民党北京市党部、天津市党部和直隶省党部，推动了国共合作在北方的发展。同时，他领导北方党组织发动群众响应五卅运动，1926年领导“三·一八”大请愿，这是国共两党第一次合作后首次共同领导的活动。轰轰烈烈的反帝反军阀斗争，猛烈冲击了帝国主义势力和北洋军阀统治。

在“三·一八”惨案发生后，段祺瑞军阀政府下令通缉李大钊等“三·一八”大请愿领导者，中国处于白色恐怖之中。1927年4月6日，奉系军阀张作霖和帝国主义相勾结，将李大钊等在苏联驻中国使馆内逮捕入狱。狱中，敌人对他进行了多次审讯、逼供，并施用了电椅、老虎凳等种种酷刑，最后竟残忍地拔去了他双手的指甲。但李大钊仍坚贞不屈，没有泄露任何党的机密。敌人转而又许以高官厚禄，劝降李大钊，李大钊却轻蔑地回答：“张作霖是狰狞之子，吴佩孚是狼狈之儿，我岂能为他们效劳。大丈夫生于世间，宁可粗布以御寒，糙食以当肉，安步以当车，就是断头流血也要保持气节！”

在困难的条件下，他写下狱中自述，共有三稿。自述中，李大钊回顾自己一生宣传马克思主义、拯救民族危亡的革命经历，抒发了一个革命者的高尚情怀，字里行间表现出大义凛然的英雄气概。他身陷囹圄，仍然一心为了民族解放，为了“再造”和“振兴中国”，继续阐述其革命主张，充分表达了他坚定的信仰和伟大的抱负。为了保护同时被捕的其他同志，他在自述中表示自己“负其全责”，要敌人“对于此等爱国青年，宽大处理，不事株连。”在自述书最后，他自豪地说：“钊自束发受书，即矢志努力于民族解放之事业，实践其所信，厉行其所知，为功为罪，所不暇计。”

1927年4月28日，张作霖不顾社会舆论的反对，下令将李大钊等20位革命志士秘密押到北京西交民巷京师看守所刑场施以绞刑。面对绞刑架，李大钊从容不迫、大义凛然，第一个走上绞刑台英勇就义。

在中国国家博物馆《复兴之路》基本陈列中展出的是李大钊狱中自述的最后一稿，全文共计2818个字，用毛笔小楷书写在13页纸上，后被粘接在一起，通长156.2厘米。1957年由李大钊的女儿李星华捐献国家。

83

红军不怕远征难
长征的文物见证

*

周靖程

由于“左”倾冒险主义错误路线的指导，在敌强我弱的形势下，红军第五次反“围剿”失利。至 1934 年 9 月，中央革命根据地只剩下瑞金、会昌、雩都、兴国、宁都、石城、宁化、长汀等县，而且兵力损失很大，完全处于被动地位。在这种情况下，中央红军被迫撤离根据地，进行战略转移，开始了举世瞩目的二万五千里长征。自 1934 年 10 月从雩都河出发开始，中央红军以无比的勇气和非凡的胆识，历经艰难险阻，突破国民党军队的围追堵截，战胜恶劣的自然环境，历时一年才得以转战陕北，完成长征的伟大壮举。

国家博物馆展出的《复兴之路》基本陈列以文物与照片相结合，配以景观复原等手段，对长征进行了真实的历史再现。其中有两件文物：红军强渡乌江时用的棕绳和当年泸定桥上的铁索链，是长征途中重大战役的历史见证。

棕绳长 167 厘米，现已磨损。长征出发后，中央红军连续突破敌人四道封锁线，粉碎了蒋介石企图在湘江以东的围歼计划，但也为此付出了惨重代价，中央红军和中央机关人员由长征出发时的 8.6 万余人锐减至 3 万余人。在这危急关头，毛泽东建议放弃去湘西同红二、六军团会合的计划，改向敌人统治力量薄弱的贵州前进。12 月 18 日，中央政治局在黎平召开会议，经过激烈争论，通过了《关于在川黔边建立新根据地的决议》，从此开始了长征的战略转变。12 月 31 日，红军占领乌江南岸的猴场，并在此召开政治局会议，发布了《关于渡江后新的行动方针的决定》。决定要求红军渡过乌江，到达遵义地区，同时规定军委必须在政治局会议上报告作战方针、时间和地点的选择，李德、博古的军事指挥权逐渐被取消。30 日，中央红军发起了强渡乌江的作战命令。

乌江素为黔北

强渡乌江用的棕绳

屏障，两岸悬崖对峙，江上怒涛汹涌，前有守敌凭险据守，后有追兵近在咫尺，红军处境十分困难。31日，红一军团二师奉命到达乌江江界河渡口，并于次日晨进行试渡，准备架桥，但在敌人猛烈炮火的攻击下没有成功。1935年1月1日晚，红军又组织了18名战士乘竹筏偷渡，但只有以毛振华连长为首的5名战士偷渡成功，其余两只木筏都被水流冲了回来。这时国民党追兵薛岳部已向渡口靠近，情况万分紧急，二师四团的红军战士遂不顾水流湍急，于2日上午进行了第二次强渡。他们冒着敌人的炮火冲过乌江后和毛振华等五名战士里应外合，一举将对岸守敌击溃，夺取了敌人所视为天险的高崖。稍晚些时候，红一军团一师先遣团从乌江另一个渡口回龙场强渡成功。6日，中央红军全部渡过了乌江，向遵义进发。1月15日至17日，中央政治局召开了著名的遵义会议。会议结束了“左”倾教条主义错误在中央的统治，确立了毛泽东在中共中央和红军的领导地位，并确立了正确的战略方针和战略转移方向。遵义会议后，中央红军在新的中央领导的指挥下，士气振奋、斗志昂扬，先后四渡赤水、南渡乌江、巧渡金沙江，“跳出了数十万敌人围追堵截的圈子”，实现了北上的战略转移计划。

另一件文物铁索链共有六环，长81厘米，现已生锈，是当年红军飞夺泸定桥时的历史见证。遵义会议后，林彪等人对毛泽东的领导和机动作战方针渐渐表示怀疑和不满。为进一步统一党和红军领导人的思想，中央政治局于1935年5月12日在四川会理的铁厂召开扩大会议。会议对林彪等人做出批评，维护了党和红军的团结，同时决定继续北进，越过大渡河，与红四方面军会师，并任命刘伯承为北上先遣队司令员。由于先遣队严格执行党的民族政策，尊重当地民族的风俗习惯和信仰，得以顺利通过凉山彝族区，于5月24日占领大渡河南岸的安顺场。当时国民党中央军在后面穷追不舍，四川军阀刘湘、刘文辉已在大渡河北岸布下重兵进行围堵，蒋介石妄图将红军消灭在大渡河南岸，使之成为“石达开第二”。大渡河是四川境内的一条峡谷河流，水深流急，两岸崇山峻岭，地势险要，加之对岸敌军已构筑碉堡，军事布防严密，渡河困难重重。25日，先遣队红一团熊上林等17名勇士组成“渡河奋勇队”开始强

泸定桥上的铁索链

行渡河，至次日上午一团全部过河。但由于水流湍急，无法架桥，导致渡河进展缓慢。当日傍晚，毛泽东到达渡口见情况紧急，为避免红军陷入腹背受敌、背水一战的困境，决定夺取泸定桥，由此渡河。泸定桥距安顺场有 320 里路程。由王开湘、杨成武率领的红一军团二师四团于 27 日晨出发，战士们不顾饥饿、疲劳，一路疾行，只用两天时间便到达泸定桥西岸。泸定桥由 13 根铁链组成，两边各两根作为桥栏，底下 9 根铺上木板作为桥面，正常情况下人在桥上行走也会有摇摇欲坠的感觉。而这时泸定桥的桥板已被敌人全部拆掉，只剩下悬空的铁索，桥下惊涛骇浪、洪流翻滚，再加上桥头与河岸均有防御工事和重兵把守，叫人不寒而栗。面对诸多不利因素，红军战士临危不惧，由以廖大珠连长为首的 22 名战士组成突击队，于 29 日下午发起夺桥进攻。他们冒着敌人的枪林弹雨，一面前进，一面在桥上铺上木板，连续攀缘 13 条铁索，成功冲破敌人的密集火力，夺取泸定桥。后续部队也迅速赶到，共同击退守敌，中央红军顺利由此通过大渡河。

飞夺泸定桥是长征史上的重要战役，为中国革命写下了不朽的光辉篇章，有“十三根铁链劈开通往共和国之路”的美誉。

红军长征的相关数字

从中央红军 1934 年 10 月离开江西瑞金开始战略转移，至 1936 年 10 月红军三大方面军在陕甘苏区胜利会师，长征共历时两年。参加长征的四路红军共转战 14 个省份。其中，中央红军经过了 10 多个少数民族聚居和杂居区，渡过的主要江河有 22 条，翻越的主要大山有 20 座，攻占县城 100 余座。在中央红军的队伍中，共有 32 位女同志历经艰难险阻胜利完成长征，途中没有一人掉队，没有一人牺牲，可谓是中国妇女运动史上的一个奇迹。1955 年中国人民解放军首次授衔时，在中将以上的 254 名将帅中，有 222 人参加过长征。（刘建美）

84

世纪审判的历史见证
梅汝璈保存的《远东国际军事法庭审判书》底稿

*

安　莉

这份厚达9册的审判书底稿，记录了日本军国主义对人类犯下的滔天罪行，向世人昭示了正义最终战胜邪恶这个颠扑不破的真理，也见证了人民的胜利，正义的胜利。

1945年，中国人民和全世界人民一道，经过惨烈的抗争，付出了死伤3500万人、直接经济损失5000亿美元的高昂代价，终于赢得了反法西斯战争的最后胜利。

1945年8月15日，日本接受《波茨坦公告》，宣布无条件投降。

对战争罪犯如何处置，成为当时国际社会普遍关注的问题。早在1943年，当世界反法西斯战争胜利曙光初露时，中、美、英三国首脑就发布开罗宣言，宣示了协同对日作战的宗旨，承诺处置日本侵略者的安排。1945年，中、美、英三国首脑联合发布的《波茨坦公告》，又重申履行开罗宣言等战后对日本的处理方式的决定。日本宣布投降后，苏、美、英三国外长于同年12月举行了莫斯科会议，议定并征得中国同意“设立盟国管制日本委员会”。依据《波茨坦公告》、莫斯科会议决定，1946年1月19日，远东最高盟国统帅麦克阿瑟根据同盟国授权，公布《远东国际军事法庭宪章》，宣布在东京成立远东国际军事法庭，对日本首要战争罪犯进行审判。2月，根据各国政府提名，成立由中国、美国、英国、苏联、法国、加拿大、澳大利亚、新西兰、荷兰、印度、菲律宾十一国各派一名法官和一名检察官组成国际军事法庭。中国派出的法官和检察官分别是梅汝璈和向哲浚。

梅汝璈，字亚轩，江西南昌人。1924年赴美留学，先后就读于斯坦福大学和芝加哥大学，获法学博士学位。1929年回国后，先后在几所大学讲授英美法、政治学等课程，同时，撰写、翻译、编辑外交和国际政治方面的文章。此外，还在政府的立法院中担任委员。梅汝璈被任命为远东国际军事法庭法官时年仅42岁。在当时的中国法学界和司法实务部门，资望深、年龄大的人士比比皆是。而执法东京的重任却偏偏落在刚刚步入中年的梅汝璈身上——这也许是有某种偶然因素在起作用，更多的则是由于他多年来在法学研究、教学和司法实践方面的出色表现。

1946年5月3日，漫长的审判拉开序幕。该案案情极其重大：被告28人（2人审判期间病死，1人因患精神病免予起诉）。开庭共818次，法庭记录约48000余页，判决书长达1213页，宣读判决用了九天的时间，整个审判耗资750万美元，可以说是历史上最大的审判；证人证据众多：检察方与辩护方共提出证据4336件，双方提供证人1194人，其中出庭作证的人达419人，书面作证的人近800人；审讯时间长：整个审判历时约两年半，从1946年5月3日开始，到1948年11月12日结束。

1948年4月，历时近两年的庭审终于结束，法庭的工作进入起草判决书阶段。判决书由中、苏、英、美、加等七国法官共同起草。在梅汝璈的积极争取下，法官们推定由中国法官负责起草判决书中有关中国的部分。梅汝璈与几位助手通力合作，在300多页的初稿上倾注了大量心血，为国际军事法庭的审判提供了强有力的证据。他风趣地形容自己："我像书虫一样，整日在堆积如山的数万页法庭记录中钻来钻去。"

梅汝璈带领中国法官团队搜集了大量证据后，慷慨陈词："由法庭掌握的大量证据，可以看出，日军在南京的暴行，比德军在奥斯维辛集中营单纯用毒气屠杀，更加惨绝人寰。砍头、劈脑、切腹、挖心、水溺、火烧、砍去四肢、割下生殖器、刺穿阴户或肛门等等，举凡一个杀人狂所能想象得出的残酷方法，日军都施用了。南京的许多妇女被强奸后又被杀掉，日军还将她们的尸体斩断。对此种人类文明史上罕见之暴行，我建议，在判决书中应该单独设一章予以说明。"在梅汝璈的力争下，日本战犯矢口否认的南京大屠杀被写进了判决书。

最敏感的量刑阶段开始了。来自已废除或部分废除了死刑且没有遭受日军过多荼毒的国家的法官，当然不会轻易赞成适用死刑。庭长韦伯主张将战犯们流放到荒岛上，印度法官巴尔则干脆主张慈悲为怀，无罪开释全部日本战犯！美国法官虽同意适用死刑，却仅仅坚持对发动太平洋战争或虐待美军俘虏的战犯判处死刑！……总之，力主死刑的人是少数。为此，梅汝璈心情激愤，夜不成寐。经过无数次面红耳赤的争论，与各国法官进

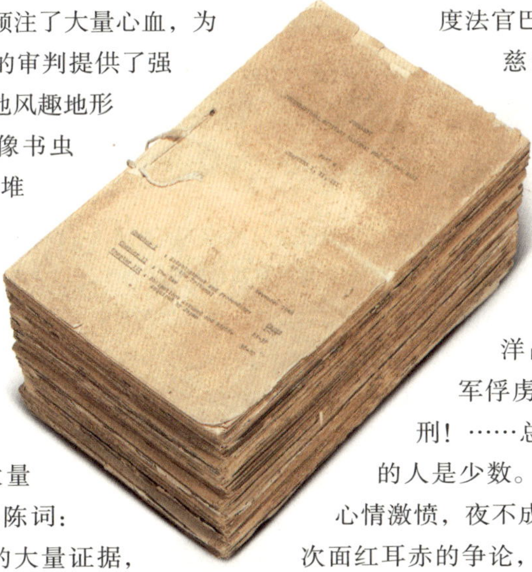

梅汝璈保存的《远东国际军事法庭审判书》底稿

行了无数次磋商后，终于为国人赢得了一个略感宽慰的结果——投票表决的结果以6票比5票！就是这一票的优势把东条英机、土肥原贤二、板垣征四郎、松井石根、广田弘毅、武藤章、木村兵太郎7名首恶战犯送上了绞架。

1948年11月12日，远东国际军事法庭宣判完毕，28名甲级战犯理应遵照判决书开始服刑。尽管外界对于判决结果有着这样那样的议论（有人说判得轻，有人说判得重），但它的法律效力是不容怀疑的。除了上述7人被判处死刑外，28名甲级战犯中尚有16人被判处无期徒刑，2人被判处有期徒刑，2人已于庭审过程中病死，1人（大川周明）因患精神病而免予起诉。判决结束当天，梅汝璈法官在报纸上发表了《告日本人民书》。他说："经此次审判，日本军界首脑之暴虐行为和虚假宣传已昭然天下……今日国际法庭之最后宣判，清除了中日两国间善睦相处的这些绊脚石，对于今后中日间和平合作，相信必有贡献。"

东京审判结束后，梅汝璈将他在审判工作中用过的判决书底稿和在法庭上穿的法袍随身携带，踏上归国旅途。1949年6月途经香港时，考虑到安全问题，梅先生将这份珍贵史料交由他的亲戚、久居香港的著名书法家柳顒庵先生保管，只身返回祖国。时光荏苒，这一别就是半个多世纪。直到1988年在梅先生过世15年后，这份珍贵史料被交还梅家，也终见天日。这是唯一存世的一份《远东国际军事法庭》判决书底稿，也是东京审判留下的唯一物证，可谓弥足珍贵。1998年，梅先生家属将这件珍贵文物捐赠我馆。

抗战何时结束？

关于中国抗日战争胜利结束的日期，一种相当流行的说法认为：1945年8月抗日战争结束。实际上，8月15日日本帝国主义仅口头宣布投降，战争状态并未完全结束，而9月2日日本帝国主义签字投降，才是中国抗日战争胜利结束的时间，也是世界反法西斯战争结束的时间。因此，中国抗日战争结束的时间应是9月2日。

（刘建美）

85

胜利是用小车推出来的

支前模范董力生用的独轮小推车

*

王海蛟

自1947年7月人民解放军开始由战略防御转入战略进攻以后，中国革命战争出现了历史性的转折，从此，人民军队结束了长期以来在内战中处于战略防御地位的局面，经过一年的外线作战，到1948年秋，即全国解放战争进入第三年时，全国形势已发生巨大变化。国内的军事、政治和经济形势发生了更加有利于人民、而不利于国民党统治集团的重大变化。人民解放军与国民党军队进行战略决战的时机日渐成熟。

1948年9月12日至11月2日，东北野战军发起辽沈战役，历时52天，共歼灭国民党精锐部队47.2万余人，解放了东北全境。至此，人民解放军不但在质量上占有优势，而且在数量上也取得优势，同时，中国的军事形势也达到一个新的转折点，改变了长期以来敌强我弱的基本格局。国共双方也将争夺的目光投向了广袤的华东地区，一场更大规模的会战即将展开。

淮海战役是在以徐州为中心，东起海州、西至商丘、北起临城（今薛城）、南达淮河的广大地区进行的。江苏徐州，地处中原南北要冲，两条横贯东西、南北的铁路——陇海和津浦在这里交汇而过，这里是进可问鼎中原，退可扼守江淮的咽喉。在全国各战区中，蒋介石最看重的是徐州，他在这里投入了4个全机械化兵团，设立了6个绥靖区，并设立徐州“剿总”司令部，以60万大军屏障南京大门。实际上，蒋介石最终在淮海战役中投入了80万兵力，其中大多是国民党军队的主力和精锐部队。与此同时，中国共产党也集中了华东野战军15个步兵纵队、1个特种兵纵队；中原野战军7个纵队，加上地方部队，共有60多万人准备投入中原大决战。

淮海战役自1948年11月6日打响，至1949年1月10日结束。经过三个阶段66天紧张艰苦的战斗，人民解放军以伤亡13.4万余人的代价，歼灭国民党军一个“剿总”前进指挥部、5个兵团部、22个军部、56个师，加上其他部队，共55.5万余人，长江以北的华东、中原地区基本上获得解放，使国民党反动统治的中心地带南京、上海直接暴露在人民解放军的铁拳面前，为解放军渡江作战创造了极为有利的条件。

在整个淮海战役过程中，中共中央华东局、中原局和华北冀鲁豫分局全力以赴地组织了庞大的支前工作。

浩浩荡荡的支前大军，日日夜夜转战在淮海战场上。解放区和临近战区的广大群众在“一切为了前线胜利”的口号下，克服种种困难，从人力、物力、财力上支援人民解放军。来自江苏、山东、河南、安徽、河北5省的支前民工云集淮海战场，数不清的民工担架队、小车队、毛驴队、挑子队……像千万条小河汇入大海那样，从胶东半岛到黄河两岸，从沂蒙山区到东海之滨……他们越过山峦，跨过平原，车轮滚滚，昼夜不息地涌向淮海前线；他们冒着枪林弹雨，忍着风雪饥寒，破冰渡河，长途跋涉，将粮食、被服、鞋袜、弹药等送到第一线作战部队手中。后方群众则不分男女老幼，参加冬耕生产，昼夜突击碾米磨面、加工军粮，赶做军鞋、军衣，筹集粮草，照料伤员。

“淮海战役的胜利，是乡亲父老们用小车推出来的。”这是我们最为熟悉的一句话。作为中共淮海战役总前委领导成员之一的陈毅在《忆江南·记淮海前线见闻》中描述了当时群众踊跃支前的盛况，“几十万，民工走不通。骏马高车送粮食，随军旋转逐西东。前线争立功。 担架队，几夜不曾睡。稳步轻行问伤病：同志带花最高贵，疼痛可减退？”

据不完全统计，整个淮海战役，动员支前民工，包括随军、二线转运常备民工和后方临时民工共约543万人（不包括后方碾米磨面、做军鞋等人员），为人民解放军参战部队人数

支前模范董力生用的独轮小推车

的 9 倍。动用担架 20.6 万副，大小车辆 88 万余辆，担子 35.5 万副，牲畜 76.7 万头，船只 8500 余艘，汽车 250 余辆。向前线共运送 1460 多万斤弹药，9.6 亿斤粮食和其他大量军需物资，向后方转送 11 万名伤病员，出色地完成了艰巨的运输任务。广大人民群众的全力支援有力地保障了淮海战役的胜利，充分体现了人民战争的强大威力，在物质上和精神上都给予子弟兵以极大的支持和鼓舞。

这辆独轮车的主人——董力生，就是千千万万的支前大军中的一员。董力生，女，江苏省赣榆县（原竹庭县）人，自幼无名，1943 年加入中国共产党。淮海战役期间，参加支前工作，她用这辆独轮车为解放军运送粮食，被评为“支前模范”。1949 年 3 月，出席中国妇女第一次全国代表大会时，毛泽东亲自接见了她，并为她取名为“力生”。1950 年，董力生出席全国工农兵劳动模范代表大会，被授予“全国劳动模范”称号。

华东、中原、华北解放区党政军民共同谱写了淮海战役胜利的光辉篇章，生动地体现了战争的伟力在于民众之中，有力地证明了人民的拥护和支援是革命战争胜利的源泉。

『淮海战役，粟裕同志立了第一功。』

在淮海战役的战略决策中，粟裕频出奇谋，对淮海战役的时机、指挥领导的统一，以及战役的指挥艺术等方面，为夺取最后胜利奠定了基础。1948 年初，中原战场的胜负已成为国共交战双方关注的焦点。在这关键时刻，1 月 22 日，粟裕报告中央军委：集中兵力中原歼敌。并详陈了他的战略构想以及相应的建议。1 月 27 日，中央军委正式电令粟裕渡江南进，执行宽大机动作战任务。31 日，粟裕再次电报中央军委，在提出渡江南进时机、地点和方法方案的同时，力陈集中兵力打大歼灭战。在渡江南进的各项准备工作全面展开后，他全面分析形势，第三次向中央建议：第一兵团暂不过江，集中兵力在中原黄淮地区打几个大规模的歼灭战。粟裕深谋远虑，三次献策，对淮海战役的战略决策起了重要作用。粟裕的功绩，毛泽东同志给予了很高的评价。在 1949 年的一次谈话中，毛泽东说：“淮海战役，粟裕同志立了第一功。”

（刘建美）

86

毛泽东称之为“天书”
政协第一届全体会议代表签名册

*

尹 静

在中国国家博物馆《复兴之路》基本陈列中展出的这本厚厚的签名册，曾被毛泽东主席称为“天书”，其中包含人民政协第一届全体会议644位代表的签名，用纸多达82页。这本“天书”真实地记录了中华人民共和国“开国盛会”的盛况。

1948年，随着人民解放战争转入战略反攻，中共中央于4月30日发布纪念五一劳动节口号，号召“各民主党派、各人民团体、各社会贤达迅速召开政治协商会议，讨论并实现人民代表大会，成立民主联合政府”。这一号召得到各民主党派和爱国民主人士的热烈响应，他们冲破重重险阻，陆续进入解放区，在中国共产党的领导下，积极参加召开新政协、建立新中国的筹备工作。

1949年4、5月，人民解放军百万雄师过大江。随即，南京、武汉、上海等大城市相继解放，新政协的筹备工作提上日程。1949年6月15日，新政协筹备会在北平成立，由中国共产党和赞成五一口号的各民主党派、各人民团体、无党派人士共23个单位134人组成。会议推选出以毛泽东为主任，周恩来、李济深、沈钧儒、郭沫若、陈叔通为副主任的新政协筹备会常务委员会。

新政协筹备会为筹备政协会议和建立新中国，进行了近三个月紧张而有效的工作。其中最重要的工作之一是民主协商确定新的政治协商会议代表名单，政协第一届全体代表签名册就是这一成果的形象表现。

筹备会拟定的参加政协第一届全体会议代表的名单分为5类，即党派代表、区域代表、军队代表、团体代表和特别邀请人士，共有代表662人。前4类共45个单位，有正式代表510人，候补代表77人。其中党派代表包括中国共产党、中国国民党革命委员会、中国民主同盟等各民主党派和无党民主人士等14个单位，165人。区域代表共9个单位，116人。军队代表包括人民解放军的6个单位，71人。团体代表包括中华全国总工会、国内少数民族、国外华侨民主人士、宗教界民主人士等16个单位，235人。特邀代表包括孙中山夫人宋庆龄和各界知名人士、老解放区民主人士、起义的国民党军政人员、新疆代表团、战斗英雄劳动模范代表，共75人。在全部代表中，共产党员约占44%，各民主党派代表约占30%，无党派代表约占26%，形成了中共与各民主党派、无党派民主人士民主协商、共筹建国大计的政治局面。

在新政协筹备会常务委员会的领导下，以李维汉为组长的第一小组负责拟定代表名单。

商定参加政协第一届全体会议的单位和代表名单，是一项极其严肃又十分繁重的工作。根据新政协筹备会第一次全体会议通过的《关于参加新政治协商会议的单位及其代表名额的规定》，第一小组展开了紧张的工作。毛泽东、周恩来等也常常参加讨论。当时对代表名单的商定极为慎重和费时费力，需逐个审查、反复研究，工作量极大，常常为某个代表的适当与否，多方协商，函电往返，斟酌再三，费时达数周之久，以至到开会前一天个别人选竟还未定下来。

值得注意的是在党派单位的代表名额分配中，中共与民革、民盟同为正式代表16人、候补代表2人，体现出中共确实是把自己作为民主党派之一来组织和参加会议的。在最后公布的名单中，有两个党派代表单位缺额3人，即三民主义同志会比规定名额少正式代表1名，中国致公党缺额正式代表1名，候补代表1名。

1949年9月15日上午9时至下午4时，中南海勤政殿内喜气洋洋，代表们陆续前来签名报到。当时，政协代表报到处分设在勤政殿、怀仁堂等几个地方，各党派代表的报到处设在勤政殿正门内的大厅里。中国共产党的正式代表16人，候补代表2人。陈云同志是第一个来报到的，他在第1页第3行上端签名。首席代表毛泽东是最后一位报到的。9月17日，毛主席来勤政殿开会，同时就来报到。据分管中国共产党代表报到的孙小礼回忆，为了记者拍摄时好看，议事科副科长迟先达“要我给他一张未用过的签到纸，他沿着第三行的竖道把纸折叠起来，盖上已签满了的后三行”。从毛泽东签名照片中可以看到签名纸后三行上面盖着一张折叠的白纸。

特邀人士首席代表宋庆龄是单独到怀仁堂签名报到的。按规定：代表签名一律用毛笔，第一行写单位名称，由各单位的首席代表写；第二行是首席代表签名。但为了尊重宋庆龄的习惯，为她的签到特备了一支钢笔，代表签名只有她一人用的是钢笔，也没在第一行写单位名称。

签名册上唯一没有签名的首席代表，是列名缺席的中国人民救国会首席代表李章达（因心脏病复发在会前离开北平），签名册上第二行为他空了一个签名的位置。特邀新疆代表维吾尔族的赛福鼎和乌兹别克族的阿里木江写的是维吾尔文，是仅有的两位用少数民族文字签名的代表。

一些代表由于当天有事或尚未到达北平，是在以后几天内补签的。如特邀人士代表国民党军起义人员傅作义、邓宝珊8月下旬到绥远动员组织

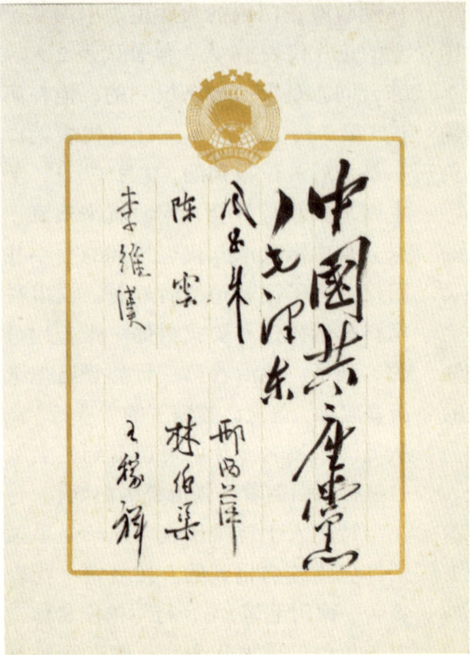

政协第一届全体会议代表签名册之第 1 页

起义，后于 9 月 22 日与孙兰峰同车抵达北平。特邀人士代表安文钦 30 日才到北京，只参加了最后一天的会议，签名册最后一页最后一个签名是安文钦。代表签名 644 位，与 662 个代表名额相比尚少 18 人。这 18 人中，有 15 人因故未到京，被会议批准列名缺席，有 3 人为缺额。

人民政协第一届全体会议代表的签名多达 82 页，共有 644 位代表的珍贵签名。白色宣纸上端印有人民政协会徽，纵 43 厘米、横 32.5 厘米，会后按单位顺序装裱成厚厚的两册。木板封面上镌刻着人民政协会徽和林伯渠题款。1965 年 10 月，由政协全国委员会拨交我馆。

陈毅与政协会议

1949 年 9 月中旬，陈毅元帅以华东军区和第三野战军司令员及上海市长的身份，率领华东地区各界代表赴北平出席会议。9 月 21 日，政协会议正式开始。当天，由毛泽东致开幕词，陈毅作为解放军的唯一代表在发言中说：“……中国人民解放军 400 余万指战员，能派遣代表出席人民政协大会，躬逢空前的人民革命盛典，认为是无上光荣。在此，我谨代表中国人民解放军全体指战员表示无条件拥护人民政协大会，愿在大会领导之下将人民革命战争进行到底，保证新中国建设的顺利进行。中国人民解放军随时准备着，听候中央人民政府的调用，为消灭残余敌人和保卫新中国的独立自由而奋斗到底！” 陈毅的发言不足 3 分钟，是这次大会讲话和发言中最精炼的。

（宋亚文）

87

五星红旗迎风飘扬

毛泽东在开国大典上升起的第一面五星红旗

*

赵　锋

北京，天安门广场，伴随着每天清晨的第一道朝霞，五星红旗在庄严的国歌声中冉冉升起。今天，升旗仪式已成为国家的象征，成为每个中国人心中一道圣洁绚丽的风景。伴随着岁月的洗礼，天安门广场上的五星红旗不知换了多少面，作为历史的见证，毛泽东升起的新中国第一面五星红旗被永久收藏在国家博物馆，并在《复兴之路》基本陈列中展出，默默地向人们讲述着它诞生的故事和辉煌的历史。

1949年上半年，随着人民解放军的胜利进军，建立新中国的条件已经成熟。6月15日，新的政治协商会议筹备会在北平中南海勤政殿开幕，筹备会下设六个小组，分别进行新中国成立的各项准备工作。其中，马叙伦、

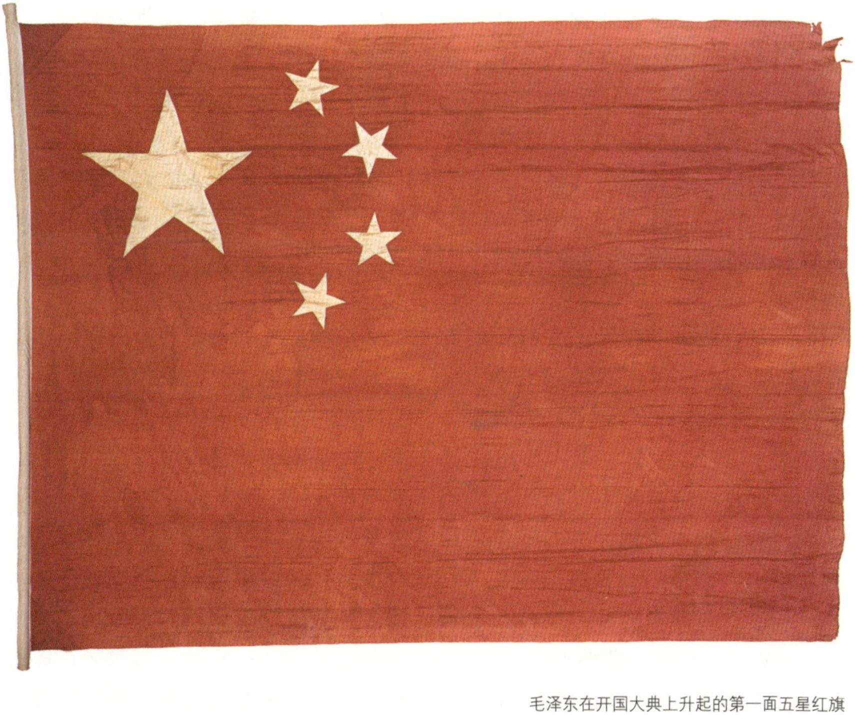

毛泽东在开国大典上升起的第一面五星红旗

叶剑英、沈雁冰领导的第六小组负责拟定国旗、国歌、国徽、国都等方案，这是建立新中国的一项重要准备工作。其中制定国旗的工作尤为急迫和重要。

7月15日，《人民日报》等全国各大报纸以显著位置连续刊登“新政治协商会议筹备会向全国人民征求国旗国徽图案和国歌词谱的启事”。

把国旗交给人民设计，这在中国历史上是破天荒的。“启事”一发，国内各阶层人士、港澳同胞和海外炎黄子孙都纷纷投稿应征，仅一个月零五天时间，筹备会便收到来自国内外的国旗应征稿件1920件、图案2992幅。投稿者中既有领导干部、社会知名人士、艺术家，也有普通教师、自由职业者、工人、农民、军人、学生；既有引经据典作说明的老先生，也有工工整整地画上稚嫩的图案的小学生，朱德总司令和郭沫若等知名人士也亲自投稿。香港、澳门的来稿多达67件，美洲、印尼、马来亚、朝鲜等地也寄来35份稿件。

筹备会收到的国旗图案稿件加上修改稿有3000余幅，要在这么多图案中选出1幅最好的来，确是一件难事。从8月16日到20日，第六小组成员和专家们夜以继日地审阅和评选应征来稿，稿件铺满桌面，有的干脆摆在了地毯上。由于担心稿件被吹乱，时值8月酷暑，却不能开电扇，大家只好摇着纸扇，汗流浃背的苦干。

经过辛苦工作和反复审阅，至9月22日，初步筛选掉“镰刀锤子”、“嘉禾齿轮”等几类明显模仿苏联或西方国家国旗的稿件，最后确定了38幅图案，编印成一册《国旗图案参考资料》，分送全体政协代表讨论。

其中，复字第32号图案（红地五星旗）备受大家的关注和赞赏，设计者是来自浙江瑞安的曾联松，当时年仅32岁，上海解放时他在地下党领导的现代经济通讯社工作。他来函告知了他的设计构思：“原设计稿中五颗星的关系是这样的：大星位于左边（正立），四颗小星位于右边环绕大星，每颗小星均有一个角尖正对大星的中心，以表达广大人民心向党之意，似‘众星之拱北辰’，犹鱼水之相融洽。”这个构思极为巧妙，动静结合，蕴意丰富，且旗面庄严美丽，制作简便，有中国新政权的特征，表示共产党领导下的四大阶级的大团结。审查组评选时对其作了部分修改，抽掉了大星中的镰刀斧头，从而使图案更加简明。

在认真听取各方面的意见后，周恩来指示把五颗星的图案做成一面旗子，并向毛主席汇报。9月25日晚，毛泽东召集各方人士协商国旗国歌方案。在听取和归纳了各方面意见后，他指着五星旗问大家：“这个怎样？”大家都说好。但也有人提出异议：四颗小星代表四个阶级，假如将来进入社会主义，没有后面两个阶级了，国旗不是又要改吗？毛主席很敏捷地回答说，把说明改一改好不好？不提四小星代表四个阶级，只提五颗星的相互关系。他又说：“我们这个图案表现我们革命人民大团结。现在要大团结，将来也要大团结。因此现在也好，将来也好，又是团结又是革命。”大家热烈鼓掌，一致赞同。

9月27日晚上9时许，政协第一届全体会议以大多数赞成表决通过了关于国旗的决议案：“通过中华人民共和国的国旗为五星红旗，象征中国革命人民大团结。”决议案由大会执行主席周恩来宣布后，全场响起热烈的掌声，庄严美丽的中华人民共和国国旗从此诞生！

1949年10月1日下午3时，首都30万军民齐集天安门广场，参加开国大典。毛泽东主席在天安门城楼上庄严宣告：“中华人民共和国中央人民政府已于本日成立了！”接着，毛主席按动电钮，启动广场中央的电动升旗装置，象征新中国的第一面五星红旗冉冉升起。与此同时，军乐队高奏《义勇军进行曲》，54门礼炮齐鸣28响，将开国大典伟大、庄严、团结的气氛推向了高潮。

关于第一面国旗的制作者，有过多种说法：有人说是一位女工手工缝制的；也有人说是前门大栅栏的瑞蚨祥老店制作的；还有人考证说是由北京美术供应社技术最精湛的赵文瑞师傅缝制的……，由于现存档案资料有限，制作者的姓名无从考证。但这并不重要，重要的是，许许多多热情澎湃的中国人都曾为第一面国旗的诞生尽过力！

建国之初，北京市人民政府将这面国旗拨交中国革命博物馆（现中国国家博物馆）永久保存和陈列。国旗用五幅红绸子拼接而成，五颗黄星是用黄缎子做的，旗面长460厘米，宽338厘米，虽然历经风雨，边角和旗裤已经残破，旗面略有褪色，但仍富有光泽。它是中华人民共和国诞生的象征，是中国历史新篇章开端的见证。那根在天安门广场中央矗立了42年的22米高的白色旗杆，在1991年改建后也交我馆永久保存，目前矗立在新落成的国家博物馆西南小院中央。1994年5月，五星红旗的设计者曾联松将自己珍藏多年的国旗原设计图案底稿捐赠我馆。这三件见证新中国诞生的珍贵文物，将作为中国国家博物馆的镇馆之宝，作为爱国主义教育的生动教材世世代代传承下去！

88

两幅油画，一件作品
《开国大典》

＊

秋 丰

画布油彩

纵230、横405厘米

《开国大典》

2011年3月23日，《中国国家博物馆馆藏现代经典美术作品展》在国家博物馆庄严的中央大厅隆重开幕。展览中最引人注目的作品，当属分别悬挂在展厅正面南北柱墙上的两幅油画——《开国大典》，左面的是原作，右面的是原作的复制品。这种鲜见的展出形式并非主办方刻意追求轰动的效果，而是只有它们联袂，才能给人们讲述一个完整而又耐人寻味的故事。

1952年，年仅37岁的中央美术学院教授董希文受中央革命博物馆筹备处（原中国革命博物馆前身）之邀，短短两个月就创作完成了巨幅油画《开国大典》。作品以宏大的场面、恢宏的气势及民族化的艺术语言，生动地描绘了中华人民共和国开国庆典这一伟大的历史瞬间。作品一经问世，即以其强大的艺术感染力产生了巨大的社会影响。1953年5月23日，《人民日报》在头版头条发表了油画《开国大典》，同年10月《人民画报》发表了这件作品，人民美术出版社随后出版发行了该画作的单幅画页，印数超过100万张。

《开国大典》在构图上采用了中国传统的“大团圆”的方式，在画中

的天安门城楼上，毛泽东高大的身躯居于靠近中间的位置，其他国家领导人安排在左侧，其中第一排领导人从左至右依次为中央人民政府副主席朱德、刘少奇、宋庆龄、李济深、张澜、高岗，人物形象既生动传神又洗练概括。画面右边是宽阔的天安门广场，广场上欢腾的人民群众，与城楼上的领袖集体遥相呼应。

作品在绘画语言上，在运用欧洲传统油画技法的同时，注意从中国古代工笔画的技法中吸收营养，以追求一种民族化的油画风格。整个作品既有细节的刻画，如为了表现地毯的质感，画家特意在颜料中掺进了锯末和沙子；同时为了表现大场面、大气象，又有在用光和设色上进行的大胆取舍，特别是在色彩的构思和运用上，别具匠心地采用大块的碧蓝与夺目大红和耀眼金黄色相搭配，使整个画面充满了明朗、吉祥和喜庆的热烈气氛，饱含着浓郁的民族风情。

作品完成后，被送到中南海请中央领导同志审查，毛泽东看后，高兴地说："是中国，是大国，我们的画拿到国际上去，别人是比不了的，因为我们有独特的民族形式。"

《开国大典》自问世以来，一直受着社会广泛的关注，还与它曾多次被修改有很大关系。

1955年初，因发生高饶事件，应革命博物馆筹备处的要求，董希文第一次对《开国大典》进行修改，将画中的高岗去掉，补上了菊花。

"文化大革命"初期，刘少奇被打成党内最大的"走资本主义道路的当权派"，1968年党的八届十二中全会错误地决定永远开除刘少奇的党籍。在这样的历史背景下，1971年中国革命博物馆为筹备迎接建党50周年党史陈列，要求董希文将《开国大典》上的刘少奇去掉，董希文抱病对原作进行了第二次修改：把刘少奇去掉，在刘少奇位置偏后一点的地方画上董必武，把原画中董必武只露出半个脸的形象改成了一个不确定的人物。

1972年，为庆祝毛泽东"在延安文艺座谈会上的讲话"发表30周年，国务院文化领导小组在中国革命博物馆筹备纪念展览时，决定复制《开国大典》。当时请中央美术学院教授靳尚谊、赵域按照原样进行了复制。其间，董希文曾带病到现场指导。

1979年，为庆祝中华人民共和国成立30周年，中国革命博物馆决定重新开放停展已久的《中国共产党党史陈列》。为拨乱反正，恢复历史的本来面目，陈列总体组不仅对陈列内容进行了很大地调整，还提出要恢复油画《开国大典》的原貌，因作者已于1973年病故，同时尊重作者家属的意见，馆里最终决定在复制件上进行修改。在靳尚谊的推荐下，修改工作由时任北京画院画师的阎振铎和北京电影学院讲师叶武林二人负责，他们参考《开国大典》最早的印刷品和有关照片资料，在复制件上恢复了刘少奇和高岗的形象，并把董必武同志恢复到原来的位置上。

从1979年9月开始，中国革命博物馆的《中国共产党党史陈列》，《中国革命史陈列》、《近代中国陈列》等展出的均是《开国大典》的复制件，原作则被精心地保存在艺术品库房中。

1992年初，中央美术学院为举办《二十世纪·中国》美术作品展览，向中国革命博物馆借《开国大典》原作参展。鉴于当时的国内政治氛围，《开国大典》在20世纪中国绘画中的重要地位，以及此次展览的学术性质，馆领导经过慎重的研究，最终同意了中央美术学院的要求。因此，时隔二十多年，《开国大典》原作终于又回到观众中间。《开国大典》原作的公开展出在社会上反响很大，许多画家和观众闻讯后特地赶到美术馆，观看这件久违的艺术珍品。

2003 年 10 月，由中华人民共和国文化部、法兰西共和国外交部、法兰西共和国文化通讯部共同主办的中法文化年系列展览之一，《东方既白——20 世纪中国绘画展》在法国首都巴黎金门宫展出，本着实事求是的原则，《开国大典》原作作为重点作品参加了此次展览。在展览中，《开国大典》独特的带有东方色彩的油画艺术语言，让许多外国观众感到十分新奇，在作品前合影的观众络绎不绝，不仅表达了人们对它的喜爱，也充分表明优秀的艺术品是没有国界的。

画家董希文

董希文，浙江绍兴人，1918 年迁居杭州，先后师从林风眠、颜文梁、刘海粟、常书鸿等绘画大家。1943 年，董希文任敦煌艺术研究所研究员。他在敦煌临摹了大量北魏与盛唐时期的壁画，潜心研究传统壁画艺术的表现形式，并将这种民族风格融入自己的油画创作中，《哈萨克牧羊女》就是受这一风格影响的典型作品。工作之余，他还经常外出写生，对西北的民俗风情有着深刻的了解。如他的画作《戈壁驼影》，就表达了对“沙漠之舟”骆驼的别样情感。

1952 年，董希文以高昂的热情、精湛的技巧，历时两个月创作出革命历史油画《开国大典》。这幅画不但得到毛泽东主席的高度赞赏，而且印成年画后，发行量达到 100 多万张。他自己在谈到这幅画的创作时也曾说：“在带有装饰性处理的这幅画里，尽力表现出富丽堂皇，把风和日丽的日子里的一个庄严而热烈的场面描绘出来。”《开国大典》是董希文“走油画民族化道路”这一主张的实践成果。至此，绘画界掀起了董希文所一直倡导的“油画中国风”。《开国大典》无疑成为这一理论的典范之作，而这种思潮一直影响至今。

此外，董希文还创作了《春到西藏》、《百万雄师过大江》、《红军不怕远征难》等具有深远影响的主题性绘画。董希文以自己的创作，积极参与社会变革，为推动社会前进的步伐，做出了卓越的贡献。

（宋亚文）

89

任凭山崩地裂，壮志坚不可摧
上甘岭战役遗迹

*

陈红燕

1950年6月25日，朝鲜战争爆发。美国为了维护其在亚洲的地位和利益，出兵干涉。同时派遣第七舰队进驻台湾海峡，公然向中国挑衅。9月15日，美军在仁川登陆，侵入朝鲜北方。侵朝美军不顾中国政府的多次警告，悍然越过“三八线”（即北纬38°线），并多次出动飞机轰炸中国东北边境地区，战火烧到了鸭绿江边。

为了捍卫中朝两国的独立和安全，为了保卫亚洲与世界的和平，中国党和政府应朝鲜党和政府的请求，于10月上旬毅然作出“抗美援朝、保家卫国”的战略决策。10月19日，中国人民志愿军分三路跨过鸭绿江，拉开了抗美援朝战争的序幕。

中国人民志愿军入朝后，与朝鲜人民军并肩作战，以运动战为主要作战形式，在极端困难的条件下，取得五战五捷，将以美国为首的“联合国军”和南朝鲜军队赶到“三八线”附近，初步稳定了朝鲜战局，迫使对方转入战略防御，并于1951年7月坐下来进行停战谈判。

上甘岭战役是停战谈判开始后，志愿军依托坑道粉碎“联合国军”进攻的1次著名战役。在43天的激烈战斗中，志愿军中涌现出了黄继光、胡修道、孙占元、龙世昌等许许多多著名战斗英雄，小小的上甘岭成了中国和朝鲜乃至全世界瞩目的焦点。

1952年秋，为了政治斗争的需要，“联合国军”方面片面宣布停战谈判“无限期休会”，并于10月14日至11月25日发动了一年来规模最大的“金化攻势”，企图先拿下上甘岭两个山头阵地，再进一步向北推进，压迫志愿军后退，伺机占领五圣山主峰阵地，以扭转其在正面战线上的被动局面，并在停战谈判中占据主动。

五圣山位于朝鲜中部，海拔1061.7米，南面山脚下五个高地犹如张开的五指，在上甘岭战役中双方殊死争夺的597.9和537.7高地就是其中的拇指和食指。五圣山的西侧是斗流峰和西方山，三座山如唇齿相依，如果五圣山失守，斗流峰、西方山就失去了依托，整个中部战线便有全线崩溃的危险。志愿军总司令彭德怀在一次军事会议上说过“谁丢了五圣山，谁就要对朝鲜、对历史负责！”足见五圣山战略地位之重要。

为了夺取这两处高地，美韩军先后投入兵力6万余人，3000余架飞机，170余辆坦克。志愿军也先后投入3

个多师4万余人，火炮近500门，发射炮弹35万余发。交战双方先后动用兵力达10万余人，反复争夺43昼夜，其激烈程度与单位面积火力密度为世界战争史上罕见。就在10月14日这一天，美韩军对五圣山前沿只有3.7平方公里的597.9和537.7高地北山，发射炮弹30万余发，火力密度高达每秒落弹6发。在敌人强烈的炮火下，通讯中断，防御工事荡然无存，坚守坑道的志愿军官兵宛若乘船在大海上颠簸，一个17岁的小战士竟被活活震死！

据统计，此次战役，"联合国军"共倾泻炮弹190余万发，炸弹5000余枚，以至上甘岭阵地上没有一块完整的岩石，没有一棵直立的树木，两高地的土石被炸松1至2米。这铲从上甘岭阵地上取回的土，由碎石、砂、弹片和子弹头组成，其中弹片、子弹头的重量约占一半，碎石最长不过2—3厘米。这铲上甘岭激战的见证，陈列在国家博物馆《复兴之路》展厅中，无声地向人们讲述着战争的惨烈，讲述着志愿军将士的伟大和光荣。

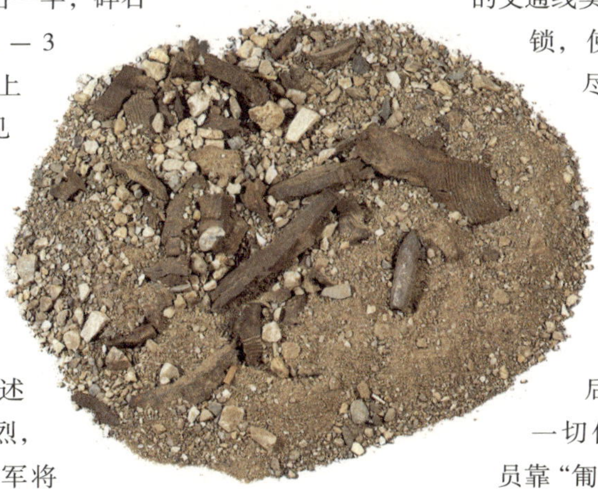
从上甘岭阵地上取回的土

上甘岭战役经历了争夺表面阵地、坚持坑道斗争和实施决定性反击3个阶段。

在反复争夺表面阵地战斗中，我军平均每天打退敌人30至40次的连续进攻。杀伤大量敌军后再转入坑道坚持作战。由于阵地狭小，交战双方都只能逐次投入兵力，在猛烈的炮火下，双方伤亡惨重。志愿军45师在7个昼夜激战中歼敌7000人，自己伤亡也高达3500人。我军及时改变了战术，撤入坑道，以坑道斗争与小分队反击为主要手段。

为了破坏坑道，攻打坑道内的志愿军部队，"联合国军"绞尽脑汁：飞机轰炸、炸药爆破、投掷各种炸弹、封堵坑道口、断绝坑道内外交通……无所不用其极。但是这些破坏，还不是坑道部队最大的威胁，缺粮断水才是最严重的。美军对坑道部队与后方的交通线实行严密炮火封锁，使坑道部队粮尽水绝。最危急的时刻，战士们就用自己的尿解渴。为了解决坑道内的困境，后勤部门不惜一切代价，组织人员靠"匍匐运输"、"接力运输"等方式，将3万发迫击炮弹和大量食品、物资送入坑道。虽然从后方到前沿坑道只有几百米上千米，但这段距离确是险情密布的死亡地带。有时一袋萝卜或一桶水，就要用战士的生命换来。为了鼓舞士气，军首长甚至提出“谁能送进坑道一个苹果，就给谁立二等功！”这是上甘岭战役坚持坑道战的立功标准。在整个战役期间，火线运输员的伤亡率高达90%，在通往上甘岭两个高地的山路上，洒满了战士们的鲜血。他们用生命为坑道中的战友赢得了准备反击所需要的宝贵时间。

战役的实践证明，志愿军依托坑道为主的防御体系，解决了在敌军猛烈炮火下减少伤亡、保存有生力量的难题，有效削弱了敌军技术装备上的优势。10月30日中午12时，我十五军以133门大口径火炮和30门120毫米重迫击炮向597.9高地猛轰，炮击持续达四个多小时。这是志愿军历史上第一次大规模的炮战，取得了预期的效果。

至11月25日，“联合国军”的“金化攻势”被彻底粉碎，美方压迫我军后退、夺回战场主动权的企图也彻底破产。上甘岭战役，创造了军事史上依托坑道进行坚守防御的光辉范例。

抗美援朝战争，是新中国诞生后的第一仗，生动地诠释了“中国人民从此站立起来了”这句话，创造了世界现代战争史上弱国打败强国的奇迹，无论对中国，对朝鲜，对东方，乃至对于保卫世界和平，都具有重要的意义和深远的影响。上甘岭战役作为抗美援朝战争的辉煌篇章将永载史册！

电影《上甘岭》主题歌《我的祖国》

《上甘岭》是由长春电影制片厂拍摄的、反映中国人民志愿军在抗美援朝战争中最为激烈的一次战役的影片。该片的主题歌《我的祖国》作于1956年夏，由乔羽作词、刘炽作曲，主要歌唱了志愿军战士对祖国、对家乡的无限热爱之情和英雄主义气概。乔羽最初写作时，给这首歌定名为《一条大河》，发表时被编辑改为《我的祖国》。

《我的祖国》词曲创作任务完成之后，长春电影制片厂邀请当时国内擅长唱民歌的一些歌唱家试唱，结果都不尽如人意。乔羽提议说：“怎么不请郭兰英来？”当郭兰英试唱后，在场的人全都拍手叫好！因当时录音在中央人民广播电台进行，所以第二天电台便首先向全国播放了这首歌曲，于是“一条大河波浪宽”的旋律迅即在祖国大地回荡。（宋亚文）

90

启动工业化的巨轮

新中国第一个汽车制造厂诞生的见证

*

龚　青

这块看似普通的汉白玉基石，蕴含着重要的历史信息，见证了新中国第一个汽车制造厂的奠基兴建，承载着共和国和人民对中国汽车工业的希望与重托。

新中国成立前，中国没有自己的汽车制造工业，仅有几家配件厂或装配厂。由于旧中国所用的各种型号的汽车全部依赖进口，外国人因此讥讽中国是一个“万国汽车展览馆”。建设中国自己的汽车工业是数代中国人梦寐以求的愿望，新中国成立后，这一愿望更加强烈。1950 年 1、2 月间，毛泽东、周恩来访问苏联期间与斯大林会谈商定，由苏联援助中国建一个综合性的汽车制造厂，并将这一项目作为中国第一个五年计划期间苏联援建的首批重点项目。此后，中国的汽车工业开始进入创建筹备阶段。

在中国建汽车制造厂，这是填补中国工业空白的重大项目。1950 年 3 月，重工业部成立了汽车工业筹备组，郭力任筹备组主任，孟少农、胡云芳任副主任。同年 8 月，重工业部副部长刘鼎主持召开首次汽车工业会议，讨论了中国汽车工业建设的方针与步骤等问题。建汽车制造厂首先必须解决厂址问题，这是因为汽车制造厂能否顺利建成并长期产生良好效益，与汽车厂所在地区的地质、水文、电力、钢铁、木材、交通等诸多自然与经济条件有直接关系。1950 年 12 月，苏联专家来中国协助选择厂址。当时，对厂址的选择有很多争论。由于苏联生产吉斯 150 型载重汽车的斯大林汽车厂在莫斯科，因而刚开始曾考虑在首都北京或附近建厂，在北京西郊的衙门口还进行了地质钻探，同时对石家庄、太原、西安、宝鸡、武汉等地也进行了调查勘察。陈云对汽车制造厂的建设特别是厂址的选择十分重视，他多次主持会议，听取汇报，组织讨论。在做了大量调查研究和反复比较后，陈云决定：建设目标同意苏方年产 30000 辆吉斯 150 型载重汽车的建议；厂址定在东北，在四平至长春之间选择；建厂开始期定为 1953 年，一次建成；协作配套问题由有关部门解决。事后，中苏双方经过多次的调查、勘测、研究，最终将厂址选在地质、水文、资源、交通等条件都比较适宜的长春市郊孟家屯附近。

厂址确定后，即将破土动工的汽车制造厂有了一个代号，即“652”厂。1952 年 4 月，重工业部任命郭力为厂长。同年 8 月，中央人民政府第一机械工业部成立。9 月，重工业部汽车工业筹备组改组为第一机械工业部汽车工业管理局，张逢时任局长。12 月，第一机械工业部任命饶斌为厂长，郭力任副厂长兼总工程师，孟少农、宋敏之任副厂长。同时，新中国第一个汽车制造厂被正式命名为“第一汽车制造厂”。1953 年 6 月 9 日，毛泽东亲自签发《中共中央关于力争三年建设长春汽车厂的指示》，号召全国支援汽车厂建设。从此“三年建厂”成为最响亮、最鼓舞人心的奋斗目标。

1953 年 7 月 15 日，第一汽车制造厂举行隆重的奠基典礼。之前，毛泽东为一汽奠基亲笔题词：“第一汽车制造厂奠基纪念”，一汽专门请手艺精湛的石匠师傅将毛泽东的题词镌刻在汉白玉基石上。典礼当天，李岚清等六名年轻的共产党员将这块基石放置到厂区中心广场的基座上。当天，从祖国四面八方汇聚来的万名建设者还在一匹红绸上签名表决心。从此，在长春市郊这片残留有日本帝国主义侵华细菌工厂废墟的荒原上，开始了一场空前的、规模宏大的建设工程。

一汽的建设，凝结了全国人民的心血和汗水。全国有上千个企业、机关和学校为一汽输送了大批干部和技术工人，全国有 100 多个厂矿为一汽承担了建筑材料、机械设备和协作产品的生产任务，每天都有从全国各地源源不断运来的物资，每天都有浩浩荡荡的义务劳动大军来到建设工地，每天厂里都能收到从全国各地寄来的饱含激情的慰问信和慰问品。

在全国各地的支援和苏联的援助下，一汽的创业者们战酷暑斗严寒，边干边学，边建设边试生产。三年艰苦创业，三年沧桑巨变，新中国第一

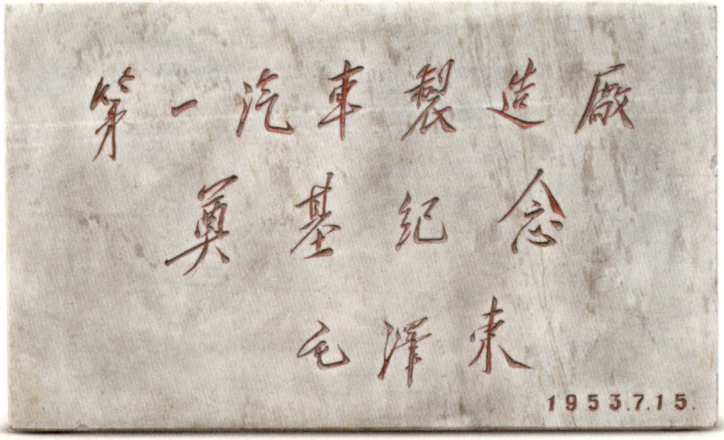

镌刻毛泽东亲笔题词的“第一汽车制造厂奠基纪念”基石

个现代化的汽车制造厂在昔日的荒原上拔地而起。1956 年 7 月 13 日，中国人民盼望已久的第一批国产 CA10 型载重汽车试制成功。毛泽东把这种汽车命名为“解放”牌。14 日，全厂召开庆祝大会。会后，在一汽职工的欢声笑语和雷鸣般的掌声中，12 辆墨绿色的“解放”牌汽车缓缓绕厂一周后，前往吉林省委、长春市委报捷。这一天成千上万的长春市民涌向街道两旁，争相目睹国产汽车的风采。同年在国庆阅兵式上，受阅部队官兵乘坐着第一批国产“解放”牌汽车接受了党和国家领导人的检阅。10 月 15 日，“解放”牌汽车正式投入批量生产。

从中国汽车工业的第一块基石被安置在黑土地上的那一刻起，第一汽车制造厂就肩负起艰巨而光荣的历史使命。一汽的建成投产，结束了中国不能制造汽车的历史。从此，带着一汽人的光荣与骄傲的“解放”牌汽车，驰骋在祖国各地，中国的汽车工业也由此从无到有，从一厂到多厂，从单一品种到多品种，逐步发展壮大起来。

『一五』计划

“一五”计划，是指我国从 1953 年到 1957 年发展国民经济的计划。“一五”计划所确定的基本任务是：集中主要力量发展重工业，建立国家工业化和国防现代化的初步基础；相应地发展交通运输业、轻工业、农业和商业；相应地培养建设人才；有步骤地促进农业、手工业的合作化；继续进行资本主义工商业改造；保证国民经济中社会主义成分的比重稳步增长，同时正确地发挥个体农业、手工业和资本主义工商业的作用；保证在发展生产的基础上逐步提高人民物质生活和文化生活水平。经过全国人民的热烈响应，到 1957 年底，“一五”计划的各项指标大都大幅度超额完成，工业、交通运输业和基本建设各条战线喜报频传。1953 年 12 月，鞍山钢铁公司无缝钢管厂等三大工程举行开工生产典礼。包头钢铁公司和武汉钢铁公司也先后正式开始施工。到 1956 年，中国第一家生产载重汽车的工厂长春第一汽车制造厂建成投产，中国第一家飞机制造厂试制成功第一架喷气式飞机，中国第一家制造机床的工厂沈阳第一机床厂建成投产，大批量生产电子管的北京电子管厂正式投产。飞架南北的武汉长江大桥 1957 年建成。青藏、康藏、新藏公路相继建成通车。（高　翠）

91

伸过最辽阔的海洋来握手

尼克松赠给毛泽东的嵌月球表面岩石碎片摆件

*

曹亚玲

中国国家博物馆《复兴之路》基本陈列中陈列着一件珍贵的国际礼品——美国总统理查德·尼克松赠给毛泽东主席的“嵌月球表面岩石碎片摆件”。这件礼品是由美国得克萨斯州休斯敦载人宇宙飞船中心技术勤务处制作而成的。它通高28.5厘米、纵18厘米、横24厘米，有机玻璃板下嵌有7粒月球表面岩石碎片及美国国旗，木座上嵌有两块英文说明牌，称“美利坚合众国总统理查德·尼克松赠”；“这面旗曾被阿波罗12号带到过月球。而月球表面的碎石，由载人登月机组于1969年11月带回”。1971年7月美国总统国家安全事务助理基辛格秘密访问中国时，作为尼克松总统的礼品，请周恩来总理转赠给毛泽东主席。1978年5月31日，中共中央办公厅警卫局和人民大会堂管理局将此件礼品拨交我馆。

用登月采集的月球表面岩石碎片作为礼品赠送，显示了美国具有世界领先的空间技术和科技实力。

1969年7月21日，美国“阿波罗11号”宇宙飞船首次成功载人登月，实现了人类登上月球的梦想。时隔数月，1969年11月14日，美国“阿波罗12号”宇宙飞船载三名宇航员升空，19日在月球表面安全着陆，停留了32小时。20日，两名宇航员进行了两次月球漫步，开展了精确测定登月舱的位置，采集月球表面岩石和土壤标本，架设一组科学仪器等月球表面活动。24日安全返回地球。礼品上嵌在有机玻璃板下一球体内的7粒月球表面岩石碎片就是“阿波罗12号”宇航员登月采集的。

这件国际礼品不仅是人类征服太空的标志，更是见证了中美两国关系从对立到开始实现关系正常化的历史转折。

20世纪60年末至70年代初，国际形势发生了重大变化。中美两国出于对各自国家利益和战略形势的考虑，都在逐渐调整其外交政策，寻求改善相互关系的渠道。1969年尼克松就任美国总统以后，开始调整对华政策，通过多种方式向中国领导人发出改善关系的信息。毛泽东、周恩来等中国领导人审时度势，及时对中国外交工作作出重大的战略调整，采取灵活的措施，打开了外交工作的新局面。

1971年3月末至4月初，在日本举行的第31届世界乒乓球锦标赛为中美两国关系的突破提供了机会。比赛期间，美国乒乓球队多次向中国队表示，希望能在比赛结束后访问中国。毛泽东、周恩来敏锐地觉察到美方的变化，抓住时机邀请美国乒乓球队访问中国。4月，美国乒乓球代表团应邀访问中国。周恩来在北京接见他们时说："你们这次应邀来访，打开了中美两国人民友好往来的大门。"这就是被国际舆论誉为"小球转动大球"的"乒乓外交"。就在周恩来接见美国乒乓球队的同一天，尼克松宣布取消已经实行20多年之久的对中国的贸易禁令，放宽对中国的货币和航运管制。

1971年7月9日至11日，美国总统国家安全事务助理基辛格秘密访问北京。周恩来同基辛格举行了6次会谈。基辛格表明他来北京有两项任务，1. 是商谈尼克松访华日期及准备工作；2. 是为尼克松进行预备性会谈。会谈期间，双方就台湾问题、印度支那等问题进行了谈判。基辛格的谈话尽管与中方的主张和要求还有不小的距离，但毕竟作出了解决一些问题以改善中美关系的承诺，表明尼克松政府意愿向前迈出一步。

经过会谈，双方就尼克松总统访华一事达成协议。7月16日，中美双方同时发表公告宣布，周恩来总理和尼克松总统的国家安全事务助理基辛格博士在北京举行了会谈，尼克松总统将于1972年5月以前的适当时间访问中国；中美两国领导人的会晤，是为了谋求两国关系的正常化，并就双方关心的问题交换意见。这一公告的发表震惊了全世界。中美关系的转变引发了国际社会的连锁反响。1971年10月25日，第26届联合国大会通过2758号决议，恢复中华人民共和国在联合国的合法席位。

1972年2月21日，是一个具有历史意义的日子。美国总统尼克松乘专机抵达北京，他是第一位到中国访问的美国总统。停机后，尼克松走出舱门，走下舷梯，面带微笑，主动伸出手来，紧紧握住周恩来的手。周恩来同样报以微笑，并意味深长地对尼克松说："你把手伸过了世界上最辽阔的海洋来和我握手，25年没有交往了啊。"一个时代结束了，历史翻开了新的一页。

当天下午，毛泽东会见了尼克松、基辛格等美国客人，宾主进行了寓意深刻而又幽默风趣的谈话，就中美关系和国际事务认真、坦率地交换了意见。

从2月22日起，周恩来和尼克松等就国际重大问题和中美两国关系举行了会谈。中美双方经过反复磋商，终于达成协议。2月28日，两国在上海发表《联合公报》。《联合公报》强调，双方同意以和平共处五项原则来处理国与国之间的关系。双方郑重声明：中美两国关系走上正常化是符合所有国家利益的。关于台湾问题，中方重申自己的立场，并指出台湾问题是阻碍中美两国关系正常化的关键问题。美方则表示：美国认识到，台湾海峡两岸的所有中国人都认为只有一个中国，台湾是中国的一部分，美国政府对这一立场不提出异议。美国重申它对中国人自己和平解决台湾问题的关心，并确认从台湾撤出全部美国武装力量和军事设施的最终目标。

中美上海《联合公报》的发表是中美关系史上的里程碑。它标志着曾经长期尖锐对立的中美两国从此走上实现关系正常化的道路。

尼克松赠给毛泽东的嵌月球表面岩石碎片摆件

基辛格秘密访华

1971 年 7 月 9 — 11 日，美国总统国家安全事务助理基辛格秘密访华。会谈时，双方着重讨论了台湾问题。基辛格表示：1. 承认台湾属于中国。2. 美国不再与中国为敌，不再孤立中国，在联合国内将支持恢复中国的席位，但不支持驱逐蒋介石集团的代表。3. 美国准备在印度支那战争结束后，撤走其驻台美军的 2/3。至于美蒋《共同防御条约》，美国认为历史可以解决这个问题。周恩来坚持，美国必须承认台湾是中国的一个省，台湾问题是中国的内政，因而不容外人干涉；美国还必须限期撤走驻台美军，并废除美蒋《共同防御条约》。7 月 16 日，双方发表了会谈公告。公告宣布，美国总统尼克松应邀将于 1972 年 5 月以前的适当时候访问中国。基辛格访华是打开中美两国关系大门的一次成功的访问。

（高　翠）

92

中国教育体制改革的历史见证

高考准考证

*

丁纯怡

对于许多“文化大革命”后的大学毕业生来说，1977年是改变他们一生命运的一年。1966年“文化大革命”开始，学校停课闹革命，大学一律停止招生，一代人求学的阶梯到高中甚至初中就中断了。此后中学毕业生多数上山下乡插队落户，少数人应征入伍，或到工厂当工人。1970年北大、清华等部分高校试点招生，但招生很少，并明文规定废除考试制度，学习内容是政治课和教学科研、生产相结合的业务课，学制仅二至三年。以“推荐与选拔相结合”招收的工农兵学员完全是“唯成分论”和“哪来哪去”，个人的志愿和文化知识水平不受重视。上大学对于大多数青年学子来说，仍然是一个可望而不可即的梦想。

1977年7月，第三次复出的邓小平主动要求分管教育和科技工作。8月，他主持召开了全国科学和教育工作座谈会。在这次会议上，教育部报送中央的延续“文化大革命”中推荐上大学的当年招生方案，对高校录取的政治条件依然规定了许多“左”的条条框框，引起了与会的科学家和教育工作者的激烈反对。他们建议党中央、国务院立即恢复高考，为此宁可推迟当年招生。这个意见得到邓小平的支持，他在座谈会总结讲话中宣布：“高等院校今年就要下决心恢复从高中毕业生中直接招考学生，不要再搞群众推荐。从高中直接招生，我看可能是早出人才、早出成果的一个好办法。”

一个重大决策——恢复中断10年之久的高考制度——就这样由邓小平果断作出了。1977年10月12日，国务院批转教育部《关于1977年高等学校招生工作的意见》，正式恢复高等学校招生统一考试的制度。21日公布，

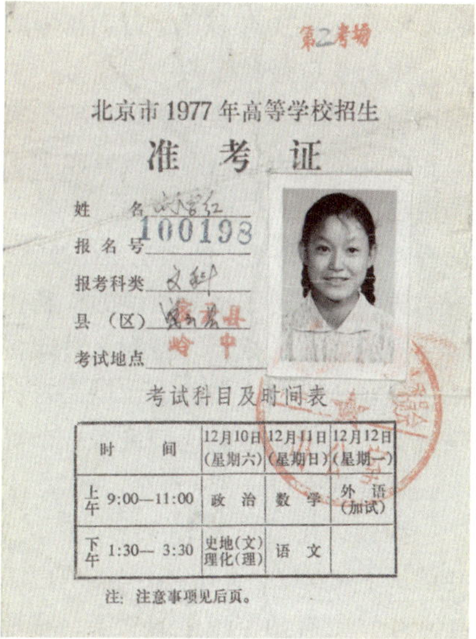
第二考场

北京市1977年高等学校招生

准 考 证

姓 名

报名号 100193

报考科类

县（区）

考试地点

考试科目及时间表

时 间	12月10日（星期六）	12月11日（星期日）	12月12日（星期一）
上午 9:00—11:00	政 治	数 学	外 语（加试）
下午 1:30— 3:30	史地（文）理化（理）	语 文	

注：注意事项见后页。

刘学红的高考准考证

招生对象为工人、农民、上山下乡和回乡知识青年、复员军人、干部和应届高中毕业生，年龄不超过25周岁，未婚。对实践经验比较丰富有成绩有专长的，可放宽到30周岁，婚否不限。意见还特别提出允许老三届（即1966至1968年初、高中毕业生）报考。

一股重新拿起书本求知求学的热潮在神州涌动。当年冬天，570多万年轻人，怀揣着难得的准考证和朦胧的梦想，意气风发地走进高考考场，向命运挑战。由于参加高考的人数大大超过预期，一时竟拿不出足够的纸印刷试卷。最后，中央决定紧急调用印刷《毛泽东选集》第5卷的纸张，才解决了这一问题。

这是一次汇集年代最长，考生年龄差距最大、复习时间最短的创纪录的高考，也是10年积压造就的新中国教育史上竞争最激烈的一届高考，录取比例为29 ∶ 1。然而它却是一个国家和时代的拐点，中国的教育迎来了期待已久的春天，面向所有青年学子的教育公平使得个人的命运由此改变，有志青年们获得了平等竞争的权利和接受高等教育的机会。特别是对即将或已经步入而立之年的老三届而言，恢复高考，可能就是他们最后一个机会，是货真价实的“末班车”。

据说，在当时大学的一个班中，年龄从十几岁到三十几岁不等。有应届毕业生，也有两个孩子的父亲，有带工资上学的，还有处级干部。在当时的大学校园里，还常能看到一些穿着军装的学生，他们从部队考入大学，不但拿着津贴，还保留着军籍。80年代初，77、78级学生走上工作岗位，这时各行各业对人才的需求“如饥似渴”，大学生成为名副其实的“天之骄子”！

恢复高考后北京市首个文科状元刘学红就是“天之骄子”之一。1976年3月，刘学红高中毕业后，来到北京密云水库北边的高岭公社插队。她幻想凭自己的热情、知识和能力，干出一番大事来。然而在当时的农村，衡量一个人价值的大小的标准是体力，体力强，挣的工分就多。知识、才华和能力与体现一个人价值回报的工分无关。在严酷的现实面前，最初插队时的激情和热情开始慢慢消退。

1976年底的一件事激发了她的大学梦。那年，她所在的生产队破天荒地获得了一个大学的推荐名额，最终大队会计的女儿被推荐上了北京大学低温物理系。刘学红在中学时，就对物理产生了浓厚兴趣，每次考试几乎都是100分。能够到北京大学物理系读书是她的梦想，为此她在春节探亲之际专程坐了一趟332路公共汽车，不为别的，只为能在车上看一眼心仪的北京大学。

1977年10月下旬，刘学红从广播里听到恢复高考的消息。她深知这是一次能够改变命运和实现梦想的考试，格外珍惜，积极备战。最初是白天劳动，晚上复习，后来抓紧劳动间歇的时间复习，在离考试只有半个月的时候又特意请假回城做最后的冲刺。由于当时找不到像样的复习资料，只能重新翻出中学课本，还想方设法地弄到了文革前的高中数学教材和高考历史试卷。在选择专业时，为了容易录取，她放弃了曾经喜爱过的物理专业，改报北大新闻专业，她觉得当记者也是一个非常符合她天性的理想职业。

刘学红称自己很幸运，幸运地赶上了第一年恢复高考制度，幸运地成为1977年恢复高考后的第一批大学生，幸运地以第一志愿考上了北京大学，幸运地从事着自己理想的职业。如今已经是中青在线总经理的刘学红一直珍藏着当年的准考证以及北京大学的学位证、毕业证，在纪念中国恢复高考30年的特殊日子里，将它们捐献国家。她在博客里写道："2007年7月10日下午两点，当我把写着我名字、印着"100198"报名号的'北京市1977年高等学校招生准考证'交给中国国家博物馆藏品保管二部征集室的工作人员收藏的时候，内心充满着一种幸福和感激之情。从这个时候起，这张30年前的小纸片开始承载着特殊的使命，它成为了当代中国一段特殊历史的真实见证。"

新中国的统一高考制度

1949年中华人民共和国成立后，为保持高等教育的连续性，中央政府提出"维持现状，立即开学"的方针。当时，全国高等院校基本上都实行单独招生，各高校享有最大限度的招生自主权，但却存在着各校间生源不均衡等问题。为此，教育部于1950年5月发布了《关于高等学校1950年度暑期招考新生的规定》，促进了高校招生的统一性和规范化。1951年教育部在《关于高等学校1951年暑期招考新生的规定》中，强调争取实行全部或局部统一联合招生以及实行全国统一考试，当年全国200多所高校中近70%参加了统一招生考试。1952年6月，教育部在《关于全国高等学校1952年暑期招收新生的规定》中明确指出：自该年度起，除经教育部批准的个别学校外，全国高校一律参加统一的考试招生，从而开创了我国高校招考制度的新纪元。1958年曾一度实行免试保送入学制度，导致新生质量严重下降，1959年又恢复了统一高考制度。1966年5月"文化大革命"开始后，统一高考制度被迫停止。直到1977年10月，高考制度才得以恢复，并在不断完善中沿用至今。

（宋亚文）

93

中国奥运史上"零的突破"
许海峰获得的第23届奥运会金牌

*

董 帅

1984年，香港歌星张明敏的一曲《我的中国心》唱遍全国；这一年的中国老百姓没有学会放松的享乐；这一年的中国人为了国家的经济发展，在各自的岗位上做着贡献。这样的年代，一件事，一个人的出现足以调动起无限的民族自豪感。这一年的奥运会，使世界记住了中国运动员许海峰的名字……

1984年7月28日至8月12日，第23届奥运会在美国洛杉矶举行。中国派出了由225名选手组成的大型体育代表团参加，这是中国重返奥运大家庭后首次派代表团参加奥运赛事。中国选手参加了总计16个项目的角逐，一举获得15枚金牌，8枚银牌和9枚铜牌，取得金牌总数第四的好成绩。一个新的体育强国诞生了，世界为之震惊！

7月29日，比赛的第一天，射击赛场传出捷报，中国射击运动员许海峰在男子自选手枪慢射比赛中以566环的成绩获得冠军，这是本届奥运会的第一枚金牌。许海峰成为中国奥运史上的首位奥运会冠军。他为中国体育赢得了三个第一：中国人自1932年参加奥运会以来夺得的第一枚金牌，实现了中国奥运会金牌榜和奖牌榜上"零的突破"；第一次在奥运会上，升起了鲜艳的五星红旗，奏响了中华人民共和国国歌；第一个为中国体育代表团首次出征夏季奥运会赢得荣誉，来了个"开门红"。向全世界展示了中国人民卓越的体育才能。

当许海峰获得冠军，实现零的突破的那一刻，多少中国人激动得热泪盈眶，人们记住了"零的突破"四个字和创造这个奇迹的许海峰。

许海峰生于1957年。小时候喜欢用弹弓打鸟，人称"弹弓大王"，曾创下一个晚上打下200多只鸟的记录。第一次接触射击训练是在1979年，只训练两个月就打破了安徽省记录。不久他被抽调到安徽和县供销社当了营业员。1982年调入安徽省队，开始了真正的射击生涯，1983年打破全国纪录，年底调入国家队备战奥运会。

奥运会开幕那天，许海峰没有出现在入场的队伍当中。不是27岁的他不爱热闹，而是他想让自己最大限度的平静。许海峰回忆到："还怪了，比赛的头天晚上，一般人都紧张的睡不着，我那天睡的特别好，躺下就睡着了。"

29日9时整，37个国家和地区的

55 名选手，提着放枪的箱子走进普拉多射击赛场的靶棚，各国记者都簇拥在夺冠热门——参加过 4 届奥运会的世界冠军瑞典名将格罗纳·斯卡洛卡尔的靶位后。几乎没有外国记者关注 40 号靶位上身穿红色运动服的中国选手许海峰和他的战友王义夫。

此时的许海峰心静如水。在重大比赛中极端冷静是许海峰能够力压群雄取代他们获得金牌的重要因素。许海峰慢条斯理的打法在世界射击界也很少见。“比赛时前两组 97 环，打的非常顺利，后来第 3 组打到第 8 发的时候，我打了一个 8 环，我就下来休息，跑到射击场的外面，一个人坐在大门口的台阶上，坐了将近半个小时。一般人沉不住气，不可能说这么重大比赛跑到外面坐半个小时，可我就在外面坐了半个小时，把心理调节好后进去再打。”他沉住气，第 3 组第 4 组都打了 93 环，第 5 组射击时他的心情平静了很多，打了 95 环，这个时候王义夫已经以 564 环完成比赛，许海峰回忆：“前五组平均是 95 环，如果最后一组我再打 95 环的话，我就 570，那肯定是冠军。”许海峰打最后一组前，赛场上只剩下他一个人，“当时后面的观众、记者、队友很多很多人，但是我也感觉，我今天估计成绩不错，不然的话后面不会那么多人，一回头就是相机响，一枪举起来就是相机响，当时确实精力有点分散。”

众目睽睽之下，许海峰的精力有

许海峰获得的第 23 届奥运会金牌

点分散，第 6 组一开始接连几发环数不高，分别是 5、6、8、9 环。他意识到这样下去非前功尽弃不可，心惊之余，他干脆坐下，什么都不想，休息片刻，调节心情，做深呼吸，迅速冷静下来。决定性的三发子弹，前两发打了一个 9 环，一个 10 环。

当许海峰还剩最后一枪时，场外的人都在凝神关注，因为瑞典名将已经打完，总成绩是 565 环，而许海峰已打了 557 环，如果最后一枪打 9 环以上，冠军就是中国人了！此时许海峰并不清楚这一点。他只想着珍惜这次机会，打好这最后一枪。他几次举枪又几次放下，当这最后一颗子弹射出后，恰恰打中9环。现场观众报以热烈掌声。当裁判长宣布许海峰的成绩为566环时，许海峰才意识到自己已经出人意料地改写了历史。本届奥运会的第一个冠军诞生了！另一位中国运动员王义夫获得第三名。

国际奥委会主席萨马兰奇闻讯赶来，主持发奖仪式。大会组委会事先根本没有想到，在第一天比赛的第一个项目，一个国家只允许参加两名运动员的情况下，中国的两名运动员都进入前三名，要升两面国旗。由于主办方事先只准备了一面五星红旗，不得不临时再去取一面，这样颁奖仪式推迟了40分钟。萨马兰奇在颁奖时紧握着许海峰的手说："中国人获得本届奥运会第一枚金牌，这是中国体育史上伟大的一天，我为我能亲自把这块金牌授给中国运动员而感到荣幸。"

多年后许海峰回忆起自己夺得的中国奥运史上第一块金牌时连说自己幸运，不过除了金牌，更让许海峰自豪的是，两面五星红旗在23届奥运会比赛的第一天同时飘扬在赛场上空。这一激动人心的时刻深深铭刻在海内外华夏儿女的心中，至今令人难以忘怀。

1984年10月14日，许海峰将这枚宝贵的奥运会金牌捐献国家。他说："这块金牌不只是属于我一个人的，我能在那么短的时间里夺得这枚奥运金牌，离不开国家的培养和教练以及队友的帮助。""把金牌放在博物馆里，可以让更多人看到，让更多的人了解历史，我认为这个意义更大。"如今，这枚金牌静静地摆放在国家博物馆《复兴之路》陈列的展柜里，每天迎接着来自祖国各地的参观者，向人们述说中国体育的辉煌历程。

首破世界纪录的陈镜开

陈镜开，广东省东莞市人。少年时代就喜欢健身运动，1955年加入中国人民解放军举重队。1956年6月7日，在上海举行的中国人民解放军和上海市联队同苏联国家举重队的一场友谊赛上，陈镜开一举成功，举起了133公斤的杠铃，打破了美国运动员温奇1955年创造的最轻量级（56公斤级）双手挺举132.5公斤的世界纪录，创造了中国体育历史上第一个世界纪录。举重运动因此成为我国体育走向世界的第一个突破口。

（高　翠）

94

洗刷百年国耻，香港更加繁荣

中英两国政府代表签署关于香港问题联合声明时用的签字笔

*

张玉兰

1997 年 6 月 30 日午夜至 7 月 1 日凌晨，香港会展中心灯火辉煌，举世瞩目的中英两国政府香港政权交接仪式在这里隆重举行。23 时 59 分，英国国旗缓缓降落，标志着香港被英国侵占一个半世纪的历史宣告结束。最后一任港督彭定康出席仪式后，陪同皇储查尔斯，乘皇家游艇“不列颠尼亚”号悄然离去。

7 月 1 日零时整，中华人民共和国国旗和香港特别行政区区旗在国歌声中徐徐升起。江泽民主席庄严宣布“中国对香港恢复行使主权，中华人民共和国香港特别行政区正式成立。”

香港回归祖国，洗刷了中华民族的百年国耻，也翻开了香港历史新的一页。

香港自古以来就是中国的领土。1840 年鸦片战争后，英国政府先后通过《南京条约》、《北京条约》、《展拓香港界址专条》三个不平等条约，强迫清政府割让香港岛、九龙半岛，强租新界。历届中国政府均不承认英国对香港的永久主权，并多次进行交涉。但由于旧中国积贫积弱，中国人民收回香港的夙愿始终未能实现。

中华人民共和国成立后，立即宣布废除过去所有外国强加在中国人民身上的不平等条约。但中国政府对香港、澳门问题，在相当长的时间内，从当时的国内外形势和港、澳居民的利益出发，主张在条件成熟时，经过谈判和平解决，之前暂时维持现状。

改革开放后，中国国力增强，国际地位不断提高，邓小平提出的“一国两制”的构想和各项具体方针政策日臻完善，为解决香港、澳门问题指明了方向。同时，随着 1997 年“新界”租期届满的临近，英国政府不断试探中国政府关于解决香港问题的立场和态度，这样，解决香港问题的时机首先到来。

1982 年 9 月 23 日，撒切尔夫人的访华拉开了中英两国关于香港问题谈判的序幕。英国首相挟刚刚打胜与阿根廷的马岛之战的余威，态度十分强硬。她首先亮出“三个条约”和“维持香港的繁荣离不开英国”两张牌，强调“有关香港的三个条约在国际法上仍然有效”，只可通过协商加以修订，不可单方面予以废除。又说，香港的信心和繁荣“全赖英国的管治”，假如现在实行或宣布对香港治权做出重大改变，则港人信心大失，香港繁荣不保。

中国总理随后发言，拒绝了英国的主张。他声明，中国政府决定于1997年“新界”租约届满之际收回整个香港地区，在恢复行使主权的前提下，中国将实行一系列特殊政策，以保持香港的稳定和繁荣。并强调，国家主权始终是第一位的。

24日，素有“铁娘子”之称的撒切尔夫人同邓小平会谈时，仍然坚持“三个条约有效论”，要求1997年以后继续维持英国对整个香港地区的管辖不变，并以威胁的口气说：“要保持香港的繁荣，就必须由英国人来管制。如果中国宣布收回香港，就会给香港带来灾难性的影响和后果。”“如果两国政府能就香港的未来治权达成一致协议，且能为香港人民接受，也能使英国国会同意，那么我们便能进一步就主权问题商议。”其实，英国是不愿放弃香港这颗被誉为英国女王王冠上最璀璨的宝石。她也是想以此压中国让步，“以主权换治权”。

面对英国首相的挑战，邓小平针锋相对地指出：“我们对香港的问题基本立场是明确的，这里主要有三个问题，一个是主权的问题；再一个问题，是1997年后中国采取什么方式来管理香港，继续保持繁荣；第三个问题，是中国和英国两国政府要妥善商谈如何使香港从现在到1997年的15年不出现大的波动。”

邓小平坦率指出，主权问题不是一个可以讨论的问题，在这个问题上中国政府没有回旋的余地。我可以明确地告诉你们，中国在1997年要收回的不仅是“新界”，而且包括香港和九龙。中国和英国的谈判必须在这个

中英两国政府代表签署关于香港问题联合声明时用的签字笔

前提下进行。如果在新中国成立48年后还不把香港收回，任何一个国家领导人和政府都不能向中国人民交代，也不能向世界人民交代。中国希望通过谈判和平收回香港，如果谈不成，也要收回。不迟于一两年的时间，中国就要正式宣布收回香港的决策。香港继续保持繁荣，根本上取决于中国收回香港后，在中国管辖之下，实行适合于香港的政策。他还阐述了以“一国两制”解决香港问题的构想。明确表示如果在15年过渡期内香港发生严重的波动，中国政府将不得不对收回的时间和方式另作考虑。

此后，双方通过外交途径继续就谈判的原则与程序交换意见，由于中方毫不动摇的立场，1983年3月，英国首相不得不首先妥协，她表示只要两国政府能就确保香港未来繁荣与稳定的行政安排达成协议，她愿建议将整个香港的主权交回中国。

但是从同年7月开始的中英双方的前四轮谈判，却因英方坚持“主权和治权分离”的立场陷入了僵局，一度导致香港人心不稳，汇率、股市下滑。后中方接连发表严正声明，英国首相打“经济牌”不能奏效，不得不于10月再次致函中国总理，放弃“以主权换治权”的立场，但仍想在1997年以后让英国人在香港的行政管理中继续发挥作用，被中方严词拒绝。最后英方不得不让步。

此后双方的争论，都是围绕主权问题展开的。中方坚持原则性又有必要的灵活性，对谈判成功起了积极的作用。中英双方经过两年22轮拉锯式的谈判，终于圆满解决了中国恢复对香港行使主权的问题。

1984年12月19日下午，在北京人民大会堂西大厅，中国总理和英国首相分别代表本国政府正式签署《中华人民共和国政府和大不列颠及北爱尔兰联合王国政府关于香港问题的联合声明》，确认中国政府将于1997年7月1日收回香港，恢复行使主权，并设立特别行政区，维持其现行社会制度、经济制度、生活方式50年不变。

这是中、英两国政府首脑在联合声明上签字用的英雄牌金笔，她是香港问题和平解决和“一国两制”构想实现的历史见证。1985年12月25日，由外交部礼宾司拨交我馆。

95

进军神秘大陆
中国首次南极考察队日志

*

郭幼安

1984年，中国首次组队赴南极科学考察，并于1985年2月20日在南极乔治王岛建立我国第一个常年考察基地——中国长城站。这在中国远洋航海和科学考察史上是一个伟大创举。今天，当走进中国国家博物馆参观《复兴之路》展览时，你会在“极地科考——探索地球未知领域”展柜中看到一本普普通通的硬皮笔记本，它便是真实记录下这次中国极地探险破冰之旅的“中国首次南极考察队日志”。

被称为“神秘大陆”的南极洲，面积1400万平方公里。95%以上的南极大陆终年冰雪覆盖，厚厚的冰层下隐藏着诸多科学之谜，开展南极科学考察，对地球环境气候、天文学、地质学、生物学等多项学科具有重要意义。南极也是地球上最后一块未被开发的蕴藏丰富资源的宝地，是世界各国竞争激烈的未来资源发展空间。1983年，中国正式成为《南极条约》的成员国。但因为我们在南极没有常设考察站，只是《南极条约》的缔约国而非协约国，对南极事务没有表决权。为取得对南极事务的话语权，中国必须在南极建立自己的科学考察站。

1984年6月，中国政府决定组建中国首支南极考察队，并于1984—1985年度赴南极建站和科学考察。

首次南极考察队主要由南极洲考察队、南大洋考察队以及“向阳红”10号科学考察船船员和海军J121打捞救生船官兵组成，总计591人，分别来自全国23个部委局的60个单位。其中，南极洲考察队负责长城站建设和南极洲考察。这本《日志》记述的就是该队自1984年10月8日建立到1885年2月15日长城站建成期间的主要活动。《日志》的封面中央贴着中国南极考察队标，扉页上是90岁高龄的老书法艺术家肖劳在考察队欢送会上亲笔题写的“中国首次南极考察队日志”，首页为著名画家黄苗子的题词：考察南极、造福人类、勇攀高峰、为国争光！

1984年11月20日，中国南极考察队乘“向阳红10号”考察船和海军“J121”打捞救生船，从上海港出发，斜向横跨太平洋，经南美大陆的顶端阿根廷的乌斯怀亚港，穿越德雷克海峡，于12月25日进入南极。这是中国船只首次进入南极。

乔治王岛是南极洲与其他大陆距离最近的南设得兰群岛中最大的一个岛屿，许多国家都选择在此建站。当年，我们国家还没有破冰船，不具备直接去南极大陆建站的条件。因此，在通盘考虑到地质、水源、运输、科学考察、外事关系以及今后的发展等多方因素后，决定将长城站建在乔治王岛上。考察队到达后，立即开展了对岛内和周边环境的实地勘察。据《日志》记载，考察队在选择具体站址时十分谨慎，从长计议。如有队员提出“在此建站，对植被、生物研究有利，但一定要很好保护该区的生态环境”。经过几天的讨论研究，最终将长城站的具体站址选定在乔治王岛菲尔德斯半岛的南部地区（南纬62° 12′ 59″、西经58° 57′ 52″）。

12月31日，长城站奠基仪式在乔治王岛举行。中国南极考察总指挥陈德鸿庄严宣告：“今天，我们奠基，我们为中国南极考察事业奠基，为长城站奠基，为人类和平利用南极作出贡献奠基！”

南极素以“寒极”、“风极”和“白色沙漠”著称，暴风雪天气频繁，风力强。即便是在夏季，风雪也时常光顾，气候瞬息万变。有队员曾计算过，在乔治王岛的59天里，8天晴、26天雨、25天雪。大风来袭时，最大风力可达每秒40米，强度超过12级台风。就是在这样恶劣的天气条件下，考察队员们顶风雨、战严寒，常常一干就是10几个小时，争分夺秒修建考察站。元月11至13日的《日志》中写道：“经历4天风暴雨后，从11日转晴，出现南极半岛少有的好天气。为了尽快把两船的货物卸完，从11日凌晨开始，就组织两艇和直升机突击卸两船的物资，一直干到12日早晨6点多钟。”

翻阅这本《日志》，让人感受颇深的要数考察队员们在建站过程中所表现出的忘我精神。《日志》中有这样的描述：元月29日凌晨2时左右，听到发电班值班同志喊叫发电房被狂风破坏了！从睡梦中惊醒的同志，在站长、副站长带领下，立即投入了抢险战斗。发电房的北侧屋顶被狂风抬起，大有揭盖而起的危险，几个考察队员奋不顾身地立即爬上房顶，用自己的身体压住随时可能被狂风掀起的房顶。正是凭借着这种“理想、纪律、拼搏”的精神，考察队在有限的夏季时间内，仅用了45天，就完成了建站任务。

1985年2月14日，站长郭琨与队员们一起将长城站站标镶嵌在第一栋房屋正门的上方，完成了建站的最后一道工序。2月20日，中国南极长城站举行隆重的落成典礼。在庄严的国歌声中，五星红旗缓缓升起。乔治王岛上的阿根廷、智利、巴西、波兰、苏联、乌拉圭等国南极站的同行应邀前来参加典礼，共同见证了这一激动人心的历史时刻。

2月28日，随着“向阳红10号”一声长鸣，首次南极科学考察队（除留守长城站五名队员外）撤离乔治王岛返航，于4月10日顺利回到上海。

这次南极考察，历时142天，海

上航行 4.8 万多公里，完成了我国首个考察站的建立和对南极洲及南大洋地质、生物、气象、地球物理、海洋环境等方面的科学考察，获取了大量的数据、样品和资料，为我国的极地考察事业奠定了基础，为人类认识南极作出了贡献。

中国首次南极考察队日志

中国科学家首次登上南极大陆

随着中国的发展和科技力量的壮大，极地考察工作被提上日程。1980 年年初，应澳大利亚南极局的邀请，中国首次派出董兆乾和张青松两位科学工作者赴澳大利亚南极凯西站进行为期 47 天的科学考察与访问。1980 年 1 月 12 日，他们首次登上南极大陆，成为第 1 批登上南极大陆的中国科学家。中国科学工作者首次登上南极大陆，标志着中国极地考察事业的起步。自 1980 年 1 月 12 日中国科学工作者首次登上南极大陆至今已经 30 多年，在此期间，我国共派出 2000 多名科学工作者前往南极完成科考工作。目前，我国的南极科考已经形成了“一船”(“雪龙”号极地科考船)、“两站”(南极长城站、中山站)、“一中心”(中国极地研究中心)的业务支撑体系和科研平台。中国在极地冰川学、气象学、生物学、地质地球物理学、海洋学、测绘学、环境科学和寒区医学等方面，取得了令人瞩目的科研成果。

（高　翠）

96

功臣！功臣！
“两弹一星”功勋奖章

*

刘艳波

“两弹一星”最初是指原子弹、导弹和人造卫星。“两弹”中的一弹是原子弹，后来演变为原子弹和氢弹的合称，另一弹是导弹，“一星”为人造卫星。1964年10月16日我国第一颗原子弹爆炸成功，1966年10月27日我国第一颗装有核弹头的地地导弹飞行爆炸成功，1967年6月17日我国第一颗氢弹空爆试验成功，1970年4月24日我国第一颗人造卫星发射成功。“两弹一星”是中华民族在20世纪下半叶创建的辉煌伟业，充分显示了中华民族的伟大创造力，在国内外产生了巨大而深远的影响。

“两弹一星”功勋奖章

1999年9月18日，为表彰在研制“两弹一星”事业中作出突出贡献的23位科学家的光辉业绩，宣传和弘扬老一辈科学家的“热爱祖国、无私奉献，自力更生、艰苦奋斗，大力协同、勇于攀登”精神，中共中央、国务院、中央军委在人民大会堂举行隆重的表彰大会，授予于敏、王大珩、王希季、朱光亚、孙家栋、任新民、吴自良、陈芳允、陈能宽、杨嘉墀、周光召、钱学森、屠守锷、黄纬禄、程开甲、彭桓武“两弹一星”功勋奖章，追授王淦昌、邓稼先、赵九章、姚桐斌、钱骥、钱三强、郭永怀“两弹一星”功勋奖章。

1945年，世界上第一个成功研制原子弹的国家——美国向日本的广岛和长崎投下原子弹，加速了日本的投降，也让全世界认识到原子弹这个大规模杀伤性武器的威力。1949 年 8 月 29 日，另一超级大国苏联也成功研制出原子弹。面临着超级大国的核讹诈和核垄断的严峻国际形势，1955 年，为了保卫国家安全、维护世界和平，以毛泽东为核心的第一代领导集体高瞻远瞩，果断地做出了发展中国核工业、研制核武器的战略决策。中国原子能事业悄然拉开序幕。

1958 年 10 月，中国第一个实验性原子反应堆和回旋加速器在北京建成后，生产出 33 种放射性同位素，标志着中国跨入了原子能时代。

1960 年后，中国原子能研究所在钱三强组织领导下，建成了中国第一个比较完整的综合性的核科学技术研究基地，集合了王淦昌、彭桓武、郭永怀、朱光亚、程开甲、邓稼先、陈能宽、周光召、于敏等众多优秀科学家，成为中国独立自主研制核武器的骨干力量。

1964 年 10 月 16 日，随着一声惊天动地的巨响，一朵硕大无比的蘑菇云在戈壁滩上空带着光焰轰然升起，翻滚腾跃！中国第一颗原子弹爆炸成功了！当周恩来向参加大型音乐舞蹈史诗《东方红》的人员宣布这一喜讯时，人民大会堂沸腾了！中国成为继美、苏、英、法之后的第五个核国家。更让美国人吃惊的是，中国首次核试验用的不是钚 –239，而是铀 –235。从此，中国科技领域掀开了新篇章。

1965 年氢弹研制全面展开。1967 年 6 月 17 日，随着巨大的响声和闪光，空中升腾起巨大的蘑菇云，中国第一颗氢弹空投爆炸试验成功！中国成为继美、苏、英后第四个掌握这种具有更强大威慑力的热核武器国家。从原子弹到氢弹，美国用了七年四个月、苏联用了四年、英国用了四年七个月、法国用了八年八个月，而中国仅仅用了二年八个月。

1956 年 10 月 8 日，冲破重重险阻刚从美国回国的钱学森受命组建中国第一个导弹研究机构——国防部第五研究院。从此，中国的导弹研究事业开始起航。1964 年，中国第一枚自主研制的中近程东风 2 型导弹发射成功，揭开了中国导弹、火箭、卫星事业发展的序幕。钱学森、赵九章、屠守锷、杨嘉墀、任新民、孙家栋、钱骥、姚桐斌、黄纬禄、陈芳允、王希季、王大珩等众多优秀科学家成为这一领域里的骨干力量。

1966 年 10 月 27 日，罗布泊戈壁滩上空又传出了让世界为之震惊的一声巨响！东风 2 型导弹携带原子弹弹头，经过 894 公里的飞行，准确命中目标，并成功实现核爆炸！它标志着中国继美、苏、英、法之后，成为世界上第五个能用自己的导弹发射核武器的国家。

1970 年 4 月 24 日，中国长征号运载火箭成功地发射了第一颗人造地球卫星“东方红一号”，太空响彻“东方红”乐曲声！中国成为继苏、美、法、日之后第五个能独立研制并发射人造地球卫星的国家。

中国的核武器事业从无到有、从小到大，如今已实现了核武器的系列化和现代化，中国军队已成为核装备种类配套齐全的军队，中国被世界公认为五个独立掌握核技术的国家之一。中国的航天技术也已拥有了完整的地地、地空、海防导弹武器系统，从研制探空火箭到具备发射各种卫星和载人飞船的能力，中国的航天事业已跻身于世界的先进行列。

为了祖国“两弹一星”科研事业，有的科学家放弃了在国外的优厚待遇，毅然回国。因保密需要，参加工作的科技工作者、科学家，全都隐姓埋名，默默无闻，有的甚至在世界各种学术交流活动中失踪……他们顽强拼搏、依靠科学，运用有限的科研和试验手段，自力更生地攻克了一个个技术难关，在较短的时间里，掌握了制造原子弹、氢弹、导弹和人造卫星等尖端技术。

姚桐斌就是这些为祖国科研事业默默奉献的科学家中的一员。姚桐斌，1922年出生于江苏无锡，中共党员，1951年在英国获冶金博士学位。1957年，他应周恩来邀请回国后，主持航天材料及工艺研究所工作，为我国航天尖端新材料、新工艺、特种测试方法和设备的研究奠定了坚实的基础。期间，他率领科研人员经过两年的刻苦攻关，终于研制出耐几千度高温的钎焊合金材料，为中国导弹的成功研制扫清了“拦路虎”。经过他的不断努力，中国系列火箭的不断腾飞有了材料上的保障。姚桐斌是中国航天材料工艺研究的开拓者和奠基人。“文化大革命”中，姚桐斌被迫害致死，当周恩来得知这一消息时，因震惊而将手中的茶杯滑落到地上……1978年姚桐斌被追认为革命烈士。

1999年12月，此枚追授给姚桐斌的功勋奖章由他的夫人彭洁清捐赠我馆。奖章直径8厘米、重约515克，为纯金质地；背板、证书纵28.5、横20.5厘米，为钛金、红木、纸等质地。奖章主体图案为五星、长城、橄榄枝和光芒，体现了中共中央、国务院、中央军委最高奖的特征。

97

中国需要世界，世界需要中国

开启中国改革开放的新阶段的“入世槌”

*

杨志伟

2001年11月10日，卡塔尔首都多哈喜来登酒店的萨尔瓦会议大厅，灯火通明，世贸组织第四次部长级会议在这里举行。这一天，会议主席、卡塔尔财政经济和贸易大臣卡迈勒手中木槌轻落，一槌定音，在没有任何反对意见的情况下，宣布《中国加入世界贸易组织的决定》。这个木槌，后被称为“入世槌”，现在国家博物馆《复兴之路》基本陈列中展出，成为中国加入世贸组织这一历史时刻的见证物。

世界贸易组织，简称世贸组织，英文缩写WTO，成立于1995年1月1日，其前身是1947年由美国等国发起的关税及贸易总协定。其主要职能是负责管理世界经济和贸易秩序，与国际货币基金组织、世界银行一起被称为世界经济发展的三大支柱。

加入世贸组织是中国改革开放和经济发展的自身需要，同时也是世贸组织本身的需要。在中国加入该组织后，世贸组织成员间的贸易量将占全球贸易的95%。加入世贸组织将进一步加强中国与世界各国各地区的经贸联系。同时，中国是世界上最大的发展中国家，没有中国的参加，世贸组织是不完整的，中国的加入，对启动新一轮多边贸易谈判、建立国际经济新秩序将起到积极和建设性的作用。

通俗地说，如果不能加入世贸组织，中国就将永远是世界经济体制外的个体户或临时工，很难与世界上经济发达的国家或跨国经济集团进行平等的贸易和竞争，很难获得较为优惠的贷款，在贸易战时很难有与之平等对话的机制和机会，因为我们不直接参与国际贸易规则的制定过程。

中国是关贸总协定的创始国之一。自1986年中国申请恢复缔约国地位以来，为复关和加入世贸组织做出了不懈的艰苦努力，先后完成了加入双边谈判和多边谈判，分别与美国、欧盟等国家和国家联盟达成加入世贸组织的协议。1995年7月11日，世贸组织总理事会会议决定接纳中国为该组织的观察员。2001年12月11日，中国正式加入世贸组织。

其中中美双边艰巨而漫长的谈判进行了13年。中美作为世界上最大的发展中国家和最重要的工业化国家，两国间的谈判对双方及世界经济贸易意义重大，也是中国“入世”最关键的一步。在谈判中，美方在金融、服务等领域的市场准入、知识产权方面的要价很高，中方据理力争。1989年5月，正当中美第5轮复关问题双方磋商取得进展时，以美国为首的西方国家借中国发生政治风波之机对中国施压。中国顶住压力，经济继续保持快速发展，使西方国家认识到制裁无效，并逐渐解除制裁，中美复关谈判随之得以恢复。

1998年6月，江泽民主席在接受美国记者采访时提出了中国入世的三项原则，第一，世贸组织既然是一个国际组织，没有中国这个最大的发展中国家的参加是不完整的。第二，中国只能作为1个发展中国家参加。第三，中国加入世贸组织，其权利和义务一定要平衡。1999年4月，中美签署《中美农业合作协议》，并就中国加入世贸组织发表联合声明，美方承诺"坚定地支持中国于1999年加入世界贸易组织"。1999年11月15日，中美两国谈判代表结束了最后6天夜以继日的谈判，最终达成了双方满意的协议，取得了双赢的结果，为中国的"入世"扫清了最大障碍，同时也结束了中美双边艰巨而漫长的13年谈判。此前，中国已经与日本、澳大利亚、智利等12个世贸组织成员结束了双边谈判。

2001年9月17日，世贸组织中国工作组第18次会议在世贸组织总部举行正式会议，通过了中国加入世贸组织的所有法律文件，成立于1987年3月4日的中国工作组也随之完成了历史使命。

在2001年11月10日卡迈勒宣布中国加入世界贸易组织的决定30天后，该文件生效，中国成为世贸组织第143个成员。

"入世槌"的征集经过颇具戏剧性。

《北京晚报》的记者与我馆一直保持着良好的合作关系，文物意识很强。会议结束的当晚，北京晚报派赴多哈采访的两位记者再次来到会场，为第二天的新闻稿寻找素材。当时，会议议程已经结束，工作人员正在清理会场。在征求了工作人员的同意

"入世槌"

后，他们在地上胡乱丢在一起的椅套中，挑出五个分别印有中国、香港、卡塔尔字样的椅套。工作人员听说中国记者想带些纪念品回去时，连声表示没问题。当看到中国记者还挑选了卡塔尔字样的椅套，这名工作人员显得尤其高兴。两位记者乘胜追击："我们是否可以将10日中国入世那天卡迈勒先生敲响的木槌也一起带回去呢？"这名工作人员又是干脆的一声："Noproblem（没问题）"。于是，在采访工作结束后，征得会议主办方许可，他们将"入世槌"和几件椅套带回国。遗憾的是，由于一时激动，他们只顾将木槌装进电脑包，以至忘了木槌的配套物——木盘，致使它的另外一半仍然留在多哈。

新闻见报的当晚，我馆文物征集人员便与北京晚报社领导取得联系，表达收藏的意向。北京晚报社为如何保存入世槌和椅套向社会广泛征询了意见，专门邀请热心读者召开了座谈会，请他们就如何收藏入世槌献计献策。几经努力，在有关各方的理解、支持和帮助下，报社最终同意将入世槌捐赠我馆，并于2001年12月12日我国正式加入世贸组织这一天举行了隆重的捐赠仪式。

"入世槌"长32.2厘米，木质，深棕色。它体积虽小，但是，正如一位文物专家所说，它和毛泽东在开国大典上用过的话筒、第一辆解放牌汽车、"两弹一星"功勋奖章等文物一样，都是我国当代历史进程的重要见证。

世界贸易组织

世界贸易组织(World Trade Organization) 成立于1995年1月1日，总部设在日内瓦。WTO的前身是成立于1947年的关税和贸易总协定GATT。与关贸总协定相比，WTO涵盖货物贸易、服务贸易以及知识产权贸易，而关贸总协定只适用于商品货物贸易。WTO的最高决策权力机构是部长会议，至少每两年召开一次会议。下设总理事会和秘书处，负责WTO日常会议和工作。非歧视性贸易原则是 WTO的基本原则之一,具体表现为"一般最惠国待遇"及"国民待遇"。它的职责范围除了关贸总协定原有的组织实施多边贸易协议以及提供多边贸易谈判场所和作为一个论坛之外，还负责定期审议其成员的贸易政策和统一处理成员之间产生的贸易争端，并负责加强同国际货币基金组织和世界银行的合作，以实现全球经济决策的一致性。（高　翠）

98

圆了中华民族的千年梦想
“神舟5号”飞船的返回舱

*

万　婷

中国载人航天技术研发的历史可以追溯到1970年7月，“东方红1号”卫星上天不久，科学家就上报了关于发展载人航天工程的报告。1992年9月21日，中央正式批复载人航天工程可行性论证报告，标志着中国载人航天工程正式立项，代号为“921工程”。

1999年11月20日，我国自主研制的第一艘航天试验飞船“神舟1号”发射成功，经过21小时11分的太空飞行，顺利返回地球。

2001年1月10日，“神舟2号”无人飞船发射升空并于10分钟后成功进入预定轨道，飞船按照预定轨道在太空飞行了近7天，环绕地球108圈，完成了预定空间科学和技术试验任务。

2002年3月25日，“神舟3号”发射成功。“神舟3号”具备了航天员逃逸和应急救生功能，飞船改进和完善了伞系统。这次试验搭载了人体代谢模拟装置、模拟人生理信号装置以及形体假人，能够定量模拟航天员呼吸和血液循环系统中的心律、血压、耗氧等多种太空生活的重要生理活动参数，为将来航天员进入太空提供了相关数据。

2002年12月30日至2003年1月5日，技术状态与载人飞行完全一致的“神舟4号”成功发射并顺利返回，这是我国载人航天工程实施的最后一次无人飞行试验。

经过上述四次无人飞行试验后，2003年10月15日9时整，我国用“长征2号”F型运载火箭在甘肃酒泉卫星发射中心成功发射了第一艘载人飞船——“神舟5号”，航天员杨利伟搭乘该飞船进入太空，绕地球飞行了21小时、14圈后于10月16日6时23分，“神舟5号”飞船返回舱顺利在内蒙古着陆，6时45分航天员杨利伟自主出舱。中华民族千年的飞天梦想由此实现，也标志着我国成为世界上第三个实现载人航天的国家，为人类航天事业的发展做出了自己的贡献。

自“神舟5号”载人飞船的成功发射并顺利返回后，航天文物的收藏成为众多博物馆追逐的热点。经过我馆征集人员的不懈努力，终于在2004年9月征集到“神舟5号”载人飞船返回舱、主降落伞、烧蚀底碎片及“神舟5号”载人飞船航天员杨利伟穿的舱内航天服等珍贵文物，具有极高的科研价值和收藏价值。

“神舟5号”飞船的返回舱是唯一返回地球的舱段。返回舱重3吨多，通高250厘米、直径250厘米，外形呈钟形。

航天员在飞船的发射阶段和返回阶段都必须乘坐在返回舱内。经过这次非同寻常的太空之旅，返回舱的舱体已呈暗褐色，因烧蚀留下了斑斑印记，这些都是由于飞船经过大气层时摩擦剧烈造成的。返回舱是飞船的指挥控制中心，舱内安装了飞行中需要航天员监视和操作的各种仪器设备，这些设备显示了飞船各系统和设备的工作情况，以便航天员随时判断、了解飞船的工作状况，在必要时人工干预飞船的系统和设备的工作。返回舱是密封的，舱内是一个与外界完全隔绝的世界，内部安装的环境和生命保障系统，为航天员提供了一个与地球一样的生活环境。飞船返回舱侧壁上开设了两个圆形窗口，一个用于航天员观测窗外的情景，另一个供航天员操作光学瞄准镜观察地面，驾驶飞船。返回舱的底座是金属夹层密封结构，

“神舟”5号载人飞船的返回舱

上边安装了返回舱的仪器设备。

“神舟5号”载人飞船航天员杨利伟穿的舱内航天服为乳白色，局部镶有天蓝色的边线，由压力服、头盔、手套、应急供氧和通风管路组成。由于飞船返回着陆采用座舱软着陆模式，因此舱内航天服采用头与躯干肢体服装连为一体的“软式”类型结构和开放式通风供氧方式。衣服的心脏部位有一个可以拧动的圆形装置，用来调节衣服内的压力、温度和湿度。衣服的左腹部处有两条管路，是给航天员提供氧气和排放二氧化碳的设备；右腹部处有一根细管，是航天员的通信工具。除了头盔和胶皮手套外，整个航天服是用一种特殊的高强度涤纶做成的，能够满足航天员在飞行上升段和返回地面时的各种要求。舱内航天服由三层组成：1. 是限制层，它由耐高温、抗磨损的材料制成，用来保护服装内层，限制气密层的膨胀；2. 是气密层，用涂有丁基或氯丁橡胶的锦纶织物制成，有良好的气密性，以保持服装内一定的压力；3. 是散热层，这一层上有许多管道，用来输送气流，通过气流在服装内的流动，带走人体代谢产生的热量。

继“神舟5号”成功发射返回后，2005年10月12日，我国的“神舟6号”载人飞船成功发射，并于10月17日安全返回，实现了“两人五天”的航天飞行。在飞船中，航天员聂海胜、费俊龙进行了穿舱（即从返回舱进入轨道舱）、工效学评价、轨道舱飞船设备操作等一系列空间科学试验。这是我国航天员首次进入轨道舱进行空间科学实验，标志着我国载人航天飞行由“神舟5号”的验证性飞行试验过渡到了“真正意义上有人参与的空间飞行试验”。

2008年9月25日21时10分，“神舟7号”载人飞船在酒泉发射升空。27日16时30分，景海鹏留守返回舱，翟志刚出舱作业，刘伯明在轨道舱内协助（刘伯明的头部手部部分出舱），实现了中国历史上宇航员第一次的太空漫步，使中国成为第三个有能力把航天员送上太空并进行太空行走的国家。2008年9月28日17时37分，在太空遨游两天多的“神舟7号”飞船返回舱成功着陆，18时23分，翟志刚、刘伯明、景海鹏三名航天员成功出舱。

这真是“五年三大步，神舟游太空”！从“神舟5号”到“神舟7号”，中国载人航天工程完成了从首次问天到太空漫步的跨越。三次载人飞行，是中国人共同拥有的永恒记忆。

99

嫦娥应无恙，留个影吧

中国首次月球探测工程拍摄的全月球影像图

*

仲叙莹

2008年11月12日，在国家国防科技工业局举行的绕月探测工程全月球影像图发布暨科学数据交接仪式现场，随着红色幕布的缓缓落下，由我国首颗探月卫星“嫦娥1号”拍摄数据制作的中国第一幅全月球影像图正式亮相。这是迄今为止世界上已公布的最清晰、完整的月球影像图。仪式结束后，这幅全月球影像图与此次月球探测工程其他相关实物资料一起由中国国家博物馆永久收藏。

月球是距离地球最近的星球。由于其空间位置独特、潜在资源丰富，又是研究地月系统和太阳系起源与演化的重要对象，被人们视为开展深空探测的首选目标和前哨站。我国自1962年起开始对月球探测器进行研究。1970年4月24日，第一颗人造卫星“东方红1号”成功发射。此后，科学家们从未间断对月球的研究。2000年11月22日，我国政府公布航天白皮书——《中国的航天》，明确提出“开展以月球探测为主的深空探测的预先研究”，探月工程取得重大进展。2004年1月，绕月探测工程正式立项，工程命名为“嫦娥工程”。这是我国航天事业继人造地球卫星和载人航天之后的第三个里程碑，是向深空探测迈出的重要一步。“嫦娥工程”规划共分为绕、落、回三个阶段，分别实现卫星绕月飞行、着落月球、将样品带回地球三个不同目标。这幅全月球影像图的制成发布，便是“嫦娥工程”首次探月任务的一部分。以这幅全月球影像图的制作完成为基础，用轨道参数和控制点制作全月球三维影像图的工作也正在开展之中。三维立体影像图用以明确月球表面的基本构造和地貌单元，为后期着落探测优选合适的区域提供科学数据。

这幅全月球影像图为横幅，中心尺寸纵128厘米，横243厘米，两侧各有画轴。图像数据获取于2007年11月20日至2008年7月1日，覆盖了月球西经180度到东经180度，南北纬90度之间的范围。图幅左边的影像图为正轴等角割35度墨卡托投影，包括神秘的月境南北纬70度之间的区域，约占全月球面积的94%。图幅右边为月球南北极区影像图，包括南北纬60度到90度区域，采用等角割70度方位投影。

制成全月球影像图的所有数据，均来源于“嫦娥1号”卫星上搭载的8种24台科学探测仪器，这些科学探测仪器是依据此次探测任务所设置的，获取制作全月球影像图数据的CCD相机便是其中之一。CCD相机是一台1024×1024大面阵相机，分别取面阵上沿垂直于飞行方向上的第11行、第512行和第1013行，每行取512列，作为前视、下视、和后视对应的CCD线阵。探测器在飞行过程中连续获取前视、下视、后视三个线阵的数据，对同一月面目标以不同视角拍摄3幅二维平面图，并可依此重构三维立体影像。CCD相机的飞行轨道高度在195.53km—202.07km之间，成像谱段为500nm—750nm，帧频为11.89fps，200km高轨道的像元空间分辨率为120m，成像幅宽为60km。根据太阳高度角的差异，相机在不同纬度范围采用了不同的曝光参数，以保证获取数据的完整度和准确度。

“嫦娥1号”卫星从“奔月”到“绕月”，CCD相机从开始获取数据到最终完成数据的搜集，用了近一年的时间。2007年10月24日18时05分，“嫦娥1号”卫星由“长征3号甲”运载火箭发射升空。在成功进入环月飞行轨道后，11月20日16时49分，“嫦娥1号”卫星上搭载的CCD立体相机开机工作，成功获取了第一轨月球表面影像数据。通过两个正飞期的拍摄，至2008年5月12日，实现了月球表面南北纬70°范围内的图像数据覆盖。按照工程总体方案，CCD立体相机的设计工作条件是太阳高度角大于15°，因此没有获取月球极区图像的计划。2008年1月通过实验验证了相机在月球极区进行成像的效果和能力，工程指挥部决定对月球极区展开影像拍摄试验。至2008年7月1日，成功获取了70°以上南北极区的全部图像数据，补充制作了月球极区影像图，提供给世人一个完整的月球图景。

CCD相机拍摄的所有月球表面的图像数据和其他科学探测数据，都是由地面应用系统负责完成数据接收任务的。位于国家天文台密云地面站的50米天线接收系统和位于国家天文台昆明地面站的40米天线接收系统并行工作，同时接收“嫦娥1号”卫星的探测数据，以保证数据接收的完整性。在月球影像图的数据接收完成后，经过辐射校正、系统几何校正、光度校正的数据处理阶段，再对其进行镶嵌拼接，最终制成全月球影像图。让我们将目光回收，再次凝望这幅月图：图像质量清晰、层次分明、定位精准，数据翔实。它的发布，不仅意味着我国首次月球探测工程获得圆满成功，也标志着我国已经进入世界具有深空探测能力的国家之列。

经过整整一年的在轨运行，“嫦娥1号”卫星共获得1.37TB的有效科学数据，圆满完成了科学探测任务。2009年3月1日16时13分，卫星超期服役近200天后，在地面控制下成功撞击月球，为我国月球探测的一期工程，画上了圆满句号。

在此次“嫦娥1号”卫星的科学探索中，奔月之旅已是通途。千万中国航天人的努力，奔月梦想得以实现。这幅无声伫立的全月球影像图，表明中国首次月球探测工程取得圆满成功。这也是中华民族不懈努力，奋进探索的又一见证。我们可以通过这幅全月球影像图看到月球的真实模样。我们相信：在深空探测的道路上，未来我们会走得更远。

特殊时期的中国科技成就

“文化大革命”时期，各级干部、党员和工人、农民、解放军指战员、知识分子克服政治运动的干扰，顽强努力，使我国科学技术取得若干重要成就，包括1966年10月成功进行了第一次成功地爆炸了第一颗氢弹，1969年9月成功地进行了地下核试验，1971年9月第一艘核潜艇建成并试航成功。1970年4月，我国成功发射了第一颗人造地球卫星。1971年9月，洲际火箭首次飞行试验基本成功。我国第一颗返回式遥感人造地球卫星于1975年11月发射成功。1973年，我国在世界上首次培育成功强优势的籼型杂交水稻。我国还自行研制成功卫星地面站、彩色电视发射设备、第三代电子计算机，还发展了激光红外技术，自行研制成功小同轴300路载波机。

（高　翠）

100

改革在阔步前进

见证中国农村土地制度改革的“红手印”

*

张维青

在国家博物馆《复兴之路》陈列中，展出着两份被称为“红手印”的文献。一份是人们已经耳熟能详的，1978 年底，安徽省凤阳县梨园公社小岗生产队的农民冒着挨批、坐牢的风险，以按手印的方式偷偷订立的实行分田，包干到户的合同书。另一份是 2009 年 5 月，四川省成都市双流县兴隆镇瓦窑村一组的村民，同样以签名按手印的方式通过的《瓦窑村一组关于土地承包经营权长久不变的户主大会决议》。两份“红手印”相隔 30 年，却共同见证了中国农村改革的历史进程。

全面建设小康社会最艰巨、最繁重的任务在农村。“三农”问题的核心是土地问题。土地是农民生存、发展的根本。农村土地制度改革关系到广大农民切身利益。改革开放之初，党和国家尊重农民的首创精神，以农村土地承包经营为开端，拉开了中国农村改革的序幕。随着工业化和城镇化的发展，农村土地制度面临新的问题和挑战，需要进一步改革和完善。

按照党的十六大提出的“统筹城乡经济社会发展”的要求，2003 年，成都市开始进行推进城乡一体化的探索。2007 年 6 月，成都市获批为全国统筹城乡综合配套改革试验区后，将农村产权制度改革作为突破口，通过对土地确权、颁证，把土地使用权、

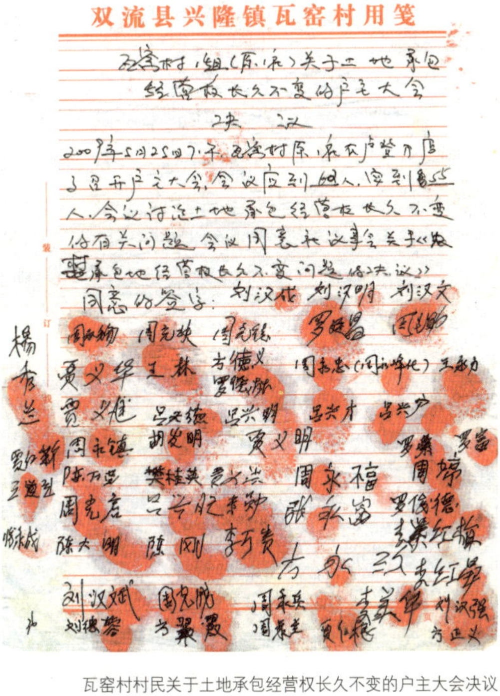
双流县兴隆镇瓦窑村用笺

瓦窑村1组(原1社)关于土地承包经营权长久不变的户主大会决议

瓦窑村村民关于土地承包经营权长久不变的户主大会决议

收益权和转让权全部交给农民，保障农民的土地权益。

瓦窑村，地处成都市近郊，全村700余户人家，5000余亩耕地。2008年3月，瓦窑村作为首批试点之一，在成都市范围内率先进行农村产权制度改革，其中一项重要内容就是对土地承包经营权确权、颁证。村民们推举村里有威望的人组成村民议事会，协商解决确权过程中出现的问题。村民充分享有知情权、参与权、决策权和监督权，半年内就完成了全村土地的确权颁证。5月，全村714户村民领到了《中华人民共和国农村土地承包经营权证》。

但是，《土地承包经营权证》上"承包期限"一栏写着的"30年"，即从1998年10月1日至2028年9月30日，又让村民们心里嘀咕起来。这就意味着，从领到《土地承包经营权证》算起，土地承包期还剩19年。村民们担心承包期满后会重新调整土地。按照以往的惯例，虽然规定承包期内土地不再调整，但由于平均分配土地的思想根深蒂固，土地承包关系经常因人口增减或征地等原因调整，所以农民不愿意在提高土地肥力上下工夫。随着取消农业税、粮食直补政策的出台、农村土地承包经营权流转产生的土地收益增加，以及成都市创新耕地保护机制，每亩土地每年发放300元或400元的耕地保护基金，由此形成的利益分配使农村土地承包经营权调与不调的矛盾更加突出。同时，那些准备在瓦窑村投资的企业也有顾虑。如有意在此投资的玫瑰天堂项目，流转土地万余亩，投资数以亿计，16年才能收回成本。而按照目前的承包期限，只剩3年利润期。

此时，恰逢党的十七届三中全会在北京召开。大会通过了《中共中央关于推进农村改革发展若干重大问题的决定》，提出"赋予农民更加充分而有保障的土地承包经营权，现有土地承包关系要保持稳定并长久不变"。

在此之前，我国农村土地承包期经历了1984年中共中央1号文件规定的15年和1993年中共中央11号文件规定的30年。十七届三中全会提出土地承包关系保持"长久不变"，让瓦窑村村民们眼前一亮。在征得上级党委和政府同意后，瓦窑村开始进行土地承包经营权"长久不变"的大胆尝试。

实现土地承包经营权"长久不变"，首先要解决固化集体经济组织成员、实现起点公平的问题。为此，瓦窑村先后召开了8次村议事会议，65次组（社）议事会议，对村民们反映的问题充分酝酿，反复讨论，形成12条初步建议。最后，在召开社员或户主大会达成一致意见的基础上，村民签字按手印形成决议。

2009年5月25日下午，瓦窑村一组的村民在组长卢登万家的小茶馆里召开户主大会。实际到会的55位村民对土地承包经营权长久不变问题经过认真讨论后，在一张印有“双流县兴隆镇瓦窑村用笺”的 16 开信笺纸上，郑重地写下自己的名字，并按上鲜红的手印，同意社议事会关于《农村承包地经营权长久不变问题的决议》，将土地承包经营权期限由“30 年”改为“长久不变”。

按照决议，瓦窑村对全村耕地面积进行实际测量，按户进行分配。以 2008 年确权时间为节点，此前在册的本村村民，为集体经济组织成员，享有法律规定的土地财产权利；确权后到 2009 年 5 月 31 日新增人口为特殊成员，享受集体资产收益的分配权；2009 年 6 月 1 日后新增人口只享有继承和流转农村产权的权利。这样就固化了集体经济组织成员，“生不添，死不减”。土地流转获得的收益该谁的就归谁，不再由集体经济组织成员平均分配，也不再调整土地。

6 月，瓦窑村村民领到了新的《农村土地承包经营权证》。“承包期限”一栏清清楚楚地写着“长久”二字给他们吃下一颗“定心丸”，他们可以安心地流转自己的土地，获得实惠。经过产权制度改革后，瓦窑村成功引进了玫瑰园、玫瑰天堂、锦绣城、老猎户等项目，一个穷山村开始悄然发生变化。

瓦窑村率先实践的土地承包经营权“长久不变”，是继小岗村“包产到户”之后，中国农村改革迈出的重要一步。

家庭联产承包责任制

家庭联产承包责任制是 20 世纪 80 年代初期在中国广大农村推行的一项重要的改革，是农村土地制度的重要转折，也是中国农村现行的一项基本经济制度。家庭联产承包责任制的具体形式有“包干到户”和“包产到户”两种。“包干到户”是各承包户向国家交纳农业税，交售合同定购产品以及向集体上交公积金、公益金等公共提留，其余产品全部归农民自己所有。“包产到户”是实行定产量、定投资、定工分，超产归自己，减产赔偿。目前，绝大部分地区采用的是“包干到户”的形式。党的十一届三中全会以后，家庭联产承包责任制逐步在全国推广，到 1983 年初，全国农村已有 93% 的生产队实行了这种责任制。改革开放 30 年的成就充分证明，这一制度是适应中国农业特点和农村生产力发展水平以及管理水平的一种较好的模式。

（宋亚文）